产业组织与竞争政策前沿研究丛书

产业结构优化升级与城镇化质量：资源环境倒逼机制分析

李少林 著

中国社会科学出版社

图书在版编目（CIP）数据

产业结构优化升级与城镇化质量：资源环境倒逼机制分析/李少林著.
—北京：中国社会科学出版社，2016.6

（产业组织与竞争政策前沿研究丛书）

ISBN 978 - 7 - 5161 - 8592 - 6

Ⅰ.①产… Ⅱ.①李… Ⅲ.①中国经济—产业结构优化—研究 ②中国经济—产业结构升级—研究 ③城市化—研究—中国 Ⅳ.①F121.3 ②F299.21

中国版本图书馆 CIP 数据核字（2016）第 170172 号

出 版 人	赵剑英	
责任编辑	卢小生	
特约编辑	林　木	
责任校对	周晓东	
责任印制	王　超	

出　　版	中国社会科学出版社	
社　　址	北京鼓楼西大街甲 158 号	
邮　　编	100720	
网　　址	http：//www.csspw.cn	
发 行 部	010 - 84083685	
门 市 部	010 - 84029450	
经　　销	新华书店及其他书店	

印　　刷	北京明恒达印务有限公司	
装　　订	廊坊市广阳区广增装订厂	
版　　次	2016 年 6 月第 1 版	
印　　次	2016 年 6 月第 1 次印刷	

开　　本	710 × 1000　1/16	
印　　张	15.5	
插　　页	2	
字　　数	245 千字	
定　　价	60.00 元	

凡购买中国社会科学出版社图书，如有质量问题请与本社营销中心联系调换
电话：010 - 84083683

序

国内外对产业结构演进、调整、评价与优化升级问题研究已有上百年历史，早期的亚当·斯密、大卫·李嘉图等西方古典经济学家就曾对产业结构问题进行过探讨。后来，马克思、里昂惕夫、库兹涅茨、钱纳里等经济学家从发展经济学视角对产业结构问题进行了系统性探索，大大推动了产业结构理论与政策的研究进展。20世纪50年代以来，国内学者对产业结构问题的研究从未中断过，尤其是20世纪90年代以来，以林毅夫为代表的新结构经济学得到长足发展，为研究经济结构转型的决定因素提供了新古典研究方法，并提出了经济发展政策的新见解。

与西方国家产业结构问题相比，中国产业结构问题更具有特殊性。中国经济"新常态"时期是产业结构转型升级、城镇化质量提升与资源环境矛盾日益凸显并存的关键时期：一方面，全面深化改革，形成了稳增长和惠民生的有利条件；另一方面，产业结构不合理，经济增长方式转变步履迟缓，高能耗和高污染现象严重，资源环境对经济社会可持续发展的刚性约束增强，使产业结构转型升级、城镇化质量提高面临很大挑战。因此，从战略高度研究资源环境倒逼机制作用下的产业结构优化升级和城镇化质量问题具有重要理论和现实意义。

《国家新型城镇化规划（2014—2020年）》指出，"城镇化是加快产业结构转型升级的重要抓手"，《国家中长期科学和技术发展规划纲要（2006—2020年）》把产业、城镇化与资源环境协同发展列为科学研究的重点领域，突破资源环境双重约束已成为推动产业结构优化升级和城镇化质量提升的重要任务。因此，基于实现产业结构转型升级和城镇化质量提升目的，在考虑资源环境双重约束条件下，挖掘环境规制影响产业升级机制、定量测算最优产业结构、发挥全要素生产率增长驱动力、建构产业协同发展机制和提升城镇化质量，无疑极为重要而又十分迫切。

该书遵循从"文献评述→理论分析→实证研究→政策建议"的研究

思路，致力于构建资源环境约束下产业结构优化升级与城镇化质量提升的理论体系，为资源环境倒逼机制作用下推动产业结构转型升级和提升城镇化质量提供理论和实证依据。其主要内容包括六个部分：（1）系统考察了环境规制影响产业升级的理论机制与动态效应；（2）从资源约束视角研究了产业结构变迁空间特征；（3）从生产者和消费者双重优化动机分析切入，开发出一个能够定量测算最优产业结构的理论模型，并成功应用于中国及辽宁省最优产业结构测算；（4）全面考察了产业结构优化的全要素生产率驱动因素；（5）从产业协同发展视角挖掘了产业结构升级的内在机制；（6）从产业结构、人口密度层面对城镇化质量进行衡量，并开展了相关实证研究，由此提出资源环境约束下推动适宜城镇化进程的政策建议。

综观全书可以发现，该书分析视角新颖，作者在观察现实问题基础上，尝试从资源环境倒逼机制视角对产业结构优化升级和城镇化质量提升进行探讨，符合我国的现实国情；理论研究上有拓展，比如基于生产者和要素供给者的双重优化动机构建出产业最优名义产出增长率模型，率先实现对最优产业结构的定量测算；强调现代经济学的研究范式和方法运用，能够将理论模型与经验分析相结合，做到理论联系实际、规范研究与实证研究相结合，比如环境规制对产业升级的传导机制分析、最优服务业比重模型等均提供了基于中国数据的实证研究。从政策内涵来看，本书对于中国经济"新常态"下如何确定产业结构调整目标、环境规制强度和产业发展模式、城镇化推进模式与质量评价等方面均具有参考价值。

总体来看，该书结构严谨，行文流畅，写作规范，是目前国内研究产业结构、城镇化与资源环境关系的一部值得关注的专著。同时，这并不代表本书没有缺点，书中研究的许多问题是在前人基础上进行的尝试改进，难免存在一些争议。中国的产业结构和城镇化问题是一个古老而又常新的课题，作者在书中虽然没有将产业结构优化升级与城镇化进程的内在互动机制剖析透彻，但作为青年教师，作者在本书中表现出来的研究思维和规范研究方法的应用是值得肯定的，希望作者能够在未来研究中不断提高理论研究水准，取得更大的成绩。

李少林博士的专著《产业结构优化升级与城镇化质量：资源环境倒逼机制分析》是在他的博士毕业论文《资源环境约束下产业结构的变迁、优化与全要素生产率增长》基础上修改充实而成的，作为他的博士生导师，我了解他的品性，他不仅为人谦虚，还勤奋好学，思维活跃，有创新意识，而且善于总结和摸索别人的成功经验。正因为如此，使他近三年来先后在《数量经济技术经济研究》、《经济理论与经济管理》、《改革》等刊物发表论文十余篇，主持国家自然科学基金、教育部人文社会科学基金等多项课题，部分研究成果获得辽宁省主要领导批示。我作为他的博士生导师，为他取得如此成绩感到由衷的高兴，并欣然为之作序。

肖兴志

2015 年 8 月

摘　要

　　党的十八大报告指出，"推进经济结构战略性调整是加快转变经济发展方式的主攻方向"。解决重大结构性问题事关经济与社会发展全局，是短期实现稳增长促转型目标的基础，更是长期实现经济社会可持续发展的关键。《国家新型城镇化规划（2014—2020年）》指出，城镇化是加快产业结构转型升级的重要抓手。在当前中国经济下行压力加大的背景下，过去粗放型的增长方式在资源环境方面付出的代价已经迫切要求经济发展与资源环境相匹配，而这势必要求降低经济增长速度，着力在构建资源节约、环境友好社会的前提下，优化产业结构以释放经济潜能，并推动城镇化质量提升。本书认为，产业结构的优化升级、全要素生产率以及城镇化质量的提升是在资源环境约束下实现的，环境规制为产业结构优化升级提供了有效倒逼机制，内生于产业结构的资源约束对产业结构变迁起着重要的基础性作用，经济体的内在创新驱动对于产业全要素生产率增长、产业结构优化升级和城镇化质量提升具有关键意义。近年来，为有效配合我国经济增长方式转变顺利进行，"调结构"和"稳增长"是各级政府部门对经济工作的政策导向，走新型工业化道路、发展现代农业和现代服务业是新形势下三次产业结构发生变化的内在技术要求和促进产业结构升级的外部政策环境。环境规制与产业结构优化升级能否实现协同"双赢"？关键在于要素禀赋的结构优化视角下，我国第三产业发展模式如何选择？资源环境约束下我国最优产业结构的形成机理究竟怎么决定？基于生产者的利润最大化动机，三次产业全要素生产率增长的内在创新驱动机制如何发挥作用？资源环境约束下的城镇化质量如何提升？回答这些重要问题构成本书研究的出发点和选题依据，因此，本书将研究课题确定为"产业结构优化升级与城镇化质量：资源环境倒逼机制分析"。

　　产业结构的动态变迁体现出资源配置流向转移过程，产业结构在一定程度上决定了经济增长方式。作为对环境规制约束的反应，企业将会改变生产要素的配置行为；作为产业结构的内生变量，要素禀赋结构将对产业结构变迁产生显著影响。所以，环境规制、要素禀赋与产业结构变迁是存在着紧密的内在联系。本书的研究思路是：

首先，对资源环境约束下产业结构变迁与城镇化质量的理论文献进行述评，随后分别通过机理、模型和实证，研究环境规制、要素禀赋对产业结构变迁的影响，探讨资源环境约束下我国产业结构动态和空间变迁特征，并反过来考察为实现产业结构优化升级所对应的环境规制政策工具的选择以及服务业发展的政策思路和出发点。

其次，通过对生产者和要素供给者双重优化动机分析，开发出一个能够付诸定量测算的最优名义增长率模型，对资源环境约束下我国最优产业结构进行定量测算，成功量化中国经济运行中实际产业结构偏离最优产业结构的程度，为最优产业结构研究开创一个可实证的理论框架；根据要素供给者利润最大化的前提假设，推导并建立一个全要素生产率增长的决定方程，实证研究我国三次产业全要素生产率增长动力机制的差异性，从而为产业结构优化升级提供技术创新动力的理论支撑和政策实践工具，并从新兴产业与传统产业协同发展视角，论证产业结构升级的内在机制。

最后，本书从资源环境倒逼城镇化质量提升视角对相关影响因素进行实证分析并提出政策建议。

本书核心章节的内容与结论主要有：

第三章通过需求、技术创新和外商直接投资传导机制三种途径影响产业结构升级的理论分析，考察上述三种传导机制对产业结构升级的影响方向，并采用1998—2010年我国30个省份的动态面板数据，实证研究环境规制强度对产业结构升级的影响。动态面板估计结果表明，中国总体环境规制强度对产业升级方向和路径产生了促进作用；而分区域的研究结果则表明，中西部地区环境规制强度与产业升级的关系并不显著，东部地区环境规制强度的提高能够促进产业升级的加快。中国在环境规制强度的选择上应考虑区域间的差异性，并适度放缓经济增长速度，加强人力资本建设和推进市场化改革，从而为环境规制与产业升级的协同"双赢"提供必要的政策思路和配套措施。

第四章以中国产业结构调整过程广泛存在的"大力发展服务业"现象为分析起点，构造了包括要素禀赋、技术采纳在内的最优产业结构理论模型，提出并论证了"服务业比重提高应以服务业效率改善为前提"的重要命题，并通过建立"0—1"地理空间权重矩阵和经济距离空间权重矩阵以表示我国各省份经济的相关性，采用静态和动态空间面板计量方法，实证研究1998—2010年各地区要素禀赋、技术采纳与产业结构服务化趋势关系，主要研究结论有：①证实了省际要素禀赋、技术采纳和产业结构变动均存在显著的空间正相关性，各地区产业结构服务化趋势不是无规律的随机分布，而是依赖与其具有相似地理特征地区的要素禀赋和技术采纳战略；②要素禀赋越高的地区，服务业立体化扩张越显著，技术采纳策略促进了服务业的平推化扩张；③中国服务业立体化扩张模式滞后，从结构优化维度看，服务业立体化扩张模式显著优于平推化模式。

第五章通过对生产者的利润最大化目标和要素供给者的跨期效用最大化目标进行联合求解，推导出一个关于三次产业最优名义产出增长率方程。该方程的解释变量包括各产业资本增长率、勒纳指数（即产品需求价格弹性绝对值的倒数）和资本市场随机贴现因子。另外，该方程还包含三个待估计参数：各产业劳动产出弹性以及消费者的主观效用贴现因子和风险规避系数。基于1992—2009年三次产业消费、价格和收入的省际面板数据估计了中国三次产业产品的需求价格弹性（以收入作为控制变量）；基于1996—2002年人均资本、人均产出等投入产出变量和受教育程度、制度、地理环境等技术非效率解释变量的省际面板数据，用随机前沿分析方法估计三次产业的劳动产出弹性；基于社会商品零售总额、沪深股指、1年期定期存款利率等数据，采用GMM方法估计中国全社会的主观效用贴现因子和风险规避系数，并据此计算了我国资本市场随机贴现因子；基于产业层面的最优名义产出增长率方程对中国1992—2009年三次产业最优名义产出增长率和最优产业结构进行了测算。测算结果显示，各个产业实际增长率与最优增长率之间大致保持同向变动关系，但是二者之间仍然在不同时期存在不同程度的差距；中国的实际产业结构与最优产业结构之间也大致保持同向变动关系，同样也在不同时期存在不同程度的差距。

第六章在第五章的基础上，利用要素实际价格增长率、资本增长率、生产者价格控制能力或规模增长（以勒纳指数增量表示）和创新成本增加（用资本市场贴现率增量代表）等多个指标构建出一个技术创新动力机制模型，接着采用1992—2010年我国三次产业的相关数据估计了各产业的全要素生产率增长率，然后基于VAR模型的Bootstrap似然比检验了三次产业全要素生产率与影响因素的相关关系，最后运用 SVAR 模型研究了三次产业各影响因素对企业技术创新的长期影响。实证研究结果表明，生产要素实际价格增长率的提高对于三个产业均构成了技术创新的推动因素；资本增长率对技术创新的影响则因产业而异。从长期来看，第一产业和第三产业资本增长率的增加都能够显著促进各自产业全要素生产率增长率的提升，而第二产业资本增长率的增加则会在长期抑制该产业的技术创新；三次产业价格控制能力增加（勒纳指数增量越大），都会伴随着全要素生产率增长率的提升，也就是说，本章的实证研究结果支持了"熊彼特"假说；资本市场贴现率增量对全要素生产率增长率的影响也因产业而异：资本市场贴现率增量的增加能够促进第一、第二产业全要素生产率增长率的提高，却会阻碍第三产业的技术创新。最后，基于三次产业的全要素生产率增长规律提出了培育中国战略性新兴产业技术创新能力的若干政策建议。

第七章在评述产业协同发展文献基础上，采用 1998—2011 年中国省际数据，对产业协同度影响因素进行空间面板计量分析。结果表明，新兴产业科技活动经费筹集额中政府资金比重对协同度无显著影响；环境规制未能抑制高污染行业增长，传统产业高能耗特征依然显著；人力资本增长提升了协同水平，而市场化改革效果并不显著。

第八章将衡量城镇居民生活水平的恩格尔系数和衡量生态环境指标的城市建成区绿化覆盖率作为城镇化质量的反映，基于 2001—2012 年中国 30 个省会城市面板数据，利用静态和动态面板计量回归模型，实证研究城市人口密度、产业结构对城镇化质量的影响，控制变量还加入反映能源消耗的电力消费量和制度环境的市场化改革指数等指标。研究结果表明，从总体来看，城市人口密度与城镇居民恩格尔系数呈"U"形关系；城镇化质量内生于地区产业结构；市场化改革对城市生态环境的影响显著为正。本章认为发挥市场机制配置资源的决定性作用是提高城镇化质量的关键。

第九章系统分析了人口城镇化率偏低与建筑业产业结构空间集聚不匹配的突出问题，指出城镇化与建筑业产业结构空间集聚联动的迫切性，在计算中国建筑业区位产业结构空间集聚度基础上，探讨了城镇化与建筑业产业结构空间集聚的关系，并提出促进两者良性联动的政策建议。

关键词： 产业结构优化升级　城镇化质量　资源环境倒逼机制

Abstract

The 18th Party Congress report points out that, "to promote strategic adjustment of the economic structure is the main direction of speeding up the transformation mode of economic development", to solve the major structural issues is related to the whole economic and social development, the foundation of realization of short – term steady growth and the goal of promoting transformation, and the key to achieve sustainable economic and social development. "National New Type of Town Planning (2014 – 2020)" points out that the urbanization is an important starting point of accelerating industrial upgrading. China's current economic is faced with increasing downward pressure, the pay for extensive growth mode in resources and environment have urgent requirement to match with the resources and environment, which is bound to have a lower economic growth rate, and under the premise of building a resource – saving and environment – friendly society, optimize industrial structure to release the economic potential. In fact, this paper maintains that changes and optimization of industrial structure and growth of TFP is under the constraint of resources and environment, environmental regulation provides effective forced mechanism for the optimization and upgrading of industrial structure, resource constraints plays a fundamental role in the evolution of industrial structure, internal innovation drive has key significance for industrial TFP growth and optimization and upgrading of industrial structure. Therefore, this paper argues that the changes and optimization of industrial structure will be influenced by the factor endowments, constraints of environmental regulation policy and the growth of TFP. In recent years, in order to effectively meet the smooth progress of China' economic growth pattern, "structural adjustment" and "steady growth" is the policy orientation of the government departments at all levels of economic work, taking a new road to industrialization, the development of modern agriculture and modern service industry is the inherent technical requirements and the external policy environment under the new situation. Environmental regulation and upgrading of·industrial structure can realize collaborative win – win? Based on factor endowments under the perspective of structure optimization, how to choose the mode of development of service industry in China? Under the restriction of resources and environment, how to decide the optimal industrial structure formation mechanism? Based on the producer' profit maximization motives, how is the role of internal innovation driving mechanism in three industries' TFP growth? To answer these important questions constitute the starting point of this research and the basic of the selected topic, so this paper will identify the research topics as "Changes of Industrial Structure, Optimization and TFP Growth Under Constraint of Resources and Environment".

A country's industrial structure changes reflect the allocation of resources in the transfer process. To the environmental constraint reaction, enterprises will change the configuration behaviors of factors; as an endogenous variable of industrial structure, resource endowments structure will have a significant impact on industrial structure. Therefore, environmental regulation, factor endowments and change of industrial structure are closely related. The idea of this study is arranged as follows: firstly, make a review of the theoretical literature on changes of industrial structure under constraint of resources and environment, and then establish and analyze mechanism, model and empirical on the effect of environmental regulation, factor endowments on transition of industry structure, and discuss the dynamic and spatial characteristics of China's industrial structure under resources and environmental constraints, and conversely discuss the environmental regulation policy tool selection problem which is corresponding to achieve the optimization and upgrading of industrial structure, and the starting point of service industry' development policies; secondly, through the dual optimization motivation analysis of producers and elements suppliers, develope an optimal nominal growth rate model which can quantitatively calculate the optimal industrial structure under the perspective of factor endowments, successfully give a quantification deviation of China's actual industrial structure from the optimal industrial structure, and create a theoretical framework for the research on optimal industrial structure; according to the element suppliers' profit maximization hypothesis, develop and establish a TFP growth determining equation, and empirical studies of technology innovation difference of China's three industries, and provide theories and policy practice tool for technology innovation to promote the upgrading of industrial structure, and from coordinating development of new industry and traditional industry, demonstrating the internal mechanism of industrial structure upgrading. In addition, this book finally from the forced mechanism of resource and environment to the quality of urbanization, making empirical analysis on the relevant factors and put forward some policy recommendations.

In this paper the main content and the conclusion mainly have the following several points:

In Chapter 3, Environmental regulation affects industry upgrading mainly by demand, technological innovation and international trade mechanism, this paper analyzes the mechanism effects on industrial upgrading path direction, and then use 30 Provincial Dynamic Panel Data from 1998 to 2010, we study the effects of environmental regulation intensity on industry upgrading. Dynamic panel estimation results show that, China' overall environmental regulation intensity has positive effects on industrial upgrading path direction ; and regional research results indicate that the central and western region's environmental regulation intensity is not significant with industrial upgrading, while the eastern region's environmental regulation intensity has accelerated industrial upgrading. China' environmental regulation intensity selection should consider the regional differences, and reasonably slow down the speed of economic growth, to strengthen manpower capital construction and advance marketing reform, and so provide the necessary policies and supporting measures to make sure that environmental regulation and industrial upgrading will have the collaborative win – win.

In Chapter 4, in response to the extensively existing phenomenon of "vigorously improve the proportion of service industry" in the process of industrial structure adjusting, this paper construct the optimal industrial structure model embracing factor endowments and technology choices, put forward and argues the important proposition that "the proportion of service industry should be improved in synchronization with the service efficiency", and then we establish two kinds of spatial weight matrix to express economic dependency, using dynamic spatial panel model to test the relationship of factor endowment, the adoption of technology and industrial structure from 1998 to 2010 of every area in our country, the results are：①confirm that the interprovincial factor endowment, technology adoption and the change of industrial structure have a significant positive correlation between the space, industry structure trend of service is not at random distribution, and rely on a similar geographic features of regions of factor endowment and technology adoption strategy；②the higher the factor endowments, the more prominent the service industry's Three – Dimensional Expansion, technology adoption strategies promote the Horizontal Pushing；③ Service industry's Three – Dimensional Expansion mode of China is lagged behind. From the viewpoint of structure optimization, the service industry's Three – Dimensional Expansion significantly outperforms Horizontal Pushing mode.

In Chapter 5, Through combining the optimization motivation of producers and that of element providers, we induce an equation of optimal output – growth of each industry, the whole of which is perceived as a micro – economic agent. The explanatory variables involved in the equation are each industry's output growth rate, capital growth rate, the Lerner index of each industry (which equals the inverse of the absolute value of the demand elasticity) and the stochastic discount factor (with which the whole society measure capital prices). Moreover, the equation still includes three parameters: output elasticity of labor, subjective utility discount factor and relative risk aversion. Based on 1992 – 2009 provincial panel data (income as a control variable), we estimate the demand elasticity of price of each industry's product. Then employing the Stochastic Frontier Approach (with dependent variable being per – capita output and independent variable being per – capital and technological inefficiency factors being education, institution and geographical environment), and based on 1996 – 2002 provincial panel data, we estimate each industry's output elasticity of labor. And then we estimate the subjective utility discount factor, relative risk aversion through GMM method and calculate the stochastic discount factors based on above estimated coefficients. Finally, according to the equation of optimal growth of industry – level output, we calculate China's three industries' optimal growth rates and optimal industrial structure from 1992 through 2009. The result indicates that there almost exists a coincidental trend shared by each industry's real growth rate and its optimal growth rate, however the gap still varies with time. A similar scenario exists in the relationship between China's actual industrial structure and its optimal industrial structure.

In Chapter 6, based on venture's motivation toward maximum profit under the basis of Chapter 5, we develop a model which determines the technological innovation with factors such as the actual growth of elements' price, the growth of capital, the change of price – controlling power or scale (represented with the change of Lerner Index), the growth of innovation cost (represented with the growth of discount rate of capital market). Then we estimate the growth of China's industry – level TFPs based on the related data during 1992 – 2010, and further investigate the impacts of influential factors of industry – level innovation with a SVAR model. The empirical results indicate that the actual growth of elements price results in the accelerating of each industry's innovation, and the capital growth and the growth of discount rate of capital market may have different influence on each industry's innovation, and the empirical results give evidence for "Schumpeterian" hypothesis. In the end we put forward some strategies for the development of China' strategic emerging industries.

In Chapter 7, systematically reviews the literature on the coordinated development of strategic emerging industries and traditional industries, and by constructing China's 30 areas of provincial data from 1998 – 2011, this book uses the static and dynamic spatial econometric analysis on "new", "old" industrial synergy degree of influence factors, the results indicate that science and technology funds in the proportion of government funds has no significant effect on the degree of collaboration; environmental regulation does not inhibit the traditional high polluting industries, and high energy consumption characteristics of traditional industry is still significant; human capital growth has significantly accelerated the realization of industrial synergy effects, market oriented reform has no significance on industrial synergy effect.

In Chapter 8, use the Engel Coefficient to measure the standard of urban residents and the built – up area greening coverage rate to measure the ecological environment which were treated as the quality of urbanization, based on the data from 2001 to 2012 in China's 30 provincial capital city, we use static and dynamic panel data regression models to analyze the impact of city population density and industrial structure on the quality of the urbanization, the control variables also embrace consumption of energy consumption and the market reform index. The results show that, Overall, it presents "U" type relationship between city population density and Engel Coefficient of urban residents; the quality of urbanization is born in the regional industrial structure; the market reform has significantly positive impact on the cities' ecological environment. The decisive role of market mechanism in the allocation of resources is the key to improve the quality of China's urbanization.

In Chapter 9, systematically analyses the prominent mismatch problems of population urbanization and spatial concentration of construction industry, and points out that the urgency linkage between them, on the basis of calculating the spatial concentration of China's regional construction industry, we examine the interactive correlation between urbanization and construction industry's spatial concentration, and finally put forwards some policy suggestions for promoting the validity.

Key Words: Optimization and upgrading of industrial structure　Urbanization quality　Resources and environment forced mechanism

目 录

第一章　导论

调整优化产业结构、提高城镇化质量是当前转变经济发展方式的重点任务，本书针对资源环境约束下产业结构优化升级和城镇化质量提升提出的研究主题是：第一，环境规制能否提供促进产业结构优化升级的倒逼机制；第二，探讨资源禀赋约束下产业结构变迁的空间特征，为合理制定产业结构调整思路提供参考；第三，构建最优产业结构理论模型，并对1992—2009年我国最优产业结构进行测算；第四，挖掘创新驱动的主要影响因素并开展相应经验分析；第五，论证基于产业协同发展视角的产业结构升级机制，并对城镇化质量影响因素进行实证研究。本章阐述选题背景和研究意义、主要研究方法、内容概要和结构安排、可能的创新点与不足。

第一节　选题背景和研究意义

一　选题背景

近年来，我国经济的高能耗、高污染增长方式导致了资源浪费和环境恶化等众多经济社会问题，克鲁格曼（1994）将这种粗放式的经济增长方式特征归结为不可持续性，由粗放型向集约型增长方式的转变是经济可持续健康发展的必由之路。[①] 因此，切实转变经济增长方式，走低污染、低能耗和高生产效率发展道路是我国经济政策和发展战略制定的重要出发点。《中华人民共和国国民经济和社会发展第十二个五年（2011—2015年）规划纲要》指出，我国经济发展方式转变的主攻方向是加快推进经济结构的战略性调整，而科技进步和创新则是经济发展方式转变的重要的

---

① Krugman, P., 1994, "The Myth of Asia's Miracle", *Foreign Affairs* (Nov./Dec.).

支撑力量，发展方式转变的重要着力点是建设资源节约、环境友好型的社会。党的十八大报告指出，加快转变经济发展方式重点在于改善需求结构、对产业结构进行优化升级，解决阻碍经济发展的重大结构性问题，并有效实施创新驱动的经济发展战略。中国经济当前面临的挑战在于保证经济增长的同时逆转环境恶化的局面，提高资源利用效率。资源环境约束下的增长方式集约型转变成为我国优化配置资源、实现产业结构优化升级的战略重点。为配合经济增长方式转变的顺利进行，对环境污染的治理和资源的有效利用成为经济政策制定的重要出发点，这一思路势必要求经济增长速度放缓，提高经济发展质量，走创新能力增强、产业结构优化和环境质量提升的绿色发展道路。归结到本书研究主题，如何在资源环境约束下有效优化产业结构须从三次产业间的协调发展、环境约束条件下结构变动以及产业结构优化标准等方面入手分析。在研究背景部分，着重从服务业发展态势、环境规制与产业结构现状角度梳理和提取本书拟研究问题的出发点。

对产业结构优化升级问题的研究是主流产业经济理论经久不衰的热点之一。在当前中国经济下行压力增大的背景下，调整优化产业结构已经成为释放经济潜能以实现"稳增长"的当务之急。在产业结构调整过程中，无论是我国工业化进程的加快还是城镇化的发展提速，均对服务业产生了强大需求和带动力，服务业的蓬勃发展已成为我国经济转型过程中一个十分显著的特点。中共中央、国务院于1992年颁布《关于加快发展第三产业的决定》以来，按照可比价计算，1992—2011年，我国服务业增加值的年均增速高达10.61%；与此同时，服务业劳动生产率由1992年的7144元/人上升至2011年的31663元/人，年均增速8.15%，低于同期第二产业劳动生产率增速0.75个百分点。

当前，我国服务业发展仍然存在质量和标准化水平不高等突出问题。一是表现为生产性服务业发展乏力，专业化和市场化程度低。二是生活性服务业发展缓慢，居民消费中服务性消费占比偏小。服务业发展的滞后，严重阻碍了消费的扩大，降低了就业吸纳能力。三是生产性服务业属于粗放型的增长方式，全要素生产率的增长滞后于制造业。由于"重产品、轻服务"的传统观念影响，服务业占GDP比重仍然较低，特别是生产性服务业和现代服务业发展更是滞后。1978—2011年的33年里，我国服务业占国内生产总值的比例上升了0.82倍；服务业吸纳就业人数占总就业人数的比例上升了 1.93 倍；服务化程度上升了 1.3 倍。服务业的滞后仍然是我国经济发展的"短板"，一定程度上折射出我国产业结构的不合理。当今世界各国经济发展的实践表明，发展服务业是衡量生产社会化和市场经济成熟的重要标志，是提升经济整体素质、效率的有效途径，尤其是在我国人口和劳动力等要素禀赋相对丰富的国情下，服务业发展对于扩大内需和促进就业方面的作用显得尤其突出。服务业比重、服务业劳动生产率增长等问题一直是理论界关注的热点问题。"服务业劳动生产率增长滞后论"是鲍莫尔—富克斯假说中的一个重要思想（Baumol，1967；Fuchs，1968）。相关学者认为，我国服务业比重偏低与全要素生产率增长滞后（江小涓，2004；王恕立、胡宗彪，2012）。"十二五"规划指出，我国将推动服务业大发展作为产业结构优化升级的战略重点，着力提高服务业比重和水平，推动特大城市形成以服务经济为主的产业结构。加快服务业发展，既是产业结构调整的重要突破口，也是转变经济增长方式的主要依托。

尽管人们认识到服务业发展受资源环境的约束较小，且对制造业具有强大的依赖性，以提高服务业比重为基本思路的产业结构调整能够对产业结构优化升级产生积极影响，尤其是发展现代服务业对促进经济结构转型的重要性，但就社会资源的合理优化配置来讲，针对各地区"一刀切"式的盲目提高服务业比重能否真正实现经济结构优化，以及基于各地区要素禀赋采纳适宜技术对于产业结构变动产生何种影响的研究则较少涉及。从世界上主要发达国家比如美国的经验来看，中国和美国产业结构呈现出巨大的差异性，2011 年，中国服务业增加值比重为 43.4%，而美国则高达 79.6%。究其原因，除两国要素禀赋差异外，在产业结构调整政策方面，美国政府不主张过多干预经济活动运行，而对产业结构调整措施主要有两点：一是注重基础设施建设，对弱小产业的扶持，以促进产业间的协调发展；二是重视高技术对传统产业的改造。究竟哪些因素决定和影响一国的产业结构，尤其是服务业的比重呢？这是本章从服务业的视角研究产业结构优化问题的起点。"资源诅咒"似乎是市场经济国家经济增长过程中一个看起来反直觉的现象，亦即自然资源的丰富程度与经济增长呈现负相关，它起源于"荷兰病"。荷兰政府于 20 世纪 60 年代大力开采天然气导致农业和工业部门萧条，因此，对产业结构产生了显著影响。这与林毅夫等（1994）关于产业结构和技术结构内生于要素禀赋的观点一致，也就意味着，一个国家的要素禀赋结构对产业结构形态起到了决定作用。[①]朱秋、刘大志（2005）认为，经济的分权体制导致地方政府竞争的核心在于资本竞争，由此引起资本的区域性流动，最终影响各地区产业结构形态。[②] 因此，本书以我国各省份人均资本代表要素禀赋结构，研究要素禀赋结构、技术采纳对我国产业结构变动的影响。

导致产业结构变动的另一个重要因素是环境规制政策的影响。20 世纪 70 年代以来，环境问题日益恶化引起了世界各国对环境规制的重视。中国作为《联合国气候变化框架公约（1992）》和《京都议定书（1997）》的缔约国和推动者，以惨重的环境代价在粗放型的增长路径上实现年均 GDP9.8% 的增长，世界环境绩效排名 EPI（Environmental Performance Index）的数据显示，我国 2008 年 EPI 得分在 149 个国家中排名第 105 位，2010 年在 164 个国家排名仅为 121 位，反映出我国环境规制强度很弱（张成等，2011）。[③] 2013 年 1 月，全国部分地区严重的雾霾天气更是暴露了当前我国环境污染问题的严重性。金碚（2009）认为，在工业发展初期，人们宁可以巨大的环境污染来换取产业发展；当工业发展到一定水平，环境保护则被提到了新的日程上。[④] 环境规制通过作用于生产者的资源投入和创新动力，将会对各行业的产出形成一种动态的影响，进而影响产业结构，综合上述"资源诅咒"和环境规制问题，深入探讨资源环境约束下产业结构变迁机理构成了本书的主要内容之一。在我国环境污染和治理方面，近年来，投资总额逐年增长，占 GDP 比重由 2002 年的 1.14% 增长至 2010 年的 1.66%，其中，城市环境基础设施建设、排水、园林绿化和工业污染治理投资占比较高。我国环境污染治理投资额分布和治理投资完成情况见表 1 - 1 和表 1 - 2。

在学术研究中，常用环境规制强度表示改善环境的投入力度，定量衡量方法主要包括法律法规颁布数量、投资额占比、规制机构对污染企业的监督检查次数、规制情形下的污染物排放的变化等，我国 2005—2010 年部分环境规制类型见表 1 - 3。上述衡量方法存在的主要问题是数据的可

---

① 林毅夫、蔡昉、李周：《中国的奇迹：发展战略与经济改革》，上海三联书店、上海人民出版社 1994 年版。

② 朱秋、刘大志：《资本形成过程中的地方政府竞争》，《中国改革》2005 年第 3 期。

③ 张成、陆旸、郭路等：《环境规制强度和生产技术进步》，《经济研究》2011 年第 2 期。

④ 金碚：《资源环境管制与工业竞争力关系的理论研究》，《中国工业经济》2009 年第 3 期。

表 1-1　　　　2002—2010 年我国环境污染治理投资额分布情况　　　　单位：万元

指　标	2002 年	2003 年	2004 年	2005 年	2006 年	2007 年	2008 年	2009 年	2010 年
环境污染治理投资总额（亿元）	1367.2	1627.7	1909.8	2388.0	2566.2	3387.3	4490.3	4525.3	6654.2
城市环境基础设施建设投资	789.1	1072.4	1141.2	1289.7	1314.9	1467.5	1801.0	2512.0	4224.2
燃气	88.4	133.5	148.3	142.4	155.0	160.1	163.5	182.2	290.8
集中供热	121.4	145.8	173.4	220.2	223.6	230.0	269.7	368.7	433.2
排水	275.0	375.2	352.3	368.0	331.5	410.0	496.0	729.8	901.6
园林绿化	239.5	321.9	359.5	411.3	429.0	525.6	649.8	914.9	2297.0
市容环境卫生	64.8	96.0	107.8	147.8	175.8	141.8	222.0	316.5	301.6
工业污染源治理投资	188.4	221.8	308.1	458.2	483.9	552.4	542.6	442.6	397.0
建设项目"三同时"环保投资	389.7	333.5	460.5	640.1	767.2	1367.4	2146.7	1570.7	2033.0
环境污染治理投资总额占 GDP 比重(%)	1.14	1.20	1.19	1.30	1.22	1.36	1.49	1.33	1.66

资料来源：《中国统计年鉴》（2006，2011）。

表 1-2　　　　　2000—2010 年我国工业污染治理投资完成情况　　　　单位：万元

年份	工业污染治理完成投资	治理废水	治理废气	治理固体废物	治理噪声	治理其他	本年竣工项目数（个）
2000	2347895	1095897	909242	114673	13692	214390	21070
2001	1745280	729214	657940	186967	6424	164734	10277
2002	1883663	714935	697864	161287	10464	299113	9733
2003	2218281	873748	921222	161763	10139	251408	9568
2004	3081060	1055868	1427975	226465	13416	357336	11290
2005	4581909	1337147	2129571	274181	30613	810396	11158
2006	4839485	1511165	2332697	182631	30145	782848	11972
2007	5523909	1960722	2752642	182532	18279	606838	12547
2008	5426404	1945977	2656987	196851	28383	598206	11184
2009	4426207	1494606	2324616	218536	14100	374349	8236
2010	3969768	1295519	1881883	142692	14193	620021	5866

资料来源：《中国统计年鉴》（2011）。

表1-3　　　　　　2005—2010年我国环境规制主要类型

环境法制	2005年	2006年	2007年	2008年	2009年	2010年
当年颁布环境保护部门规章数（件）	6	7	8	5	3	13
当年颁布环境保护地方性法规数（件）	30	38	20	21	22	22
当年颁布环境保护地方性政府规章数（件）	40	41	32	29	17	20
当年做出环境行政处罚决定的案件数（起）	93265	92404	101325	89820	78788	116820
当年受理的环境行政复议案件数（起）	211	208	520	528	661	694
当年做出判决的环境犯罪案件数（起）	2	4	3	2	3	11
排污申报核定						
一般工业企业排污单位申报核定户数（万户）	—	—	22.96	51.70	51.69	51.01
污水处理厂（场）申报核定户数（户）	—	—	1212	1314	1483	2096
排污费征收						
排污费解缴入库户数（万户）	74.6	67.1	63.6	49.7	44.6	40.1
排污费征收金额（亿元）	123.2	144.1	173.6	185.2	172.6	188.2

资料来源：根据2005—2010年《中国环境统计公报》整理得到。

得性不同，最易获得的是投资额占比数据，以下采用投资额占比衡量近年来我国的环境规制强度指标，亦即环境污染治理项目投资额占国内生产总值的比重表示，环境污染治理项目投资额、国内生产总值（现价）以及环境污染与破坏次数的数据来源于"中经网统计数据库"。从图1-1可以看出，随着环境规制强度逐步加强（由1999年的0.92%提高到2010年的1.66%），环境污染与破坏的次数呈现显著剧烈下降的态势（由1999年的1614次下降至2010年的420次），表明我国近年来的环境污染治理取得了显著效果。

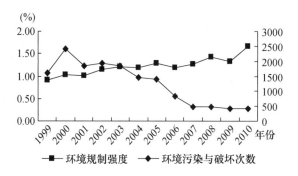

图 1-1 1999—2010 年我国环境规制强度与环境污染、破坏次数

资料来源：根据《中经网统计数据库》的相关数据整理得到。

在各地区大力发展并提高服务业比重和环境规制政策并存新形势下，我国产业结构经历了转型期的一系列变动。从图 1-2 可以看出，我国三次产业的结构变迁大致呈现以下趋势 [三次产业增加值占 GDP 比重（现价）的数据取自"中经网统计数据库"]：第一产业增加值占 GDP 的比重在波动中不断呈现下降态势，由 1952 年的 51% 降至 2011 年的 10%；第二产业增加值占 GDP 的比重呈现波动上升趋势，由 1952 年的 21% 上升至 2011 年的 47%；第三产业增加值占 GDP 的比重在 1952—1984 年间呈现波动递减（由 1952 年的 28% 降至 1983 年的 22%），而 1984 年之后，第三产业增加值占 GDP 比重稳步提高至 2011 年的 43%。

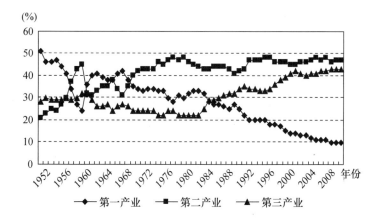

图 1-2 1952—2011 年我国三次产业增加值占 GDP 比重（现价）

资料来源：根据《中经网统计数据库》的相关数据绘制。

　　资源配置是市场机制和政府干预合力的结果，而产业结构正是这两种力量作用于各产业产出的最终体现。为提高经济发展质量，需要在环境保护和要素禀赋有效利用方面得到根本改善。另外，各地大力发展服务业的做法是否一定能够推动产业结构的优化升级，需要从要素禀赋结构角度来研究产业结构的变动规律。我国各产业最优增长率如何确定，是政府部门制定经济政策目标的重要依据。结构与效率存在着内在依从关系，不同行业的技术创新动力存在差异，如何深入探究不同产业技术创新动力差异并有效利用这些差异进行相应政策工具的选择，对促进我国各产业技术创新具有重要的理论和实践意义。此外，产业结构和人口密度对于城镇化质量的影响至关重要，对于推动城镇化质量提升起着基础性作用。所以，研究资源环境约束下的产业结构变迁、优化升级、三次产业创新动力、城镇化质量影响因素就显得十分必要，因而本书拟选定这一主题进行深入的探讨和研究，分别从环境规制、要素禀赋对产业结构变动影响的理论与实证角度进行分析，并以生产者和消费者的双重优化动机为出发点开发最优产业机构的定量测算模型，继而对三次产业全要素生产率增长的影响因素、产业协同发展和城镇化质量的影响因素进行实证分析。因此，本书在第三章、第四章、第五章、第六章、第七章、第八章和第九章依次从资源环境约束下产业结构的变动机理与实证、最优产业结构的定量测算、全要素生产率增长率影响因素实证、产业结构升级机制和城镇化质量影响因素等几方面分别展开研究，试图为产业结构调整过程中所面临的资本禀赋约束、环境规制约束、产业结构优化标准和三次产业全要素生产率、产业协同发展和城镇化质量提高等问题构造出一个完整的理论与实证分析框架，并做出较为全面深入的探究和解释。

二　研究目的和意义

（一）研究目的

　　调整和优化产业结构与转变经济增长方式存在内在依从关系，实现经济的可持续发展和城镇化质量的提升，必须在环境保护、资源有效利用上实现新的突破，为达到这一目标，需要在实践中选择合适的环境规制政策工具和经济发展战略，并寻求确定经济的最优增长率和最优产业结构，最大化不同行业的全要素生产率增长率、找出产业协同发展机制和城镇化质量影响因素。本书基于此目标，从理论和实证两方面做了以下工作：环境规制—要素禀赋、技术采纳—产业结构变动—最优产业结构的定量测算—

三次产业全要素生产率影响因素—产业协同发展机制—城镇化质量影响因素实证研究，以此利用结构与效率研究相结合的范式对资源环境约束下中国产业结构优化升级、全要素生产率增长和城镇化质量提升等现实问题展开探讨和研究，为优化资源配置和提高全要素生产率、促进我国产业结构优化升级和城镇化质量提升提供理论、实证依据和政策意涵。

（二）理论价值

学术界关于产业结构演进和优化升级研究已经形成了大量文献，伴随着经济社会的快速发展，新现象和新问题随之而来，例如，环境破坏、资源瓶颈等现象潜在影响着经济的可持续发展和社会和谐稳定。农业现代化、新型工业化和服务业现代化正对我国产业结构产生新的技术推动和形态改变。基于此，本书在对各地区环境规制强度和基于要素禀赋、技术采纳战略对产业结构影响的理论基础上，利用动态面板和空间面板进行了实证研究；并对要素禀赋视角下最优产业结构进行理论建模和中国定量测算，这对丰富产业结构变迁和优化理论具有较高的学术价值，也为我国各地区合理利用环境规制工具和强度、采取适合本地区比较优势的发展战略来优化产业结构提供了新的视角。在三次产业全要素生产率增长影响因素部分，将生产要素价格实际增长率、技术创新主体价格控制能力或规模增加（用勒纳指数增量代表）、资本市场贴现率增量和技术创新主体资本增长率四个变量统一纳入技术创新的动力机制模型，并进行了实证分析，丰富了技术创新动力的理论，对促进三次产业技术创新具有重要理论价值。在新兴产业与传统产业协同发展实证研究部分，采用空间面板模型对两者的协调度影响因素进行了研究，并提出了促进产业结构升级的协同发展政策建议。在城镇化质量的影响因素实证部分，分别从经济质量和环境质量两个方面对城镇化质量进行了定量识别，丰富了城镇化质量的测度方法。此外，对城镇化与建筑业空间结构联动问题进行了分析，对于消灭"鬼城"具有较强的理论价值。

（三）实践价值

对资源环境约束下产业结构变动原因的研究，有助于我国政府部门采取适当的环境规制政策工具与经济发展战略目标，从而在解决阻碍可持续发展的资源环境问题基础上有效地促进产业结构升级；对要素禀赋视角下最优增长率的测算，有助于根据定量指标，如该产业在域内的价格影响能力（$N_{i,t}$）、产业的生产技术特点（α_i）、产品特性（γ_i）、资本增长率

（$r_{i,t}$）、产业发展程度（决定着人们对当前效用和未来效用的重视程度对比关系 λ_i）以及消费增长率（决定着随机贴现因子 β_t）等因素制定和动态调整产业结构目标，并为适度调整产业结构方面提供可操作的产业政策工具；对三次产业全要素生产率增长的影响因素分析，有助于区分不同企业的技术创新动力，为有效地促进不同行业的技术创新提供差异化的针对性政策建议。对基于产业结构升级视角的产业协同发展影响因素进行的实证研究，有助于为政府提供促进产业协同发展的切实可行的政策措施，具有较强的实践价值。此外，本书对于城镇化质量影响因素的研究，有助于为政府从人口层面、经济层面和环境层面共同提升城镇化质量提供丰富的政策参考，具有较强的实践价值。

第二节　主要研究方法

本书在第三、第四、第五、第六、第七、第八和第九章研究中使用的主要方法如下：

第三章采用的研究方法主要是动态面板数据模型方法（Dynamic Panel Data Model），利用系统 GMM 方法研究产业结构升级的动态性；在控制相关变量的基础上，考察环境规制强度对我国总体和区域产业结构升级的动态影响方向和程度。

第四章采用静态和动态空间面板模型研究要素禀赋、技术采纳对产业结构服务化趋势的影响，其中，又分别考虑只有地区固定效应没有时间效应、只有时间效应没有地区固定效应和地区固定效应与时间固定效应都有的双向固定效应模型。

第五章首先采用数理分析方法，从生产者和要素供给者双重优化动机出发，开发出一个可定量测算中国三次产业最优名义产出增长率的理论模型，实现了最优产业结构的定量测算。在定量测算过程中，采用随机前沿分析方法计算我国三次产业的劳动产出弹性；并利用静态面板模型测算三次产业产品的需求弹性；使用广义距估计方法（GMM）估计随机贴现因子。

第六章采用基于 VAR 模型的 Bootstrap 似然比检验和结构性向量自回归方法研究要素价格实际增长率、勒纳指数增量、创新主体资本增长率以及资本市场贴现率增量与三次产业全要素生产率增长率的长期关系。

第七章和第八章采用空间面板计量分析方法。

第九章采用基于 Eviews 软件的格兰杰因果关系检验方法和基于 SPSS 软件的皮尔森相关系数检验方法。

第三节 内容概要和结构安排

一 内容概要

本书研究内容是基于资源环境约束下产业结构变动原因的解释、要素禀赋视角下最优产业结构的定量测算和全要素生产率增长决定影响因素分析。

第一，通过环境规制的三种效应（影响需求、创新和 FDI 的国际流向）阐述环境规制对我国产业结构升级的传导机制，并分区域对环境规制强度的产业升级效应进行研究。

第二，以产业结构调整过程中"大力发展服务业"为起点，构造了包括要素禀赋和技术采纳在内的最优产业结构理论模型，论证了服务业比重提高应当以提高全要素生产率为前提的重要命题，并实证研究了要素禀赋、技术采纳对产业结构服务化变动趋势的影响（采用静态和动态空间面板模型进行分析）。

第三，利用生产者和要素供给者的双重优化动机推导要素禀赋视角下我国经济的最优产出增长率模型，并根据该模型定量测算 1992—2009 年我国三次产业的最优结构，测算结果与经济运行实际高度吻合，体现出最优名义产出增长率模型在我国具有较高的应用价值。

第四，本书根据最优名义产出增长率模型推导过程得到的启发，将要素实际价格增长率、勒纳指数增量、创新主体资本增长率和资本市场贴现率增量纳入技术创新决定方程，综合研究上述四个变量与三次产业全要素生产率增长率的关系，甄别出三次产业创新驱动的差异性，以期为我国战略性新兴产业的技术创新提供有益启示。

第五，本书基于新兴产业与传统产业协同发展视角研究了产业结构升级机制，并实证研究了城镇化质量的影响因素，提出促进城镇化与建筑业产业结构空间联动的政策建议。

二　本书研究的技术路线

针对经济新常态下中国经济发展实践和现实需求，本书以资源环境倒逼机制作用下产业结构优化升级和城镇化质量影响因素为分析主线，分别就环境规制对产业升级的影响、要素禀赋和技术采纳对产业结构服务化趋势的影响、最优产业结构定量测算、全要素生产率增长驱动因素、产业协同发展机制和城镇化质量影响因素等内容进行研究，基本研究范式是"理论 + 实证 + 对策"，为经济新常态下中国产业结构优化升级和城镇化质量提升提供理论支撑，本书研究的技术路线如图 1 - 3 所示。

第四节　研究的可能创新点与不足

一　研究的可能创新点

（1）对环境约束下产业结构升级的倒逼机制进行了理论和实证分析，环境规制的传导机制分需求、技术创新和以 FDI 流动为核心指标的国际贸易，利用动态面板数据模型对我国及分区域的产业结构变迁进行了实证检验，得出环境规制强度应分区域进行设定，以保证各区域环境规制强度和产业结构升级的协同"双赢"。

（2）以我国各地区"大力发展服务业"的现象为分析起点，构造了包括要素禀赋和技术采纳的最优产业结构理论模型，提出和论证了"服务业比重的提高应当以效率的提升为前提"的重要命题，并分析了最优服务业比重将随着要素禀赋（人均资本）的上升而单调递减，主要依赖资本产出弹性和技术创新水平两个变量，随后利用静态和动态空间面板模型实证研究了要素禀赋和技术采纳对产业结构服务化趋势的影响，证实了我国各地区要素禀赋、技术采纳和产业结构变动存在空间正自相关，指出不能盲目提高服务业比重，须与服务业效率的改善同步，各地区应当根据本地区要素禀赋，采用适当的技术（比较优势），以便有针对性地促进产业结构优化升级。

（3）针对关于产业结构优化文献大多假设第三产业比重越高越好的观点，本书尝试性从要素供给者和消费者双重优化动机出发，开发出一个能够付诸定量测算我国最优产业结构最优名义产出增长率模型，初步解决

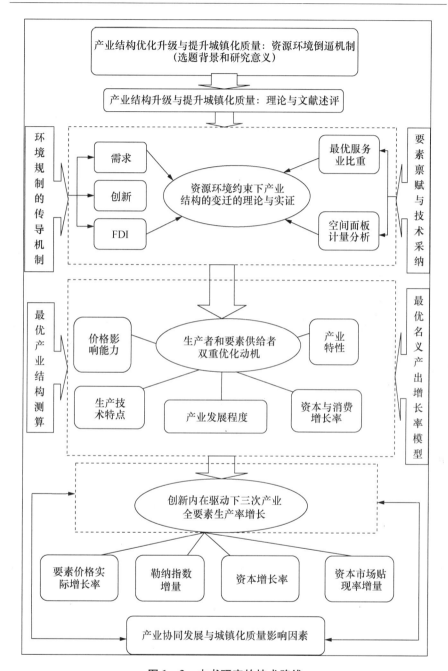

图1-3　本书研究的技术路线

产业结构内生于要素禀赋的可实证问题，对现有文献关于产业结构合理化和高级化所做出的"服务业比重提高是产业结构升级的标志"假设是一个尝试性突破，并最终成功地测算了1992—2009年我国实际产业结构和最优产业结构之间的偏离程度，与实际经济运行的情况大致吻合，初步实现了最优名义产出增长率模型在我国的实践应用价值。

（4）从第五章最优名义产出增长率模型推导过程中可以发现，基于该模型的拓展能够建立一个包含了生产要素价格实际增长率、技术创新主体价格控制能力或规模增加（用勒纳指数增量代表）、资本市场贴现率增量和技术创新主体资本增长率四个变量的全要素生产率增长决定方程（现有文献仅研究单个因素对全要素生产率或技术创新的影响），随后对三次产业全要素生产率增长的影响因素进行实证分析，挖掘出影响全要素生产率增长率变动的四个主要因素对技术创新动力的影响，并为我国发展战略性新兴产业提供了一定的借鉴和启示。

（5）将政府行为、资源环境约束纳入产业协同发展的影响因素分析框架，并以高技术产业作为新兴产业的代表，各地区总的工业总产值与高技术产业总产值的差额作为传统产业的代表，首次为战略性新兴产业与传统产业协同发展问题的研究提供省际面板数据的经验研究，以期为中国战略性新兴产业发展与传统产业改造升级的协同推进提供实证上的支持。

（6）将城镇化质量界定为经济质量和环境质量两个方面，前者指城镇居民的恩格尔系数，反映出城镇居民的生活水平；后者指城市建成区绿化覆盖率，以此反映城市生态环境水平。以城市全年用电总量作为能源消耗的代表，在资源环境的双重约束下，探讨城镇化质量的主要影响因素，着重研究人口密度、产业结构和能耗、市场化改革对城镇化质量的影响，并基于研究结论提炼出推动城镇化质量提升的政策意涵。第九章检验城镇化率与建筑业产业结构空间分布的格兰杰因果关系，为治理"鬼城"提供了政策建议。

二 研究的不足之处

（1）本书试图研究资源环境约束下的产业结构变迁特征、最优产业结构定量测算和全要素生产率增长决定因素，在环境规制对产业结构升级的研究中，虽然界定了三种传导机制，但尚未完全纳入一个一般均衡的分析框架，对产业结构升级指标的衡量相对较为简化，仅以高新技术产业当年价总产值占当年价工业总产值比重作为衡量产业升级的指标，这是该部分的一个不足之处。

（2）资源约束下产业结构变迁的空间特征部分，对要素禀赋的衡量是以人均资本存量表示，未将自然资源考虑在内，技术选择指数的构造是利用固定资产投资代替制造业的资本存量。

（3）资源环境约束下最优产业结构测算部分，通过消费者和生产者的双重优化动机推导最优名义产出增长模型，仅考虑了资本和劳动这两种要素以及技术创新水平，尚未将产业升级因素纳入分析中，并且假设经济的规模报酬不变，因此，这需要以后能够进一步放宽假设，进而能够建立出更加符合实际的理论模型。在定量测算中国最优产业结构部分，对各种指标的反复运算可能会降低最终结果的精确度，但总体上还是能反映出一定的现实意义。所以，根据未来经济运行指标数据，预计能够进一步预测最优产业结构与实际产业结构的变动趋势，从而为经济结构调整提供必要的政策目标出发点与落脚点。

（4）全要素生产率增长率决定因素的分析部分，虽然尝试将技术创新的主要驱动因素纳入全要素生产率增长率的决定方程，但是，时间序列的样本量偏少，加上由于数据的反复处理过程可能会导致结论的精确度不够，采用自助法的弥补效果难以检验，这是该部分的不足之处。

（5）在城镇化质量影响因素的研究部分，首先，选择相对规模较大的省会城市，对地级市层面的研究有待进一步完善；其次，尚未触及城市最优人口密度的定量测算，样本量的进一步扩大和城市人口最优密度的测算将是进一步拓展的方向。

第二章 资源环境倒逼产业结构优化升级与提升城镇化质量:理论与文献述评

产业结构偏离最优状态导致的资源配置效率低下是制约经济增长的核心因素,亚当·斯密和大卫·李嘉图等古典经济学家认为,社会化大生产过程中的劳动分工形成了产业结构,并伴随经济发展由一种产业结构过渡为另外一种产业结构,产业结构的变迁对经济增长具有促进或抑制两个方面作用,因此,产业结构优化升级是经济增长的持久动力。在资源环境问题日益突出的当今,环境规制、要素禀赋对产业结构的升级和优化具有重要的影响,本章分别对学术界现有关于产业结构变迁理论、环境规制对产业结构变迁影响的理论、全要素生产率与产业结构变迁理论和产业结构优化理论进行了分类综述,提取出环境规制、要素禀赋约束在产业结构变迁中作用的前期研究结论和产业结构优化程度的不同理论标准,为本书后续理论分析与实证研究提供可借鉴的研究基础。

第一节 产业结构变迁理论综述

由于每个国家发展起点不同,在资金、技术、人才和劳动力等方面的较大不同导致发达国家与发展中国家在产业结构的形态上呈现出显著差异。而产业结构的变迁、升级和调整是有规律可循的。以美国和日本为代表的主要发达国家在第二次世界大战以来,基本形成了"三二一"形态的三次产业比重格局,而改革开放以来,我国产业结构的特征发生了一系列的变迁,一般认为,社会需求结构、资源供给结构、技术水平、国际贸易、要素价格比率变动和制度(见表2-1)等是影响产业结构变迁的重要因素。

本节简要地对发达国家和发展中国家产业结构变迁的理论进行综述,

以此找出产业结构变迁的一般规律。

表 2-1　　　　　　　　　产业结构变迁的制度根源代表性文献

代表人物	代表性观点
西蒙·库茨涅茨	政治、经济与社会制度——市场、分工；政府决策
钱纳里	激励、财政体制
诺曼·尼克尔森	阐述制度和产业结构的影响机理
诺思	制度变迁—产业革命—制度进步带动技术发展
贾根良（1996）	分工制度安排
周叔莲（1990）	制度与产业发展
郭克莎（2001）、江小涓（1993）	体制问题、体制转轨
张亚斌（2001）	所有制结构
沈玉良（1998）	利益格局变动
何大安（2001）	投融资制度
杨栋梁（2007）	产业政策

一　发达国家产业结构变迁理论

30 多年前，卡尔多、库兹涅茨和马迪森（Nicholas Kaldor, Simon Kuznets and Angus Maddison）建立了一系列发达国家结构转型的经验规律（Kaldor，1963；Kuznets，1971；Maddison，1980）。库兹涅茨和马迪森描述了产出和劳动力首先从农业转移到工业的典型变化，随后从工业转移到服务业。他们认为，服务业部门的生产率增长要比经济中的其他部门低得多，服务业产出的价格倾向于更加快速的增长。这就是著名的服务业"成本疾病"理论（Baumol，1967）。卡尔多最著名的发现是劳动份额在GDP 份额中的长期稳定性。这些典型事实对于后续在经济增长、发展经济学和国际宏观经济学和贸易、经济周期和劳动力市场的研究方面起到了关键的补充成分。

为了得到建立在坚固事实上的结论，乔根森和蒂默（Dale W. Jorgenson and Marcel P. Timmer，2011）采用 EU—KLEMS 数据库数据，包含详细的产出、劳动力和资本投入（O'Mahony and Timmer，2009）。极大地方便了对部门 GDP、雇用劳动力、价格水平、投入份额和多要素生产率的跟踪。他们研究了 1980 年以来欧洲、日本和美国长期增长模式的相似性，这些地区包括很大一部分经济合作与发展组织和世界经济总量的份额。当考察欧洲的部门发展时，需要对欧洲的所有国家的部门进行加总。由于相对较小国家贸易范围广泛，专业化可能引起国家发展模式的不同。因此，对欧盟国家的发展当成一个整体来研究，而不是像卡尔多（1963）、库兹涅茨（1971）和马迪森（1980）研究欧洲的个体国家。他们研究发现，为了分析结构变迁，需要强调从产品生产到服务生产的根本性转变。农业、工业和服务业的划分已经丢失了它们之间的相关性。农业部门逐渐减少，而服务业部门已经占 GDP 的 75%。分行业的分析显示了服务业部门的显著异质性。人力、金融和商业服务遵循经典的低生产率增长原则，相对价格的增长以及这些部门雇用劳动力和在 GDP 中产值份额的增长，GDP 中非市场服务的份额和劳动力的雇用也继续增长。另外，服务业的份额分布比较稳定，生产率增长较快。与卡尔多的研究结论相反，乔根森和蒂默（2011）的研究认为，1980—2005 年产品或服务附加值中的劳动份额在所有行业和地区都是递减的，除了美国金融和商业服务部门，信息通信技术资本的使用和熟练劳动力在所有部门都是增加的，特别是在服务行业。①

　　关于国外产业结构变迁与经济增长关系的主要研究集中在全要素生产率和生产要素配置变动对经济增长的影响，巴和布拉达（E. Bah and J. Brada，2008）估计了新欧盟成员国农业、工业和服务业的全要素生产率增长，并研究了结构变迁是如何影响经济增长的。为克服转型经济国家的资本存量难以衡量的问题，他们开发了一个模型用于估计部门全要素生产率的模型（使用部门的从业人员和单位资本 GDP 数据）。与奥地利相比，新欧盟成员国具有较低的全要素生产率水平，但其增长相对较快，部门间的劳动力迁移对总的全要素生产率增长的影响不大，而资本积累是影响单位资本 GDP 收敛于欧盟水平的重要因素。②

二　发展中国家产业结构变迁理论

　　发展中国家产业结构变迁的理论文献主要体现在从产业结构的变迁特征、影响因素和对经济增长的作用等方面进行研究。He Canfei 和 Zhu

---

① Jorgenson, D. W., M. P. Timmer, 2011, "Structural Change in Advanced Nations: A New Set of Stylised Facts", *The Scandinavian Journal of Economics*, 113 (1), pp. 1 - 29.

② El - hadj Bah、Josef Brada, 2008, "Total Factor Productivity Growth and Structural Change in Transition Economies", The Fourteenth Dubrovnik Economic Conference.

Shengjun（2007）使用 1980—2003 年的省级面板数据分析了中国各省份的产业结构特征，研究认为，自从经济转型期开始，中国所经历的显著产业重组，大规模的市场化、全球化和地方分权改革等措施对中国各地区的产业结构产生了显著影响，各省份产业结构呈现出非常相似的特征：内陆省份逐渐在资源依赖的产业上实现了专业化，因此，它们的产业结构偏离了国家结构；而沿海省份则具有相似产业，统计分析表明，市场化提高了自然资源的比较优势地位，一方面促进了不同资源禀赋省份的产业结构差异，另一方面促进了相似资源禀赋省份产业结构的趋同性。然而，地方分权使国内市场产生分割，加剧了省际的保护主义和理性模仿，导致了省份之间产业结构的收敛。全球化效应有两点：第一，全球化的省份产业结构已经出现收敛趋势；第二，全球化省份与表现不佳的省份在出口和 FDI 利用问题上呈现出相当不同的产业结构。该研究结果显示，经济转型及其后果对于理解转型经济的产业重组是至关重要的。[①]

Yanqing Jiang（2011）实证研究了中国经济结构变迁（结构性冲击和结构转型）模式、原因和影响以及对中国地区经济增长和地区间收入差距的收敛。结果表明，20 世纪 80 年代，地区开放度的提高和地区人力资本积累促进了地区劳动生产率的增长，不同地区间收入水平存在条件性的收敛，地区经济结构变迁具有收敛效应，地区开放度的提高便于各地区结构变迁；20 世纪 90 年代，总体结构变迁的两个组成部分对于中国地区间的收敛具有相反的效应：结构冲击扩大了地区间的贫富差距，而结构转型则缩小了差距，总体结构变迁的效应是一个收敛效应。随着地区经济的发展，中国各地区越来越依赖结构变迁对于劳动生产率增长的作用。然而，随着时间的推移，在其他条件不变的情况下，地区依赖结构变迁对劳动生产率增长的作用越来越困难。因此，持久的地区开放程度提高和连续的地区人力资本积累将是提高长期劳动生产率增长所需要的。研究结果的政策含义是，如果结构变迁促进地区劳动生产率和地区间收入差距的收敛，应当合理测量这种双重效应并加以充分利用。[②]

简新华、叶林（2011）对我国改革开放以来产业结构的变迁特征进

---

① He Canfei, Zhu Shengjun, 2007, "Economic Transition and Industrial Restructuring in China: Structural Convergence or Divergence?", *Post – Communist Economies*, 19 (3), pp. 317 – 342.

② Yanqing Jiang, 2011, "Structure Change and Growth in China under Economic Reform: Patterns, Causes and Implications", *Review of Urban & Regional Development Studies*, 23 (1), pp. 48 – 65.

行了多角度分析认为，我国产业结构已经从"农业落后、服务业发展滞后、轻重工业结构不合理"的畸形状态演化为产业结构合理化和高级化程度都得到一定程度的优化，并进一步指出，中国产业结构优化的方向将是技术密集型产业得到大力发展、农业机械化和服务业现代化水平进一步提升。① 干春晖、郑若谷（2009）构建了要素转移—产业结构演进—生产率增长的分析框架，使用偏离—份额的方法研究了我国产业结构演进对生产率增长的影响，结果表明：生产要素（劳动力和资本）的流动速度不断提高，并且在生产率方面存在显著的产业差异，第二产业生产率的提高在促进劳动生产率上升过程中贡献较大，而资本的产业间流动阻碍了生产率的改进。研究认为，推进产业结构进一步优化升级的有力手段是完善生产要素市场运行机制，降低投资门槛和阻碍因素。② 马晓河、赵淑芳（2008）通过对改革开放以来我国三次产业结构的特征研究发现，我国三次产业结构的变动基本与一般的产业结构演变规律相吻合，存在的问题主要是产业间具有显著的生产率差异，能源效益比较低，农业比重进一步减小，工业与服务业的水平不断扩张和提高是未来产业发展的主旋律。③

在资源环境约束下工业与产业结构升级方面，国内学者进行了相关研究，例如，涂正革（2008）研究了资源环境约束下工业增长的协调性问题，利用我国各地区资源投入、工业的产出水平和相应的污染物排放的数据测算了地区的环境技术效率，并对地区的差异进行了分析和解释，研究认为，我国中西部的环境技术效率明显低于东部沿海地区，以工业结构升级和产权改革为核心，加大自主研发和外部引进技术的强度，鼓励外资引进，控制高耗能行业进入，是协调环境工业发展的切实保障措施。④ 孟昌、张欣（2012）针对产业结构升级在面临资源环境压力下如何进一步推进问题，考察了日本经验对中国的借鉴意义，从日本的"国家干预型"工业模式，探讨了政府主导式产业结构升级效果，给中国带来的启示是：充分发挥市场机制配置资源的作用，制度创新与技术创新相结合，推动工

---

① 简新华、叶林：《改革开放以来中国产业结构演进和优化的实证分析》，《当代财经》2011 年第 1 期。

② 干春晖、郑若谷：《改革开放以来产业结构演进与生产率增长研究——对中国 1978—2007 年"结构红利假说"的检验》，《中国工业经济》2009 年第 2 期。

③ 马晓河、赵淑芳：《中国改革开放 30 年来产业结构转换、政策演进及其评价》，《改革》2008 年第 6 期。

④ 涂正革：《环境、资源与工业增长的协调性》，《经济研究》2008 年第 2 期。

业结构的优化与第三产业的进一步深化发展，进而实现低碳经济的成功转型。① 涂正革、肖耿（2009）通过构造环境生产前沿函数模型，对 1998—2005 年我国各省份规模以上工业企业的投入产出与污染物排放的数据进行了实证分析，研究认为，经济增长受到环境约束的抑制效应表现出下降趋势，而产业的环境结构优化的贡献逐渐增大，在有效带动经济增长的同时减少了污染物的排放。②

第二节　环境规制对产业结构变迁影响的理论综述

环境问题的恶化引起政府对企业或产业的环境规制约束，环境规制工具一般采取开征环境税、总量控制和排污许可证等方式。企业在应对环境规制政策时，往往面临一系列的反应，包括是否增加研发创新、进入或退出一个行业、市场集中度变动。由此引起了各个行业的结构变迁，本节对现有文献关于环境规制对一些行业（制造业内部结构、垃圾填埋场、纸浆产业和韩国的钢铁工业等行业）市场结构的影响进行了梳理，分析了各种相应的环境规制工具影响市场结构的具体作用机理，从而较为全面地阐述了环境规制影响产业结构变迁的理论基础。

一　环境规制对经济结构的影响

Vanessa Oltra（2008）从演化经济学视角梳理了环境创新与产业动态的相关文献，这些文献关于环境创新的术语很多。通常来讲，被广泛接受的是 Rennings（2000）将环境创新定义为包括生产过程、系统和产品得到改进或者是开发出全新的方式，有利于保护环境和环境的可持续发展。传统上来，环境创新的决定因素实证文献集中在规制的作用。自从 20 世纪 20 年代，一些实证文献开始寻求其他决定因素，比如需求或供给方面。这方面的研究在方法和结果上具有较大的差异性，收集到关于环境创新足够的数据和指标是其中一个主要困难（Kemp and Arundel，2006）。③

---

① 孟昌、张欣：《资源环境双重约束下的产业结构升级：日本的经验与启示》，《林业经济》2012 年第 2 期。

② 涂正革、肖耿：《环境约束下的中国工业增长模式研究》，《世界经济》2009 年第 1 期。

③ Vanessa Oltra，"Environmental Innovation and Industrial Dynamics：The Contributions of Evolutionary Economics"，*General Information*，2008.

环境创新方面的定量衡量方法一般采用专利数据和研发支出数据。环境创新的决定因素分为三个方面：一是规制和政策的决定，包括环境政策工具（经济和规制工具）的实施、环境规制的存在和参与以及规制设计（严格或者灵活）。二是供给方面的决定。主要有四个特征：成本节约和生产率提高、研发活动、产业关系和供应链的压力、组织创新（环境管理系统和扩展的生产责任）。三是需求方面的决定。包括境意识和消费者对环境友好产品的偏好、预期市场份额的增加或者新市场部分的进入。

这些文献认为，环境创新是推动型的，取决于一系列决定因素，而各个方面的影响很难被评估。尽管有很多的争论，除了对环境的积极影响还是能够识别一些主要的环境创新，也与规制的决定作用相关。环境创新提供了两种类型的正的外部性：研究和创新阶段的知识外部性和对环境积极影响的采纳与溢出阶段的外部性。换句话说，环境创新对环境的好处使得溢出通常是被社会所接受的，由此导致了两个层面的障碍，或者是市场失灵，企业在环境创新的投资上自从私人的研发支出回报小于社会回报。由此导致的结果是，双外部性问题倾向于导致私有企业缺乏激励去进行环境研发的支出和创新。这种市场失灵的双重来源使政策工具的需要和存在Rennings（2000）称作"规制推—拉"效应，而这种效应不应当导致供给和需求方面决定因素的低估。

由于征收环境税导致的结构变迁已经在最近大量的模拟研究中得到体现（Bach et al. ，2002；Meyer and Welfens，2001；Welsch and Ehrenheim，2004）。这些研究遵循完全竞争分析框架，结构变迁以一种更直接方式出现，脏的产品变得比干净产品成本更高。现实中的一些产业在征收环境税的前提下更容易在不完全竞争中运营而不是完全竞争中运营，附加机制出现可能扩大结构变迁（超过已经观测到的程度）。特别地，企业数量和规模的变化，因此，规模经济的出现将减弱或加强行业的竞争性地位并超过最初的成本效应。这些机制依赖需求价格弹性，在开放经济中将更加复杂，生产者将面临来自国内和国外市场的不同需求弹性。Christoph Bohringer、Andreas Loschel 和 Heinz Welsch（2008）利用可计算一般均衡模型研究了德国征收单边碳税的效应，研究表明引致的结构变迁在不完全竞争中要比完全竞争中更显著。在宏观水平上，加总的规模经济损失比加总的收益更大，意味着环境规制的总成本在不完全竞争条件下比完全竞争条件下要更高。①

近年来，对制造业企业的环境规制强度显著增加，这些规制政策影响制造业企业技术选择、生产规模、投资行为，以及企业进入或退出某个行业。环境规制的一个显著结果是企业在学习中投资，技术采纳和其他活动都是为了降低未来的环境规制遵从成本。因此，理解严格的环境规制是如何影响企业的投资动机以减少遵从成本，以及投资反过来是如何影响企业的进入退出决策，更一般意义上说，是如何影响产业的动态结构的。

现有环境规制和投资关系的文献主要集中在所谓"波特假说"（Porter，1991；Porter and Van der Linde，1995）。根据该假设，更严格的环境规制激励企业创新和提供更有效率的生产方式去达到规制遵从的目的，然而这些文献没有考虑环境规制对内生的市场结构变化的影响。而且，还有一些经验研究考察了更严格的环境规制对产业结构的影响（而没有考虑对技术变迁的影响）。大量的文献研究显示，环境规制导致了更高的退出、进入壁垒和市场集中度，但也有一些得到相反的结论（Millimet，Roy and Sengupta，2008）。

环境规制和内生市场结构之间关系的理论文献大多是假设静态的分析框架（不考虑技术变迁的因素），假设生产函数和成本函数都是线性的，产出和排放之间是分离的。Katsoulacos 和 Xepapadeas（1996）研究认为，在征收排放税条件下，市场均衡时的企业数量是减少的。Shaffer（1995）和 Lee（1999）放宽了对生产函数和成本函数的设定形式，并假设污染排放量和产出成比例，研究结果发现，征收碳税的增加对企业的产出影响是不确定的，但对市场均衡时企业的数量影响仍然是负的。Lahiri 和 Ono（2007）认为，如果反需求函数是凹的，每个企业的产出将随着碳税的增长而更高，这意味着市场均衡时企业的数量将下降。而且，如果反需求函数是凸的，那么相反的结论将成立。Requate（1997）发现，更严格的绝对排放标准总是减少均衡的企业数量。Farzin（2003）认为，如果环境质量是对某产业产品消费的补充的话，那么可能会存在环境规制标准与市场均衡时企业数量的正相关关系。在对称的垄断竞争模型中，Lange 和 Requate（1999）与 Requate（2005）发现了征收排放税和企业数量之间的

---

① Christoph Bohringer, Andreas Loschel, Heinz Welsch, 2008, "Environmental Taxation and Induced Structural Change in an Open Economy: The Role of Market Structure", *German Economic Review*, 9（1）, pp.17-40.

反向关系。Aditi Sengupta（2009）研究了更严格环境规制对确定性竞争产业（进入、退出是内生的，企业投资是为了降低未来的环境规制遵从成本）动态结构的影响，规制水平是外生的，且不随时间变化。企业的遵从成本依赖当期的产出、过去累计的投资和规制强度水平。研究表明，更严格的环境规制伴随着为了减少遵从成本的高投资，并且随着时间变化企业被挤出市场。他们的研究表明，环境规制强度的变化对市场结构的影响存在着滞后效应。①

Yuquing Xing 和 Charles D. Kolstad（2002）提供了环境规制对污染行业资本流动影响的统计检验，实证考察了美国一些行业的外商直接投资，代表了高污染控制成本（化学和初级金属）以及一些适度污染控制成本（电子和非电子机器、运输设备和食物产品），关键是环境规制的宽松度对外商直接投资的效应的影响。由于宽松度不能够被直接观察到，他们提出了两个等式：一个是外商直接投资的决定，另一个是污染排放的决定，变量与未观测的变量呈正相关。它们使用的是加总的国家硫化物排放作为污染物，对于未观测的变量采用工具变量，统计结果显示：东道国的环境规制宽松度与来自美国的外商直接投资污染行业的 FDI 显著，而与非污染行业不是很显著。②

一些产业组织领域的文献分析了不完全竞争产业的市场依赖的环境规制。Wallace E. Oates 和 Diana L. Strassmann（1984）考察了对于垄断产业引入皮古税的后果。结果表明，导致的效率损失比由于环境质量改善带来的福利增量要多，随后的一些研究考察了次优庇古税（Dan Levin，1985；R. David Simpson，1995；Ngo Van Long and Antoine Soubeyran，2005）以及完全、竞争允许市场和寡头产品市场的相互作用（David A. Malueg，1990；Mansur，2007；Eftichios Sophocles Sartzetakis，1997，2004），这些研究者假设所有生产者都受到环境规制的约束。Meredith L. Fowlie（2009）将这些文献扩展到不完全规制的情形，发展了一个不完全规制、不完全竞争产业的排放泄漏和相应福利含义的理论框架。首先，产业结构在决定排放泄漏发生的程度上具有重要作用，产业的竞争程度越高，对产

① Sengupta, A., 2009, "Environmental Regulation and Industry Dynamics", *The BE Journal of Economic Analysis & Policy*, 10（1）.

② Xing, Y., Kolstad, C. D., 2002, "Do Lax Environmental Regulations Attract Foreign Investment?", *Environmental & Resource Economics*, 21（1）: 28 - 29.

业排放的不完全规制效应越大。如果被规制企业比未被规制企业更清洁，那么不完全规制产业排放量将会超过完全规制情况下的排放量。相反，如果被规制企业比未被规制企业更脏的话，完全规制条件下的产业排放量将会超过不完全规制情况下的排放量。①

不完全规制的净福利效应不仅依赖排放泄漏发生程度，而且依赖不完全规制是如何影响产业生产总量的，以及由于规制引致的不同生产者间的产量重新分配。对不完全竞争市场引入环境规制有两个可能的福利获得来源：一是与减少的排放相关；二是通过产量的重新分配以青睐更有效率的生产者。这些收益需要与福利损失、减少的产出和潜在的先前分配的无效率进行权衡。如果被豁免的生产者比他们的被规制对手更有（更没有）效率，那么不完全环境规制将减轻（恶化）之前产品生产分配的无效率。

沈能（2012）在测算环境效率基础上考察了环境规制和环境效率之间存在的非线性"U"形关系，研究结论支持"波特假说"，并认为，环境规制强度的选择应当实行差异化，并同时把环境效率的提升作为环境保护政策的目标之一，不能一味地追求加强环境规制的政策措施，且环境规制的标准应当实行动态调整，以达到最佳的规制效果。②

二　环境规制对行业内部结构的影响

除环境规制对国际贸易、投资流向和企业选址影响外，关于环境规制对被规制产业的市场结构的潜在影响的研究正在逐步成为环境规制经济效应的热点问题，一个产业的市场结构主要是指以企业数量衡量的市场集中程度和企业市场份额的分布。环境规制可能通过影响企业的进入退出决策对产业结构产生影响，现有文献倾向于将规制当成外生变量（寻租文献将规制当成内生变量除外）。Daniel L. Millimet、Santanu Roy 和 Aditi Sengupta（2009）认为，研究环境规制对产业结构变迁的影响主要是基于以下两个理由：第一，环境规制对产业结构影响的研究被忽略，现有的研究主要关注环境规制对产业竞争力和生产率的影响；第二，产业结构变化改变了市场的竞争程度、市场势力的大小以及消费者和生产者的福利。而

---

① Meredith L. Fowlie, 2009, "Incomplete Environmental Regulation, Imperfect Competition, and Emissions Leakage", *American Economic Journal*：*Economic Policy*, *American Economic Association*, 1 (2), pp. 72 – 112.

② 沈能：《环境效率、行业异质性与最优规制强度——中国工业行业面板数据的非线性检验》，《中国工业经济》2012 年第 3 期。

且，产业结构变化还可能影响政府执行环境规制的能力。[①] 因此，研究环境规制对产业结构的影响对于评价规制政策的有效性和政策的福利效应具有重要意义。

环境规制影响产业结构最基本的途径是通过企业的生产函数，现有文献主要考察了对市场均衡时企业数量的影响；环境规制可能通过改变企业生产的规模经济性，规模经济和规模不经济与规制遵从成本有关，污染减排技术可能影响企业的平均收益和边际成本曲线，进而影响最小规模经济的规模，最终影响市场均衡时企业的数量和规模大小。

从动态角度看，环境规制影响企业采纳新技术的投资、技术创新和研发投入（减少污染）用于降低未来的遵从成本。这些投资，反过来，影响企业当前和未来的规模经济（例如，改变未来的平均成本和边际成本曲线），潜在地导致企业规模间的差异性，同时创造了用于弥补企业过去投资的盈余。这反过来改变了企业进入退出一个产业的动力。

环境规制影响市场结构的最后一个机制是通过部分在位企业的战略行为。在位企业对于新的减排技术进行战略投资以降低减排成本，以至于刺激环境规制机构加大未来的环境规制强度，反过来导致竞争对手处于不利地位。这个机制发挥作用的前提是某些在位企业拥有部分技术专利或者其他成本优势，从而通过创新引致更严格的规制，使得竞争对手退出、限制进入，或者提高行业内现有企业市场份额的异质性。

Benjamin F. Blair 和 Diane Hite（2005）利用俄亥俄州垃圾填埋场的面板数据，开发了一个理论框架来解释垃圾填埋场管理人员对环境规制行为的反应，估计了垃圾填埋场的产业结构实证模型。由于不是俄亥俄州每个地方都有垃圾填埋场，他们假设垃圾填埋场的选址是自选择的结果，从而建立了合适的计量模型，研究发现，在样本期内环境规制对垃圾填埋场的选址和产业集中度具有显著的影响。一个县城内的垃圾填埋场的运营受到严格环境标准的负面影响，越严厉的规制政策导致给定县城垃圾填埋场选择概率下降 16.6%。更严格的环境规制显著导致剩余产能市场份额的增加，新垃圾填埋场向减小遵从规制成本地理特征的县城转移，提高了产业

① Millimet, D. L., Sengupta, A., 2009, "Environmental Regulations and Economic Activity: Influence on Market Structure", *Annual Review of Resource Economics*, pp. 99 – 117.

集中度。[1]

过去几十年，依赖自然资源的产业由于环境规制所经历了巨大的调整，比如，"清洁空气"和"清洁水"法案在20世纪上半叶颁布并随后进行了修正。环境规制的清晰目的是控制污染的外部性和增加社会福利，环境规制将由影响企业行为而对市场结构产生间接影响。环境标准的提高将引起企业投资成本的上升，制造了进入障碍或培育了兼并动机，因为小企业不具备服从严格环境规制的能力。目前，规制政策的选择方法是征收庇古税以实现最大化福利的目标。克罗珀和奥茨（Cropper and Oates，1992）对这类文献进行了回顾，大都是研究税收、补贴、标准和其他规制政策工具对企业产量和价格水平的影响，前提假设是完全竞争和市场结构是外生的。然而，完全竞争的假设可能是错误的，因为很多污染型企业是地区性或者是相对集中的制造业部门，集中将夸大企业市场势力，扩大它们转嫁不断上涨的成本（Farber and Martin，1986）。更重要的是，集中将提高企业利用环境规制的约束去限制供给产出和投入需求，因而增加市场势力。在这种情况下，规制约束去解决污染问题可能改变每个企业发挥市场势力的能力，进而改变市场结构。当内生性政策改变市场结构时，标准的福利分析不再合适，因为他们的前提假设是市场结构保持不变。[2] 戈梅兹等（Irma A. Gomez et al.，1998）利用马尔科夫分析方法量化美国纸浆和造纸产业的宏观变量、环境规制支出和企业规模分布的关系，研究了环境规制对市场结构的影响。结果表明，环境规制影响产能从一个企业规模类别转移到另一个类别的概率以及保持在同一个类别的概率。

对于环境规制条件下产出结构研究最大的障碍在于缺少减排资金的价格数据，Myunghun Lee（2008）首先假设减排资金和原材料在短期内是固定的，并通过估计受约束的成本函数来考察韩国钢铁工业的产出结构，由于制造业的原材料价格数据具有不可观测性，他使用需求价格弹性和投入要素（包括减排资金）的替代进行推算，依据1982—2001年韩国钢铁工业原材料的数量和资本减少数据估计了一个受约束的成本函数，计算了减排资金和其他投入之间的艾伦替代弹性和减排资金的影子价格。研究结果

①　Blair，B. F.，Hite，D.，"The Impact of Environmental Regulations on the Industry Structure of Landfills"，*Growth & Change*，2005，36（4），pp. 529 – 550.

②　Cropper，Oates W. E.，Carson，R. et al.，"Environmental Economics：A Survey"，*Journal of Economic Literature*，1992，pp. 675 – 740.

表明，减排资金的自身需求价格弹性比生产性资本高，能源需求对自身价格的反应很敏感。交叉价格弹性的正估计结果表明，所有投入要素都是可以相互替代的，生产性资本和减排资本的交叉价格弹性基本相同。劳动和资本的替代非常显著，减排资本和生产性资本之间较高的替代性可能意味着不能拒绝没有"波特效应"的原假设。[①]

第三节　全要素生产率增长与产业结构变迁关系的理论综述

创新和产业演化关系是熊彼特理论的核心，在《经济发展理论》（1934）、《商业周期》（1939）和《资本主义、社会主义和民主》（1950）中，熊彼特对创新引起创造性破坏或者创造性积累很感兴趣，将创新置于产业演化和产业转型中，创新对于产业的出现、成长和衰退息息相关。创新存在于特定的产业，产业发展和转型伴随着不同部门的出现与成长，新企业之间的动态竞争引起新的技术和产品的出现。20 世纪 70 年代末和 80年代初，针对创新和产业演化的理论及经验研究得以出现，研究的共同基础是经济发展过程对创新的认识需要进行动态分析。

随后有关创新和产业演化研究的发展最核心的是协同演化分析，对于创新和产业演化的分析深入到解释转型和结构变迁层面上。在广泛意义上，协同演化过程涵盖了知识、技术、参与者、需求以及研究机构，通常情况是路径依赖的（David，2000）。演化过程是依据产业的具体特征而呈现不同的过程，纳尔逊（Nelson，1994）对于产业演化的一些变量变化进行过讨论，例如，对于技术、需求和企业这三个要素，如果呈现出相似的需求，产业演化将导致垄断势力和产业集中度提升现象（Klepper，1996），然而，在具有不同需求或竞争技术的部门，专业化产品和更分散的市场结构将会出现。一般来说，对于一个产业的特定知识基础的或者需求特征的变化可能会影响生产者的特征、研发组织的类型、创新过程的特征和网络、市场结构和研发机构的特定作用。所有这些变迁将反过来导致

---

① Lee，M.，2008，"Environmental Regulation and Production Structure for the Korean Iron and Steel Industry"，*Resource and Energy Economics*，30（1），pp. 1–11.

技术、知识基础、需求等的进一步改进。例如，Arora 和 Gambardella（1998）探讨了长期技术演化、创新活动和市场结构的组织；Murman（2003）考察了染色技术演化的联合相关性、企业的数量和市场结构、国际组织（例如大学和企业等）以及国际领导力和特定国家的倒退。在电脑行业，协同演化过程涉及技术、需求、市场结构、研发机构和企业组织以及战略在主机、小型计算机、个人电脑和电脑网络方面的显著区别，包括不同的生产者、机制、进入过程和生产者—消费者关系（Bresnahan and Malerba，1999）。在医药和生物技术领域，知识、技术、研发机构和特定国家的因素相互作用形成了产业演化。知识基础和企业相关学习过程引致行为、结构和企业关系的深度转型。同时，这些因素反过来改变了知识和学习过程、产生新的产品等（McKelvey，1997；McKelvey et al.，2004）。

Orietta Marsili 和 Bart Verspagen（2002）利用"技术体制"概念作为分析框架，研究了荷兰的创新和产业结构动态的关系，利用荷兰产量统计和制造业企业以及第二社区创新的调查数据，对技术体制的分类精炼了帕维蒂分类法并应用于数据分析。研究的目标是识别出最能够区分出荷兰技术体制的变量，研究结果表明，创新相关的组合和市场结构相关的变量表现出很大程度的变化及跨部门的差异性；动态市场结构变量占有附加的变化份额和跨部门间的较小差异。总之，他们认为，"技术体制"的概念提供了一个有用的分析框架，能够帮助更加清晰地解释创新和市场结构之间的关系。[1]

王鹏、赵捷（2011）采用2002—2008年我国的省际面板数据研究了产业结构调整与创新之间的互动关系，研究认为，第二、第三产业在GDP中比重的上升能够激发创新，尤其是第二产业的贡献度最大为3.35%，且第二、第三产业的结构系数和创新的产出存在非线性的关系（相当于库兹涅茨曲线），其中的高技术产业与创新产出具有显著的不对等互动关系。[2]

一　结构变迁视角下的技术创新动力与全要素生产率测度

学术界对技术创新动力的探讨最早可以追溯到熊彼特（1934）在

---

① Marsili, O., Verspagen, B., 2002, "Technology and the Dynamics of Industrial Structures: an Empirical Mapping of Dutch Manufacturing", *General Information*, 11（4），pp. 791 – 815.

② 王鹏、赵捷：《产业结构调整与区域创新互动关系研究——基于我国2002—2008年的省际数据》，《产业经济研究》2011年第4期。

《经济增长理论》提出技术创新概念之后，技术创新被认为是决定经济增长的最终源泉，随后对技术创新动力影响因素研究便成为经济学界的热点。20 世纪 60 年代以来，有关技术创新决定因素的研究文献主要涉及发明与创新的合理回报、创新需求的存在性、技术机会、企业规模、市场结构、新企业进入与竞争压力等外在因素对企业技术创新动力的影响。

　　Geroski（1995）通过调查研究发现，专利制度在刺激技术创新的有效性方面依赖是否存在合理的制度来保障知识产权、技术特性、知识流动性传播以及进入障碍的存在性。一些学者从量化比较技术创新的自身收益与社会收益方面来考察技术创新的动力，Mansfield 等（1977）发现，等技术创新主体能在多大程度上合理确定自身发明取决于所研究的技术的特点；科恩（Cohen，1995）在一份调查报告中指出，学术界在创新与合理回报关系的问题上没有达成一致，其结果依赖所考察的行业以及利用何种代理指标作为相关的研究变量。[①] 20 世纪 60 年代中期以来，大量文献开始研究市场需求拉动对创新动力影响的重要性。Schmookler（1966）首次提出"市场拉动"假说，认为对新产品的市场需求决定了技术创新的速度和方向，该假说得到一些实证研究文献的检验（Mowery and Rosenberg，1979）。另外，"技术推动"方法强调了技术机会作为技术创新决定的重要性。科恩（1995）认为，"技术机会"包括将科学知识直接转化为新技术的可能性、能够保证技术创新活动方向的技术内在依存度及来自生产者、消费者和大学科研机构的外部技术知识的外溢。20 世纪六七十年代，"技术推动"与"市场拉动"假说都未能通过实证研究检验（Cohen，1995；Coombs，Saviotti and Walsh，1987）。技术机会和市场信号只能作为补充性质的因素作为技术创新的动力（Freeman and Soete，1997）。在技术性较强的行业，新企业的进入压力容易导致技术创新的产生（Henderson，1993；Lerner，1997）。该现象在 20 世纪 80 年代中期的美国医药行业占据了主导地位，新医药企业的进入成为技术创新的突破源。

　　另外一些研究着重检验"熊彼特"假说（大企业比小企业更有创新动力），假设具体表述为企业规模与研发支出呈正相关。科恩（1995）对该领域的研究成果进行了总结，他认为，将研发支出作为技术创新的代理

---

① Cohen, W. J., 1995, "Empirical Studies of Innovative Activity", in P. Stoneman（ed.）, Handbook of the Economics of Innovation and Technological Change", Oxford：Blackwell.

变量具有误导性，其原因在于在创新过程中，支出是一种投入，而不是产出；而且，经验研究也表明，大企业未必意味着更多的技术创新。Francois、Favre 和 Negassi（2002）将管理因素纳入进来，企业规模的大小在解释技术创新重要性方面下降得很明显。市场集中度和市场结构可能会影响技术创新的动力，在一些行业中，在位企业长期内将会是连续性的技术创新者，新进入企业是技术突破的源泉，但只具有较短的生命力。很多经验研究（除了 Blundelletal，1995，1999；Duguet et al.，1995）的一个缺点在于没有考虑企业市场势力内生于技术创新。Tobias Kretschmer 等（2008）通过建立和估计厂商利润最大化的均衡模型，研究了竞争压力不断加大的情况下厂商是否会改变自身的技术创新活动，利用法国汽车交易行业的数据进行分析，结果表明，竞争压力的加大会导致产品创新的提高和过程创新的下降。

近年来，从技术创新的内在决定机制方面进行的研究主要包括要素资源配置效率、要素价格、基于技术创新结果不确定性下的企业理性选择等。朱钟棣、李小平（2005）通过对中国制造业 34 个子行业 TFP 的估算发现，经济增长主要依赖资本等投入要素，而没有促进技术进步，工业行业资本存量的波动方向与 TFP 变动方向相反。[1] 张自然、王宏淼、袁富华等（2010）认为，中国的资本扩张对经济快速增长起到了正面促进效应，但是却可能在一定程度上抑制了技术创新，这体现在中国 TFP 的增长率在低水平波动，从而促进经济增长的力度较弱，他们认为，资源不合理地过快集中使国民经济出现产能过剩和技术创新不足等一系列的问题。[2] 科林等（G. Colin et al.，2002）通过对美国 1880—1990 年农业生产要素数量和价格比例与技术创新关系的格兰杰因果检验发现，要素价格比例变化是美国农业技术创新的动力因素。叶振宇、叶素云（2010）利用 DEA 方法测算了 1993—2007 年中国制造业的技术效率，研究认为，要素价格上涨显著地促进了制造业的技术效率，制造业要素价格的充分波动能够实现成本推动的技术创新。[3]

---

① 朱钟棣、李小平：《中国工业行业资本形成、全要素生产率变动及其趋异化：基于分行业面板数据的研究》，《世界经济》2005 年第 9 期。

② 张自然等：《资本化扩张与赶超型经济的技术进步》，《经济研究》2010 年第 5 期。

③ 叶振宇、叶素云：《要素价格与中国制造业技术效率》，《中国工业经济》2010 年第 11 期。

Chi – Yuan Liang（2009）在考虑产业结构变迁效应基础上提出了一种新的测算 TFP 的方法。研究结果表明，当忽略产业结构变迁效应时，将会低估中国台湾 1961—1980 年全要素生产率增长率 23. 23 个百分点，以及高估 1980—1999 年 23. 94 个百分点。因此，在测算 TFP 时，应当考虑产业结构变迁的影响。影响中国台湾 1970—1999 年产业结构的因素包括政府产业和自由竞争政策，而且当局在倡导储蓄和投资方面起到了重要作用。该结论与克鲁格曼（1994）关于新兴工业化国家经济发展的宏观和产业政策无用性不同。研究还证实 Krugman – Kim – Lau – Young 关于新兴工业化国家"投入驱动的增长"的假设以及 Liang（2002）和 Young（1994b）的假设是没有依据的。[1]

巴（2008）认为，不同国家间的增长差异依赖总的 TFP 差异（是国家间收入差异的重要原因），并研究了不同国家（发达和发展中国家）哪种产业导致 TFP 的差异。由于发展中国家的数据缺失，他采用基于产业的劳动份额和单位 GDP 资本使用量的面板数据估计了产业 TFP，利用该方法建立了一个结构转型模型，用于推断发展中国家 40 多年的产业 TFP 的时间序列与产业间的劳动力配置和每单位 GDP 的资本使用量的一致性。研究结果表明，相对于美国来说，发展中国家在农业方面的生产率是最低的，其次是服务业和制造业。

Ludmila Fadejeva 和 Aleksejs Melihovs（2010）使用部门季度数据研究 2000—2008 年拉脱维亚经济 6 个部门的全要素生产率增长率。该方法提供了两个结果：第一，对于劳动和资本使用密度指标的使用允许最小化 TFP 测量的波动性，使得较少依赖产出增长（与索洛余值方法相比）；第二，两种方法的比较显示，索洛余值方法对 TFP 增长率的估计可能低估了制造业、电力、燃气和水务、批发和零售贸易等行业，而高估了拉脱维亚的运输和通信等行业。[2]

从生产率表现角度看，区分服务业的三种类型是很有必要的。标准的

---

① Liang, C. Y. , 2009, "Industrial Structure Changes and the Measurement of Total Factor Productivity Growth：The Krugman – Kim – Lau – Young Hypothesis Revisited", *Academia Economic Papers*, 37（3）, pp. 305 – 338.

② Fadejeva, L. , Melihovs, A. , 2010, "Measuring Total Factor Productivity and Variable Factor Utilization：Sector Approach, the Case of Latvia", *Eastern European Economics*, 48（5）, pp. 63 – 101.

服务业（交通运输、通信和公用设施）与物质生产行业极其类似，在控制了研发密度和其他因素以后进行回归分析时很难区分它们的 TFP 或劳动生产率增长率和物质生产行业的不同。传统的服务业比物质生产行业有较低的生产率增长。沃尔夫（Edward N. Wolff，2005）基于 1960—2000 年美国 43 个行业产出、就业和资本存量数据考察了服务业技术活动的不同指标，并且与物质生产部门相比，研究结果表明，标准化的服务业生产率类似于物质生产部门，定制服务几乎是零生产率增长，混合服务则处于两者之间，这些结果与历史数据和计量分析结果相吻合。[①]

二　全要素生产率动态与制造业结构变迁

经济结构变化意味着在长期行业中的一些部门比其他部门增长更快。该模式下这些部门或行业在总体中的份额呈现变化。最显著表现是长期内经济的三个主要产业长期的变动：农业、制造业和服务业（Kuznets，1966）。这些变化很大程度是由于农业、制造业和服务业不同收入弹性所引致的需求变化。Kongsamut 等（2001）分析了一个三部门一般均衡增长模型（正常的技术增长率）和消费者偏好差异来解释农业与制造业份额的下降，服务业份额的上升。

由于技术进步导致供给方面变化在结构变迁过程中具有重要作用。鲍莫尔（Baumol，1967）为因部门间不同技术进步率引起制造业雇用人员向服务业部门迁移提供一个理论解释。贝利等（Baily et al.，1996）给出一个全面的描述性经验观点：1977—1987 年美国劳动生产率变化与企业雇用人员数量变化之间的关系，他们不同意与生产率提高和企业雇用人员数量下降呈现系统性的关系的结论，而是强调特殊要素的重大作用（Bartelsman and Doms，2000）。哈伯格（Harberger，1998）对企业和行业水平的生产率增长文献进行了研究，同样得出生产率进步和增长经验的分散性。当前对于结构变迁的研究范围得到扩大，进一步针对美国制造业全要素生产率的增长和制造业内部细分行业实际附加值份额的变化之间的关系。[②] 克鲁格（Jens J. Kruger，2008）着重研究了部门内部的结构变迁，

①　Edward N. Wolff, 2007, "Measures of Technical Chance and Structural Change in Service in the USA: Was There a Resurgence of Productivity Growth in Services?", *Metroeconomica*, 58 (3), pp. 368 –395.

②　Harberger, A. C., 1998, "A Vision of the Growth Process", *American Economic Review*, 88 (1), pp. 1 –32.

采用一个分布动态框架研究主导附加值份额分布动态的马尔科夫过程。开发出一个基于搜寻理论考虑的理论模型去刺激分布动态背景下份额动态和不同生产率增长的内部关系。该模型提供了一个特定的迁移密度形式（使用最大似然估计）的马尔科夫过程的随机迁移法则。最后，基于1958—1996年美国制造业的4位数代码行业数据，使用分位数回归方法（允许揭示不同分位数下的附加值份额分布的不同生产率增长效应）对生产率和结构变迁的关系进行统计学意义上的检验，研究结果显示，主导附加值份额分布的马尔科夫过程与粗略平稳分布和一个转移密度显示结构变迁是一个长期过程，美国制造业部门的结构变迁是受到生产率变化的系统性影响。①

在经济理论中，创新对于经济发展和技术变迁是很显然和无可争议的。从微观经济学角度看，产业经济学领域已经提供了无数方法研究创新过程和创新影响（Kamien，Schwartz，1982；Reinganum，1989）。随后，创新和增长的宏观模型被众多学者（遵循"新增长理论"）提出来（Verspagen，1992；Aghion，Howitt，1998），但 Rainer Vosskamp（1999）指出，产业经济学和新增长理论都存在一些缺陷，比如，产业经济学的研究方法仅仅考虑了一个市场中具有相类似的企业；创新和增长的宏观经济模型依赖宏观经济学的微观基础，也与代表性的方法相关性很大。尽管这些方法导致很多困难（Hartley，1997；Kirman，1992），但这些模型的贡献是显著的。单个经济行为人、行业和市场、产品的异质性被忽略，由此导致市场结构和经济结构在相应的模型中或多或少呈不相关。

Rainer Vosskamp（1999）利用投入产出方法建立了一个微观—宏观模型解决上述部分问题，基本思路是对经济的微观、中观和宏观层面进行建模，在连续性框架下分析这些层面的相互依赖性。微观和中观水平（市场或产业水平）是由产业经济的因素建立的，而中观和宏观水平的联系则是放在投入产出分析框架下考察的。模型遵循了"清晰加总"原则，中观变量是由相应的微观变量加总得到，宏观变量由相应的中观变量加总得到。由此，在该模型中，宏观经济学（代表性厂商和类似的经济个体）微观基础的关键概念能够得到避免。利用该模型分析了市场结构和经济结

① Kruger, J. J. , 2008, "Productivity and Structural Change: A Review of the Literature", *Journal of Economic Surveys*, 22 (2), pp. 330 – 363.

构的决定因素及过程创新对创新者、竞争对手、市场结构和经济结构的影响。创新对微观、中观和宏观变量的定量影响取决于企业和部门的异质性。在某些情形下，创新对行业集中度有负向影响，而其他情形则可能出现创新导致集中度的上升。由此，企业、市场和行业的异质性起到了重要的作用。①

Massoud Khazabi（2007）提出了一个关于创新和市场结构的理论，该模型包括 N 个企业，它们之间存在横向技术溢出。在两阶段顺序博弈框架下，对四种类型的合作进行了研究：完全不合作、两阶段都合作、仅在研发阶段合作、在研发阶段同时合作和不合作。研究结果表明，总的创新投资的竞争效应在四种情形下是不相同的，主要取决于技术溢出的水平。②

Franco Malerba 和 Luigi Orsenigo（2002）尝试对生物医药行业的长期市场结构动态和创新建立"历史友好模型"。该模型考察了搜寻空间、需求、竞争模式和随机筛选下产业演化以及细胞生物时代。研究结果表明，医药行业集中度的形成是由于创新活动缺乏集聚和市场分割导致的。该模型符合我们对需求参数变化、成本、规模经济、机会条件和新生物技术的比较优势的直觉。除成本增加外，该模型对关键特征的变化是相当稳健的，试图显著提高集中度和以新生物技术企业取代现有企业都是相当困难的。③

P. A. Geroski 和 R. Pomroy（1990）研究了创新和市场结构演化关系，市场集中度的动态模型应用于 1970—1979 年英国 73 个行业，研究结果与假设一致（创新导致了集中度的下降），意味着创新和市场集中度的变化是以相对较快的速度相互作用、互相加强，但是，增加创新相当弱以及集中度的下降。④

①　Vosskamp, R., 1999, "Innovation, Market Structure and the Structure of the Econonmy: A Micro - to - Macro Model", *Economic Systems Research*, 11, pp. 213 - 31.

②　Khazabi, M., 2007, "Innovation and Market Structure in Presence of Spillover Effects", http: //mpra. ub. uni - muenchen. de/3436/, MPRA Paper No. 3436.

③　Malerba, F., Orsenigo, L., Economics, D. O. et al., 2002, "Innovation and Market Structure in the Dynamics of the Pharmaceutical Industry and Biotechnology: Towards a History Friendly Model", *Industrial and Corporate Change*.

④　Geroski, P. A., Pomroy, R., 1990, "Innovation and the Evolution of Market Structure", *Journal of Industrial Economics*, 38, pp. 299 - 314.

第四节　产业结构优化理论综述

产业结构优化需要建立在经济增长可持续、环境污染约束和投入产出效率提升等背景下。潘文卿（2002）构建了一个涵盖经济增长、环境污染、就业等指标互动关系的产业结构优化理论模型，并根据经济运行数据模拟了 21 世纪前 20 年的中国经济情况，研究认为，工业化仍然是发展的重点主题，第三产业特别是运输邮电业的扩张将是产业政策重点关注的领域之一。[1] 李博、胡进（2008）采用我国 1997 年、2002 年和 2005 年的投入产出表相关数据对产业结构的合理化和高度化进行了定量测度，结果表明，我国总体产业结构升级程度表现为倒"U"形的态势，并提出优化产业结构的相关政策建议，比如，大力开发新能源、减少高耗能行业的比例和提高第三产业的全要素生产率等。[2] 蔡圣华、牟敦国、方梦祥（2011）认为，我国产业结构的调整具有内生性特点，终端消费结构对产业结构调整具有决定作用，产业结构优化的内在动力是消费规模与结构的不断扩大和升级，为达到环境保护的目标，需要将消费模式转变为"能耗低、排放少"的类型。[3]

一　要素禀赋与产业结构

在产业结构优化研究领域，以林毅夫为代表的要素禀赋理论认为，每个国家的产业结构是内生决定的。林毅夫（2010）认为，要素的禀赋结构决定经济结构及其变迁，不同发展水平下的最优产业结构是动态变化的，且自身产业升级的目标是最大限度地降低经济运行的交易成本，与比自身更高发展水平经济体的产业结构升级程度无必然可比性，而是自身不断渐进平滑的过程，并指出政府和市场在结构变迁中的作用，在什么情形下政府的干预程度对于结构变迁会产生扭曲，以及政府应当扮演着何种角

---

① 潘文卿：《一个基于可持续发展的产业结构优化模型》，《系统工程理论与实践》2002 年第 7 期。

② 李博、胡进：《中国产业结构优化升级的测度和比较分析》，《管理科学》2008 年第 2 期。

③ 蔡圣华、牟敦国、方梦祥：《二氧化碳强度减排目标下我国产业结构优化的驱动力研究》，《中国管理科学》2011 年第 4 期。

色才能使得产业结构的变迁过程不存在扭曲，鼓励利用新古典经济学研究方法对当今发展经济学加以补充和完善，重新构建新结构经济学的分析框架。①

Trevor A. Reeve（2006）研究了什么因素决定产业结构？通过要素比例生产模型的实证研究，将不同国家的产出分解为要素禀赋和生产技术两方面，他认为，一国总的要素禀赋解释了大部分的生产结构——独立于产业的特征——以及量化了不同国家由于要素积累的原因导致的产业结构变迁。1970—1990年，在决定产业结构的变迁过程中，不同国家的要素积累大致相当于全球生产技术两倍的作用，要素积累的相对重要性因产业而异（除纺织业技术占据主导地位外），该结论意味着对物质资本和教育的投资将能够对生产结构具有预测效应，但这些预测的效应会被不断变动的技术水平所夸大或抵消。他同时指出，要素积累对生产模式有直接的、显著的和可预测的影响，这意味着贸易政策和产业政策的制定应当考虑一般均衡因素，如果不考虑这些的话，那么政策的制定可能是无效率或者对产业的发展是有害的。②

雷丁和马丁（Stephen Redding and Mercedes Vera - Martin，2006）根据经典贸易理论构建了包括部门在 GDP 中的份额与要素禀赋、相对价格和技术水平的一般均衡模型，并利用1975年以来7个欧洲国家45个地区14个行业的面板数据分析了产出结构和要素禀赋之间关系，HO 模型（假设地区间的相对价格和技术相似）是该分析框架的特例，雷丁和马丁比较了他们的实证结果和 HO 假设的区别（允许相对价格变化，技术和 HO 模型所遗漏的其他变量都包括在内）。对于三种产业（农业、制造业和服务业）以及11个制造业细分行业，严格的 HO 模型假设相对价格和技术的相似性，尽管如此，要素禀赋在解释欧洲地区产出结构时起到了统计上显著和数量上相当重要的地位，估计参数与实际经济情况一致。进一步分类的要素禀赋测量（加入教育水平提高和土地质量变化的控制变量）使模型的解释能力得到显著提高。以上文献主要从要素禀赋和技术创新角度解释了产业结构变动的原因，其中，要素禀赋解释了绝大部分的生产结

---

①　林毅夫：《新结构经济学——重构发展经济学的框架》，《经济学》（季刊）2010 年第 10 卷第 1 期。

②　Reeve，Trevor A.，2006，"Factor Endowments and Industrial Structure"，*Review of International Economics*，14（1），pp. 30 – 53.

构，尤其是将要素禀赋进一步细化后，解释力得到进一步提升；创新则对产业结构的影响较小。[①]

布鲁姆（Bernardo S. Blum，2010）利用1973—1990年27个发展中国家和发达国家三位数（国际标准产业分类）制造业的资本、熟练劳动力和非熟练劳动力数据，研究不同国家的产出组合甚至在15年以后都不会受到要素禀赋变动的影响，不论是在短期还是长期，生产要素供应的不断增加降低了收益率，进而改变了经济中所有部门的生产技术，而且在长期收益率下降的幅度比短期要高至少50%，从而表明，与稀缺要素相比，在产出组合中引致创新占据了显著的主导地位。[②]

Kwok Tong Soo（2008）采用印度的跨邦、产业和时间面板数据研究要素禀赋、技术和产业结构之间的关系。研究结果表明，要素禀赋和技术显著与产业份额相关，这对于控制缓慢的产业机构调整之后仍然稳健。在考察了1985—1991年印度经济自由化之后这些变量之间的关系后发现，产业结构总是与技术优势呈正相关，经济自由化改革之后，要素禀赋的作用越来越显著。[③]

Acemoglu和Guerrieri（2008）通过建立一个两部门模型，从理论层面表明，资本积累是产业结构变迁的重要原因，随着资本逐步变得更加充裕，资本密集型部门产出增加，然而雇用劳动力的构成则依赖部门之间的替代弹性。[④] Jiandong Ju、Justin YifuLin和Yong Wang（2009）通过一个可追溯的无限期一般均衡模型，从理论角度分析封闭经济中最优产业结构的动态变化，分析后认为，资本的不断增长是推动产业结构变化的动力，当产业结构与资本禀赋水平不一致时，会导致次优的经济增长绩效。[⑤] N. X. Che（2010）检验了 Acemoglu 和 Guerrieri（2008）及 Ju、Lin 和

---

① Redding, S., Vera – Martin M., 2006, "Factor Endowments and Production in European Regions", *Review of World Economics*, 142（1）, pp. 1 – 32.

② Blum, B. S., 2010, "Endowments, Output, and the Bias of Directed Innovation", *The Review of Economic Studies* 77（2）, pp. 534 – 559.

③ Soo, K. T., 2008, "From Licence Raj to Market Forces: The Determinants of Industrial Structure in India After Reform", *Economica*, 75（298）, pp. 222 – 243.

④ Acemoglu, D., V. Guerrieri, 2008, "Capital Deepening and Non – balanced Economic Growth", *Journal of Political Economy*, 116（3）, pp. 467 – 498.

⑤ Lin, J., H. J. Chang, 2009, "Should Industrial Policy in Developing Countries Conform to Comparative Advantage or Defy it? A Debate Between Justin Lin and Ha – Joon Chang", *Development Policy Review*, 27（5）, pp. 483 – 502.

Wang（2009）提出的基于要素禀赋视角的产业结构变迁理论，基于 15 个国家 27 个行业数据，采用实证方法，研究了高资本禀赋同资本密集型行业规模之间的相关关系，最后发现，实际和名义产出份额以及资本密集型行业的就业份额均与初始的资本禀赋和资本积累速度之间呈现显著的正相关关系。从结构协同性角度看，一国最优产业结构反映了它的要素禀赋基础，针对总体资本的结构协同性解释了所选样本国家大概 35% 的经济增长。资本密集型产业的劳动力收入份额将随资本禀赋的上升而下降，意味着伴随着产业结构变迁的资本深化解释了近年来研究样本国家劳动力收入份额下降的原因，研究结果对于资本密集型的衡量指标以及产业特征和结构变迁决定因素的控制变量是稳健的。[1]

Olivier Cadot 和 Yuliya Shakurova（2010）利用世界银行生产和贸易的国际面板数据，在 GDP 生产函数的分析框架下研究了产业份额及其决定因素（要素禀赋、技术和政府政策）之间的关系，并计算了不同国家不同产业在不同时间的希克斯中性生产率指数。研究结果表明，不同国家不同时间自身 TFP 与产业份额是稳健相关的，在不考虑生产率差异的条件下，产出份额与要素禀赋（雷布津斯基效应）息息相关。当雷布津斯基效应一定时，发现需求方面的产业政策（进口关税）对资源分配的影响不明显；然而，供给方面的政策起到较大的作用，比如，资本密集型产业的相对规模与基础设施的资本禀赋呈正相关关系。[2]

James Harrigan（1995）采用 1970—1985 年 20 个欧盟国家的制造业和要素禀赋数据研究了要素比例模型的生产方面。在完全出清条件下，国家间的部门产出和要素禀赋之间存在线性雷布津斯基关系，这个观点采用卡尔曼滤波和最大似然估计技术来估计时变参数模型，研究结果表明：资本和非熟练劳动力对于大多数行业来讲是比较优势的源泉，而熟练劳动力是比较不优势的源泉，残差分析意味着新古典模型具有较弱的解释力。[3]

---

① Che, N. X., 2010, "Factor Endowment, Structural Change, and Economic Growth", MPRA Paper No. 22352, http：//mpra. ub. uni – muenchen. de/22352/.

② Cadot, O., Y. Shakurova, 2010, "Endowments, Specialization, and Policy", *Review of International Economics*, 18（5）, pp. 913 –923.

③ Harrigan, J., 1995, "Factor Endowments and the International Location of Production：Econometric Evidence for the OECD, 1970 – 1985", *Journal of International Economics*, 39（1）, pp. 123 –141.

二 产业结构合理化与高级化度量

产业结构合理化、高度化、高级化、高效化概念区别分别是：产业结构合理化意味着产业间协调和关联水平的提升；产业结构高度化指的是三次产业向占优势状态演进过程，比如劳动密集型向资本密集型、初级产品向高附加值产品演进，本质上是一种动态的调整优化过程；产业结构高级化体现出产业发展的高附加值、规模化、深加工、信息化和集约化过程；产业结构高效化指的是资源在各产业达到优化配置、各产业都能实现经济效益不断提高的过程，表现为产业效率得到普遍提升，高效产业效率的提升大于低效产业的效率对总体产业发展效率的影响时，就实现了产业结构高效化。

现有文献大多认为，产业结构合理化与高级化是衡量产业结构变迁的两种常用方法，产业结构合理化反映了生产要素的投入产出耦合度，一般有两种计量方式：一是用结构偏离度对其进行计算，计算公式为：$E = \sum_{i=1}^{n} \left| \dfrac{Y_i/L_i}{Y/L} - 1 \right| = \sum_{i=1}^{n} \left| \dfrac{Y_i/Y}{L_i/L} - 1 \right|$；二是泰尔和亨利（Theil and Henri, 1967）提出的泰尔熵，经过干春晖等（2011）的修正，可以用来表示产业结构合理化程度，其计算公式为：$TL = \sum_{i=1}^{n} \left(\dfrac{Y_i}{Y} \right) \ln \left(\dfrac{Y_i}{L_i} \Big/ \dfrac{Y}{L} \right)$。若 $TL \neq 0$，意味着此时的产业结构没有达到均衡状态，亦即产业结构合理化程度较低。[①]

现有文献对产业结构高级化的度量比较粗糙，是以"服务化程度的提高"作为衡量产业升级的特征（林毅夫等的研究认为，产业结构的变动升级内生于要素禀赋），亦即吴敬琏（2008）所指出的"在增长率方面，第三产业要高于第二产业"。干春晖等（2011）采用第三产业与第二产业产值之比来衡量产业结构的服务化程度变化方向，若比值上升，则意味着产业结构高级化程度越高。

原毅军、董琨（2008）从产业结构演化、成因、经济周期、技术进步、经济全球化等角度对产业结构变动进行了详细研究，并对产业结构优化的目标、静态随机规划模型、动态随机规划模型、系统动力学模型等定量分析方法作了分类评述，最后提出优化中国产业结构的政策工具与政策

---

① 干春晖、郑若谷、余典范：《中国产业结构变迁对经济增长和波动的影响》，《经济研究》2011 年第 5 期。

选择，指出，应当积极推进可再生能源产业发展政策、提高服务业比重、发展高新技术产业、控制高耗能和高污染行业、促进环保产业规模化和专业化。在环保产业发展方面，他们认为，应当明晰环境保护事权、加强环境税费制度、建立环境保护的资金保障以推进有利于环境保护的价格改革，并疏通环保投融资渠道、加强环境产业部门间的协调等。①

林春艳、李富强（2011）对现有产业结构优化模型进行了分类综述，将其研究视角分为投入产出法、博弈方法、多目标规划方法以及系统动力学的方法四类。①基于投入产出的产业结构优化模型，其中，薛声家（2003）建立的是产业结构多目标优化模型，陈树良等（2008）建立的是基于投入产出法的线性规划模型，这些模型的主要问题是投入产出表的数据更新较慢（5 年一次），另一个是目标函数选择复杂，且精确性不高。②以博弈论为基础的产业结构优化模型（张慧琪，2005；黎志成、覃铭健，2005；唐晓华、王丹，2005；王光净等，2010）。③基于多目标规划的优化模型（甘健胜，1994；康凯，1997；马树才，2005；代伟、张超、张雪花，2007；曹明霞，2008），该模型的缺点在于求解可能只会得到局部的最优，难以达到整体的满意解。④基于系统动力学的优化模型（白枚，1989；马飞、刘立群等，1991），其特点在于不需要详细的数据就能够对复杂的经济系统进行长期动态分析，结论有待重新验证。

20 世纪 90 年代以来，国内理论界对我国的产业结构调整与优化的相关问题展开了大量研究，并形成了很多关于产业结构优化升级的政策建议。②熊映梧、吴国华等（1990）利用"偏离度"概念分析了中国产业结构的均衡度。他们认为，劳动力结构与产值结构不对称性的加剧会导致两者之间偏离度的提高，第一产业的正向偏离数③和第二产业的负向偏离数是导致中国产业偏离度④居高不下的主要原因。⑤谢伏瞻（1990）基于中国战略产业的选择标准，依据各产业劳动力和资本的密集使用程度以及各产业对国民经济整体的关联影响，提出以农业、电力工业为主的能源工

---

① 原毅军、董琨：《产业结构的变动与优化：理论解释和定量分析》，大连理工大学出版社 2008 年版。

② 此处文献综述摘自《经济学》（季刊）第 12 卷第 1 期《中国最优产业结构：理论模型与定量测算》。

③ 偏离数指的是同一产业的劳动力比重与产值比重之差。

④ 偏离度指的是所有偏离数绝对值之和。

⑤ 熊映梧、吴国华等：《论产业结构优化的适度经济增长》，《经济研究》1990 年第 3 期。

业，以钢铁、铝、化工原料为主的原材料工业，交通运输与通信业等七大产业作为产业结构调整中的战略产业。① 周振华（1991）认为，提高产业结构的聚合质量是调整不合理产业结构的核心问题，而提高聚合质量最终归结于结构平衡度的提升，他还从理论上阐述了产业结构平衡的若干关系，包括产业结构的短期平衡和长期平衡、短线平衡和长线平衡、绝对平衡与相对平衡。② 胡春力（1999）在对中国产业结构调整方向和原则进行论述的基础上，认为我国第三产业内部结构水平低下、发展滞后，第二产业缺乏高加工度产业的带动作用，产业结构的粗放和低度化使资源和环境遭到严重破坏，并指出，中国产业结构调整过程中必须处理好农村工业化、对外开放、制造业结构升级三者之间的关系。③

李宝瑜、高艳云（2005）通过构建产业结构年度变化失衡指数，计算产业增加值年度增长率、劳动生产率、资本生产率等指标，揭示出我国产业结构的年度不合理比重，并用该方法对我国 1990—2002 年各产业不合理比重进行了计算，其结果显示，2002 年我国产业结构中包含 3.11% 的不合理比重。④ 邬义钧（2006）分别从基本实现工业化和基本实现现代化两方面，具体分析产业升级的具体目标和战略目标，并提出附加价值溢出量、高加工化系数、结构效益指数等评价产业结构优化升级程度的指标。⑤ 何德旭、姚战琪（2008）通过分析产业结构调整过程中的各种效应，提出中国产业结构调整的方向和路径，他们认为，中国产业结构调整要以高新技术产业为驱动力，并且以现代服务业和制造业为车轮，由此带动产业结构的整体性升级。⑥ 黄茂兴、李军军（2009）使用 1991—2007 年中国 31 个省份的面板数据，构建了技术选择、产业结构升级和经济增长三者之间的模型，实证研究结果表明，产业结构升级可通过选择合理的资本深化和技术来实现。⑦

① 谢伏瞻、李培育、仝允桓：《产业结构调整的战略选择》，《管理世界》1990 年第 4 期。

② 周振华：《论产业结构平衡的几组关系》，《经济研究》1991 年第 5 期。

③ 胡春力：《我国产业结构的调整与升级》，《管理世界》1999 年第 5 期。

④ 李宝瑜、高艳云：《产业结构变化的评价方法探析》，《统计研究》2005 年第 12 期。

⑤ 邬义钧：《我国产业结构优化升级的目标和效益评价方法》，《中南财经政法大学学报》2006 年第 6 期。

⑥ 何德旭、姚战琪：《中国产业结构调整的效应、优化升级目标和政策措施》，《中国工业经济》2008 年第 5 期。

⑦ 黄茂兴、李军军：《技术选择、产业结构升级与经济增长》，《经济研究》2009 年第 7 期。

对众多此类文献进行研究和检讨基础上发现，几乎所有此类研究都难以摆脱以下局限性：其一，探讨产业结构内生性问题的模型基本止于理论层面，很难用于实证［比如 Jiandong Ju、Justin YifuLin 和 Yong Wang（2009）的理论模型］。其二，同产业结构相关的实证研究基本止于揭示现实产业结构同其他经济变量之间的关系。其三，通过构造统计学指标刻画产业结构优化程度的研究基本都以某些主观认识（比如认为服务业和高附加值加工业产出所占比重越高越好等）作为隐含前提。[①] 为了克服现有研究成果的上述局限性，我们在第五章从生产者和要素供给者的优化动机出发探讨各产业最优产出的决定机制，力求开发一个能够付诸定量测算和应用且能够很好地刻画我国各产业最优增长水平和最优产业结构的理论模型。

钱纳里和 M. 塞尔昆（1975）在《发展形式：1950—1970》中利用1950—1970 年 101 个国家 130 个变量 2 万个样本，分析刻画了经济结构转型的特征，构建了产业的"标准结构"。[②] 由于"标准结构"的测算依据的是初级产业份额、工业份额和服务业份额，而我国则是采取第一、第二和第三产业的划分形式，为了分析比较的方便，将第一产业视为初级产业，第二产业视为工业，第三产业视为服务业。在生产结构比较部分，由于未能获得我国公用事业的份额，故此项未列出；在劳动力配置比较部分，将第三产业简单视为商业。根据人民币对美元的历年汇率，将我国历年人均 GDP（由于 GDP 与 GNP 的差异不大，由此我们简单地将 GDP 近似为 GNP）换算成美元，根据钱纳里标准产业结构划分的基准水平，找到与各分界点相对应的年份，然后再寻找对应年份的三次产业比重和劳动力比重，以此填入相应的表格，并粗略地计算了差异。人民币对美元的汇率中间价的数据来源于中国人民银行网站；我国人均 GDP 数据、三次产业比重和劳动力比重计算的原始数据均来源于中经网统计数据库。

根据以上假定，我国实际产业结构与钱纳里标准产业结构的对比结果如表 2 - 2 所示。在生产结构比较部分，第一产业与初级产业份额的差异相对较小；第二产业和工业份额的差异相对较大；第三产业与服务业份额的差异也较小。在劳动力配置比较部分，第一产业和初级产业的劳动力份额

---

① 此处文字表述摘自《经济学》（季刊）第 12 卷第 1 期《中国最优产业结构：理论模型与定量测算》。

② H. B. 钱纳里、M. 塞尔昆：《发展形式：1950—1970》，经济科学出版社 1975 年版。

的差异较大，表明我国农业随着人均 GDP 的上升，第一产业从业人员仍然占据了很大的比重；第二产业和工业的劳动力份额差异很小，表明我国工业结构相对较为合理；第三产业和商业的劳动力配置份额差异较大，原因可能在于第三产业和商业的涵盖范围具有较大差别，因此仅做粗略的比较。

表 2 - 2　　　　　　　我国产业结构与钱纳里标准产业结构比较　　　　　　单位：%

	人均 GNP 的基准水平（1964 年美元）								
	<100	100	200	300	400	500	800	1000	>1000
生产结构									
初级产业份额	52.2	45.2	32.7	26.6	22.8	20.2	15.6	13.8	12.7
第一产业	38.3	38.2	33	32.1	25.1	19.7	17.6	14.4	13.7
差异	13.9	7	-0.3	-5.5	-2.3	0.5	-2	-0.6	-1
工业份额	12.5	14.9	21.5	25.1	27.6	29.4	33.1	34.7	37.9
第二产业	35	35.4	42.8	43.1	42.8	46.6	46.2	45.1	44.8
差异	-22.5	-20.5	-21.3	-18	-15.2	-17.2	-13.1	-10.4	-6.9
公用事业份额	5.3	6.1	7.2	7.9	8.5	8.9	9.8	10.2	10.9
服务业份额	30.0	33.8	38.5	40.3	41.5	41.5	41.6	41.3	38.6
第三产业	26.7	26.4	24.2	24.8	32.1	33.7	36.2	40.5	41.5
差异	3.3	7.4	14.3	15.5	9.4	7.8	5.4	0.8	-2.9
劳动力配置									
初级产业份额	71.2	65.8	55.7	48.9	43.8	39.5	30	25.2	15.9
第一产业	81.6	81.5	78.3	64.0	60.0	56.4	49.8	50.0	50.0
差异	-10.4	-15.7	-22.6	-15.1	-16.2	-16.9	-19.8	-24.8	-34.1
生产结构									
工业份额	7.8	9.1	16.4	20.6	23.5	25.8	30.3	32.5	36.8
第二产业	8.4	9.0	12.3	19.9	21.6	22.4	23.5	22.3	21.4
差异	-0.6	0.1	4.1	0.7	1.9	3.4	6.8	10.2	15.4
商业份额	21	25.1	27.9	30.4	32.7	34.7	39.6	42.3	26.3
第三产业	10.0	9.5	9.4	16.1	18.3	21.2	26.7	27.7	28.6
差异	11	15.6	18.5	14.3	14.4	13.5	12.9	14.6	-2.3

资料来源：我国三次产业生产结构和劳动力配置结构数据是根据历年人民币对美元汇率中间价数据、中经网统计数据库中我国历年人均 GDP、三次产业比重、从业人员数据计算整理得到，并与 H. B. 钱纳里、M. 塞尔昆 1975 年建立的标准产业结构作对比，标准结构的相关数据来源于 H. B. 钱纳里、M. 塞尔昆《发展形式：1950—1970》，经济科学出版社 1975 年版。

第五节　城镇化质量与资源环境关系的研究述评

一　城镇化质量的测度与提升政策

城镇化质量的测度与评价是涉及多方面内容的一个系统体系，国外针对城镇化质量的研究通常采用的指标是城镇发展指数（基础设施、垃圾处理、健康、教育和生产五个层面）和城镇指标准则（居住、社会发展、缩小收入差距、治理环境、经济增长和政府管制六个层面）。

国内学者叶裕民（2001）对城镇化质量最早展开定量研究，他认为，城镇化质量包括城镇现代化与城乡一体化两层含义，对九个超大城市构建的评价指标体系的评价结果表明，城乡一体化相对滞后，而大多数城市仅实现了初步的现代化。随后，赵雪雁（2004）、常阿平（2005）、牛文元（2007）、王忠诚（2008）、王家庭（2009）、韩增林（2009）、李明秋（2010）、方创琳（2011）、王富喜（2013）等一批学者分别从不同维度对城镇化质量构建了评价指标体系并进行了定量评价。从研究方法看，上述文献通常使用主成分分析法、目标值比较法、熵值评价法和主观值法；从研究对象来看，多数文献主要集中在地级市、省会城市。

针对以上文献存在的不足，曹飞（2014）从生态环境、经济绩效、居民生活、社会发展、空间集约与城乡一体化发展七个指标构建了新型城镇化质量的定量评价体系。测算结果表明，2004—2012年，中国城镇化质量呈现出稳步提升的趋势，生态环境、人民生活和空间集约等指标增长较快，基础设施等指标增速较慢。基于改进的 BP 神经网络分析方法能够很好地应用于中国城镇化质量仿真，中国城镇化质量提升的关键是统筹改善城镇化专项指标。[1] 王祖山（2015）等基于"经济发展质量"、"社会生态协同度"、"城市发展质量"以及"环境保护协同推进质量"四个层面构建了城镇化质量的评价体系，基于因子分析和聚类分析方法对中国城镇化发展质量进行了定量计算，结果表明，经济发展质量的权重最大，对城镇化质量的提升发挥了重要作用。[2]

---

[1]　曹飞：《新型城镇化质量测度、仿真与提升》，《财经科学》2014年第12期。

[2]　王祖山、张欢欢：《我国城镇化发展质量评价体系的构建与测度》，《统计与决策》2015年第12期。

关于城镇化质量提升的政策研究方面，翟超颖（2014）通过专家咨询方法和层次分析方法测度中国城镇化质量，结果表明，中国城镇化质量在波动中逐步提高，经济城镇化与土地城镇化的贡献最大，人口城镇化与社会城镇化的带动效应比较滞后，提出加大财政对社会保障的投入是提升人口城镇化质量的有效路径，征地补偿机制的完善是提升土地城镇化质量的核心，坚持以人为本的原则是推动社会城镇化质量提升的保障，财政资金的优化配置是加快经济城镇化质量提升的重要抓手。[1]

X. R. Wang、C. M. Hui、C. Choguill 等（2015）基于《国家新型城镇化规划（2014—2020)》的分析，提出一系列未解决的问题，诸如差异化的户籍制度是否有效？新型城镇化能够使得城市更加有效率还是无效率？如何解决农村集体土地流失问题？研究表明，差异化的户籍制度可能阻碍农业人口市民化进程，应当提高公众对城市环境治理的参与度以应对大城市所带来的"城市病"，城市用地扩张所导致的农地拆迁行为可能导致失地农民利益受损与社会的不安定。[2]

二　城镇化质量与环境污染的关系

国外关于城镇化的文献主要集中在城镇化进程对碳排放的影响。Wang, S. J.、Ma, H 和 Zhao, Y. B.（2014）以京津冀地区为例，利用动态耦合协调度模型和交互胁迫模型分析了城镇化与生态环境之间的关系。研究表明，人口城镇化和生态环境禀赋对复合系统的贡献最大，意味着在分析城镇化与生态环境间关系时，二者是至关重要的因素；城镇化与生态环境的双指数曲线呈现出倒"U"形，印证了库兹涅茨假说；对于大多数样本城市来说，协同模式对于生态环境较为敏感，表明城市生态环境压力很大；综合指标和互动耦合模型有助于政府更好地理解复杂的耦合关系，并能够提出更好地平衡城镇化和生态环境保护的可持续城镇化发展战略。[3]

Mar 等（2011）在考虑样本国家动态异质性基础上，分析了1975—

---

①　翟超颖、代木林：《提升中国城镇化质量的财政政策研究》，《财政研究》2014 年第 12 期。

②　Wang, X. R., Hui, C. M., Choguill, C. et al., 2015, "The new urbanization policy in China: Which way forward?", *Habitat International*, 47, pp. 279 – 284.

③　Wang, S. J., Ma, H., Zhao, Y. B., 2014, "Exploring the Relationship Between Urbanization and the Eco – environment – A Case Study of Beijing – Tianjin – Hebei Region", *Ecological Indicators*, 45（5）, pp. 171 – 183.

2003 年发展中国家城镇化对二氧化碳排放的影响。研究结果表明，城镇化与二氧化碳排放呈现倒"U"形关系；对于低城镇化水平，城镇化—碳排放弹性系数为正，与欠发达地区的较大环境影响相一致。进一步的研究表明，在制定气候变化政策时，应当考虑到城镇化对二氧化碳排放的不同影响。[①]

M. Chikaraishi、A. Fujiwara 和 S. Kaneko 等（2015）研究了"在什么样的城镇化条件下，人类活动能够更加具有环境效率"而不是通常文献所研究的"城镇化对环境的影响是正还是负"问题。为了捕捉所谓城镇化调节效应，开发出能够计算城镇化弹性的潜类别 STIRPAT 模型。实证研究是在不同的城镇化假设下，考虑了不同的发展阶段，目的是确定城镇化对人类活动和碳排放关系强度的影响，研究结果表明，当一国人均 GDP 和服务业比重足够高时，城镇化能够使该国环境更加友好；在 GDP 高速增长伴随第三产业份额提高之前，最好能达到一定程度的城镇化水平。[②]

Y. Li、Y. Li 和 Y. Zhou 等（2012）从人口城镇化、经济城镇化、社会城镇化和空间城镇化四个维度构建了一个评价城镇化水平的综合指标系统。该指标系统同时刻画了包括环境压力、环境水平和环境管制三个维度，基于 2000—2008 年中国连云港的面板数据，利用耦合协调度模型研究了城镇化与环境之间的协同程度。研究结果表明，城镇化与环境之间的动态协调呈现出"U"形特征，在快速城镇化进程中，所有子系统均演化为更高水平的均衡；社会城镇化和环境管制对于复合系统的贡献最大，意味着在作调整协同发展决策时，二者是关键因素。[③]

X. Han、P. L. Wu、W. L. Dong（2012）认为，城镇化和产业结构是经济发展系统中相互影响、相互促进的两个主要变量，前者的快速发展有利于后者的调整，后者的升级和优化有利于刺激前者持续推进。他们分析了

①　Mar et al., 2008, "The Impact of Urbanization on CO₂ Emissions: Evidence from Developing Countries", *Social Science Electronic Publishing*, 70 (7), pp. 1344–1353.

②　Chikaraishi, M., Fujiwara, A., Kaneko, S. et al., 2015, "The Moderating Effects of Urbanization on Carbon Dioxide Emissions: A Latent Class Modeling Approach", Technological Forecasting & Social Change, 90, pp. 302–317.

③　Li, Y., Li, Y., Zhou, Y. et al., 2012, "Investigation of a Coupling Model of Coordination Between Urbanization and the Environment", *Journal of Environmental Management*, 98 (6), pp. 127–133.

1978—2009 年山东省的城镇化和产业结构演化特征，证明了城镇化进程和产业结构演化是相互作用的，从实证的角度，利用协整分析和误差修正模型研究了城镇化、工业化和第三产业发展的长期机制，包括三者之间的因果关系。实证结果表明，第三产业发展在刺激城镇化和长期的静态均衡关系中要比第二产业更好，格兰杰因果检验结果表明，城镇化在第二产业发展中起着重要的作用，但产业结构演化刺激了城镇化进程的假设不被支持。[1]

B. Xu、B. Lin（2015）基于 1990—2011 年中国省际面板数据，利用非参数可加回归模型研究工业化和城镇化对二氧化碳排放的影响。实证研究结果表明，中国三个区域的工业化和二氧化碳排放之间存在着非线性倒"U"形关系，东部地区城镇化与二氧化碳排放之间呈现倒"U"形关系，中部地区则呈现出正"U"形关系，而西部地区城镇化对二氧化碳排放的非线性影响不显著。因此，中国各地区在制定碳减排政策时，须考虑工业化和城镇化对二氧化碳排放的区域差异。[2]

D. Zhou、J. Xu、L. Wang 等（2015）认为，城镇化质量的评估是对土地空间、产业经济、机构政策、社会文化再现以及生态环境可持续性的一种检验，他们提出了一条提高杭州湾周边城市群城镇化质量的特殊路径，通过分析系统的结构和基于系统科学建立了一套综合指标体系，开发出一种城镇化质量评价方法。评估城镇化质量的综合指数是基于 32 个指标和熵权法进行的。研究结论表明，城镇化质量受到系统结构和互相之间关系的强烈影响。城镇化质量演化的驱动力分析也表明，对于杭州湾城市群的所有城市系统结构的相对重要性表现出较强的可变性，所有系统结构都在过去 10 年间发生了变化，为了确保可持续性的城镇化进程，他们基于对杭州湾城市群的研究提出了一系列新型城镇化发展的优化方法。[3]

① Han, X., Wu, P. L., Dong W, L., 2012, "An Analysis on Interaction Mechanism of Urbanization and Industrial Structure Evolution In Shandong, China", *Procedia Environmental Sciences*, pp. 1291 – 1300.

② Xu, B., Lin, B., 2015, "How Industrialization and Urbanization Process Impacts on CO_2 Emissions in China: Evidence from Nonparametric Additive Regression Models", *Energy Economics*, 2015, 48, pp. 188 – 202.

③ Zhou, D., Xu, J., Wang, L. et al., 2015, "Assessing Urbanization Quality Using Structure and Function Analyses: A Case Study of the Urban Agglomeration Around Hangzhou Bay (UAHB), China", Habitat International, 49, pp. 165 – 176.

J. Zhou、X. Zhang、L. Shen（2015）认为，正确理解城镇化泡沫对于帮助政府采取措施减轻泡沫效应并引导城镇化可持续发展至关重要，他们针对中国城镇化提出了一种测量城镇化泡沫的方法。他们将城镇化泡沫定义为一个动态过程，在该过程中，城镇化率偏离了四个城镇化绩效变量（城镇人口登记比例、城市建设用地面积、工业发展水平和公共基础设施水平）。通过构造城镇化率与这四个绩效变量的坐标来基于四象限研究城镇化实践，城镇化率变化相对于城镇化绩效变量变化的比例用于衡量城镇化泡沫，并得到一个案例研究的验证，表明坐标法有帮助于政策制定者侦测城镇化进程中所出现的泡沫。①

关于资源环境对城镇化影响研究方面，国内学者大都认为，资源环境约束从不同角度对城镇化质量提升具有倒逼作用。吴晓勤（2010）等认为，城镇作为资源环境集约利用的空间表现形态，城镇人口的分布受到资源环境约束的影响较大，以安徽省为例，探讨了资源环境约束特征，提出了差异化的城镇化发展策略，以促进城镇人口的合理分布。②

张雷（2010）认为，城镇化是人类活动及生产要素从农村向城市转移的过程，因而城市成为资源消耗和环境污染的集聚地，城镇化的快速推进对资源环境的占用表现为直接小于间接、间接小于诱发的态势，形成与生态系统相反的倒"金字塔"形结构，表明城镇化进程的资源环境基础是更大范围的国家甚至全球，而不仅仅是城镇化进程所在的地区。③ 姚士谋（2008）等基于中国城镇化发展的重大战略意义提出，中国城镇化须根据国情国力适度推进，按照循序渐进原则，根据资源和环境容量情况，走集约型城乡一体化发展道路。④ 尹文嘉（2014）通过分析广西公共资源的分布特征，认为分布的均衡化有利于城镇化的科学布局，公共资源配置的整体化能够促进城镇的协同发展，公共资源配置的社会化能够顺利推进广西的城镇化进程。⑤ 张涛（2014）等以江苏省为例，测算了城镇化率提

① Zhou, J., Zhang, X., Shen, L., 2015, "Urbanization Bubble: Four Quadrants Measurement Model", *Cities*, 46, pp. 8 – 15.

② 吴晓勤、高冰松、郑军：《资源环境约束对城镇人口增长预测及空间分布的影响——以安徽省为例》，《城市发展研究》2010 年第 8 期。

③ 张雷：《现代城镇化的资源环境基础》，《自然资源学报》2010 年第 4 期。

④ 姚士谋、王辰、张落成等：《我国资源环境对城镇化问题的影响因素》，《地理科学进展》2008 年第 3 期。

⑤ 尹文嘉：《广西公共资源分布现状、趋势及对城镇化的影响》，《传承》2014 年第 1 期。

升所带来的边际资源环境效应，分别选取了生活垃圾、污染物排放等指标，结果表明，这些指标中生活垃圾和碳排放等指标的边际效应仍呈现出上升态势，而二氧化硫等污染物排放则处于减少状态，提出的应对策略是发挥自身比较优势，合理掌握城镇化速度与节奏，以科学规划的思路推动城镇化质量与环境保护协调发展。[1]

庄贵阳（2015）等基于城镇化面临的资源环境挑战的分析，认为主要须应对化石能源的刚性约束、环境污染和高碳锁定。在论证城镇化须实现低碳转型的重大意义基础上，提出要从破解能源高碳锁定、建筑综合利用效率提升和以人为本的交通规划设计等路径破解城镇化的资源环境约束。[2]

张艳会（2015）等从土地、水、能源和生态环境等维度分析了城镇化快速发展所带来的资源环境问题，并以北欧典型城市的经验为借鉴，提出在城镇化进程中针对资源环境约束的新举措主要包括锁定总量、增量递减、存量优化、质量提高等，以此实现城镇化质量提升和资源环境可持续发展的"双赢"。[3]

郗希（2015）等对中国是采取都市化还是中小城镇化发展模式问题进行了研究，基于典型发达国家生态足迹、生态承载力等数据的分析，认为人口百万以上的城市进行都市化更能够实现生态资源的可持续发展，降低生态环境压力；而人口在百万以下的城市总体不利于实现生态资源的可持续发展。因此他建议，中国应当充分发挥大都市的规模经济效应，避免小城镇的过度发展对资源环境的威胁，并注重技术创新，提升城镇化效率。[4]

————————

① 张涛、张静、蒋洪强等：《江苏省快速城镇化的资源环境影响及压力测算研究》，《环境监控与预警》2014 年第 1 期。

② 庄贵阳、谢海生：《破解资源环境约束的城镇化转型路径研究》，《中国地质大学学报》（社会科学版）2015 年第 2 期。

③ 张艳会、姚士谋：《新型城镇化所存在的资源环境问题及对策初探》，《中国环境管理》2015 年第 3 期。

④ 郗希、乔元波、武康平等：《可持续发展视角下的城镇化与都市化抉择》，《中国人口·资源与环境》2015 年第 2 期。

第六节　本章小结

本章综述分为四个部分：

第一，对发达国家和发展中国家产业结构变迁的理论进行了综述。对发达国家产业结构变迁的研究集中在产出和劳动力在三次产业间的转移规律，以及要素报酬份额和生产率的变动，而对发展中国家产业结构变迁的研究则集中在地方分权改革对产业结构的影响，亦即对产业结构收敛和发散的研究。

第二，环境规制对产业结构变迁、制造业内部结构变迁的影响。研究内容主要集中在环境税收与开放经济对产业结构的影响、环境规制对污染物排放进而对企业进退行业产生影响，环境规制对具体行业（垃圾填埋场、纸浆产业和钢铁工业等行业）的市场结构产生影响。

第三，全要素生产率与产业结构变迁的相互关系。主要集中在创新与产业演化、结构变迁过程中全要素生产率的测度、制造业和生物医药等行业的创新与市场动态的研究。

第四，要素禀赋与最优产业结构、产业结构合理化和高级化的理论综述。研究集中在产业结构的决定因素（要素禀赋、创新）与产业结构、经济增长的关系，产业结构合理化与高级化的标准和界定等。

第五，城镇化质量与资源环境关系的研究文献。主要集中在对城镇化质量的评价指标体系构建与定量测算，以及城镇化对环境污染影响的计量分析等。

通过上述各部分文献综述，为后续环境规制、要素禀赋与技术采纳对产业结构升级和变迁的影响、最优产业结构的测算以及全要素生产率增长率影响因素的实证分析、产业协同发展、城镇化质量的影响因素实证分析等章节研究提供了较为充实的理论基础和进一步研究的视角及方向。

第三章　环境约束下产业结构的动态升级：影响机理与实证分析

2012 年以来，我国多个地区出现的严重雾霾天气再次将环境治理提升为热点话题，同时，当前我国经济增长方式转型过程中强调对产业结构进行优化和升级，而如何促进产业结构优化和升级，其具体抓手是什么，多数学者认为，环境规制是一个有效的倒逼机制（陆菁，2007），但尚缺乏有效的论证。本章试图就环境规制对产业升级影响的内在传导机制进行理论分析，并给出实证上的支持。需要特别说明的是，本章的环境约束指的是政府的环境规制政策约束，并不涵盖环境自身条件等的约束。

现有关于环境规制经济效应研究主要集中于考察环境规制能否促进技术创新、是否会减弱中国产品的竞争力和影响出口，以及环境规制是否影响 FDI 的流向？代表性观点主要有：环境规制一方面增加了企业的治污成本，另一方面可能激发企业的技术创新动力（Porter，1991；Porter，van der Linde，1995）。"波特假说"随后得到众多学者的验证（Xepapadeas，de Zeeuw，1999；Barucci，Gozzi，2001；Hartl et al.，2001；Feichtinger et al.，2002）。然而，"波特假说"受到中性经济学家的批评，他们指出，环境规制强加给企业的环境遵从成本损害了国内企业在国际市场上的竞争力，环境规制与企业竞争力之间存在权衡关系，在环境规制强度增加的情况下，如果投资一项技术所带来的收益不能够完全抵消遵从环境规制的收益，那么环境规制就不能促进企业的技术创新（Jaffe et al.，1995；Palmer et al.，1995）。

Chen Shiyi（2010）认为，虽然在短期内环境规制导致的能源节约和污染排放减少不利于技术进步，但长期内则会改善环境质量，提高生产效率水平。Wang Bing 等（2010）认为，当把资源和环境因素考虑在内时，纯技术进步和规模效率将得到显著的改善，由此提供了"波特假说"在中国适用性的初步证据。傅京燕（2010）等的研究表明，环境规制对比较优势的影响呈现出"U"形的趋势：在拐点之前，环境规制对产业竞争力具有负面影响；拐点之后将会产生积极的促进作用。由于中国尚未达到拐点，所以，为了克服环境规制对产业国际竞争力的短期负面影响而采取降低环境规制强度的做法是目光短浅的。[①]

从上述的文献梳理中可以看出，现有关于环境规制的研究主要体现在技术创新、产业竞争力、经济增长等方面以及环境规制的成本收益（Li Gang，Ma Yan，Yao Leilei，2011）的研究，然而环境规制的经济影响是全方位的，除上述列举外，还能够影响消费者对"绿色"产品的偏好程度、企业投资行为和投资成本（从而引起产品市场结构的变化，进而引发整体产业结构的升级）。技术创新、"绿色"产品的国内外需求将对产业结构升级产生直接的影响，鉴于环境规制对上述指标的复杂影响，本章将环境规制的经济效应界定为通过三种机制（技术创新、需求因素和基于 FDI 流动的国际贸易）传导到产业升级层面上，那么我们要研究的是，在环境规制和产业结构升级之间能够实现协同"双赢"吗？各种传导机制的影响方向是怎样的？

第一节　环境规制对产业结构升级影响的机理分析

一　环境规制对产业结构升级影响的理论

文献研究表明，环境规制能够通过调整生产规模提高企业的集中度以限制产出。莱文（Levin，1985）研究了不完全竞争市场结构下的环境规制效应，认为古诺寡头模型的行业产出将受到污染税收而下降，产出将在企业之间进行重新配置。Markusen、Morey、Olewiler（1993）认为，环境规制影响内生的市场结构，政策制定者没有意识到这种内生性，从而导致了环境政策的社会福利成本；Conrad、Wang（1993）认为，污染税降低了完全竞争、寡头以及主导企业市场结构的产量。

从更细致的角度分析，环境规制将企业污染的外部成本内部化，通过

促使企业重新设计生产方式以降低污染排放（Gollop，Roberts，1983；Farber，Martin，1986）、改变生产增长率（Christiansen，Havemen，1981；Jorgensen，Wilcoxen，1990）、增加新投资的成本（Conrad，Morrison，1989）等。因此，环境规制将主要通过增加进入障碍、抑制产业成长、重新对相关企业市场份额进行配置影响市场结构。对此进行的实证研究支持了上述结论：Pashigian（1984）对美国制造业的研究后，认为环境规制影响小企业比大企业要严重，减少了受影响企业的个数，同时指出，环境规制会减少小企业的市场份额（因为工厂规模和企业规模呈正相关）；Blair、Hite（2005）认为，环境规制加强提高了垃圾填埋场的集中度，所以，环境规制的成本提高了市场集中度。

二　环境规制强度影响产业结构升级的传导机理分析

由上述分析可以看出，环境规制强度的把握必须要考虑到产业结构的变动和产业升级的动态性，需要考察环境污染的减少导致的福利增加能否抵消由于没有环境规制情况下集中度提高的社会福利损失，如果政府不考虑环境规制对产业结构的动态影响，那么环境规制将在某些时期内具有不可持续性，并且会带来额外的社会成本。环境规制对产业结构变迁动态影响的传导机制如图 3 - 1 所示。

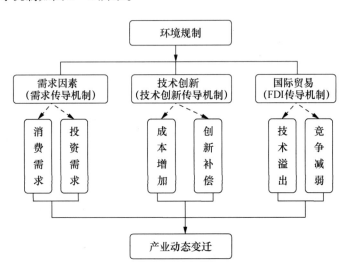

图 3 - 1　环境规制对产业结构变迁动态影响

环境规制对产业结构变迁路径的经济影响传导机制如下：

（一）需求因素（需求传导机制）

环境规制的需求传导机制一般通过影响消费者的消费需求和生产者的投资需求，进而需求变动对产业结构升级产生间接的影响。当环境规制作用于污染性企业时，企业为达到较高的环境质量标准，需要对产品的生产工艺进行改进，以提高产品的绿色化程度，在此背景下，就会改变消费者的需求偏好。另外，环境规制严格程度的加大也意味着人们消费水平的同步提高，这样也就形成了对环保产品消费需求的进一步扩大，而消费结构的变动就会引导生产性企业调整生产计划，改变生产的产品类型和生产规模，以满足人们对绿色产品不断增长的消费需求。环境规制使企业从事生产所使用的资源开发范围受到限制，导致企业的生产要素供给减少，引起生产成本的提高，继而缩减投资规模，并通过投资乘数引起相关产业份额的下降，进而导致整个产业结构变动，这是环境规制通过投资需求影响产业结构变迁的机制。

（二）技术创新（技术创新传导机制）

如前述的环境规制对技术创新影响的文献评论，很多学者为环境规制对生产的技术进步究竟起到何种作用进行了各种角度的研究，大多数文献认为，环境规制对技术进步具有促进作用，亦即环境规制与技术创新之间存在"波特假说"（张成等从规制强度和地区差异角度进行了研究，认为东中部地区环境规制强度与生产技术进步呈现"U"形，西部地区未形成"U"形关系）。生产性企业面临环境规制约束时，为了生产出符合环保标准的产品，需要对生产技术进行创新，而进行技术创新则加大了企业生产成本，会产生减少技术创新的倾向，而如果进行技术创新取得的收益大于成本，则选择技术创新更有利，亦即形成"创新补偿"。综上所述，环境规制对产业技术创新的研究需要区分地区差异与规制强度选择，选择合适的环境规制工具是有效促进生产性企业技术创新的重要前提。目前的环境规制政策工具主要包括命令型（通过控制排污指标达到控制环境污染水平的目的，如限期治理制度等）、市场机制为主的规制工具（以市场信号的传递来实现控制污染物排放的目标，如征收排污税、污染许可证交易制度等）、环境管理体系认证和环境信息资源披露等环境政策工具。

（三）国际贸易（FDI 传导机制）

学术界关于环境规制对 FDI 影响的结论莫衷一是。Ljungwang 和 Linde - Rahr（2005）认为，落后地区宁愿牺牲环境来换取 FDI，而迪恩等（Dean et al. , 2005）利用外资制造企业的调查数据研究，认为中国较弱的环境规制仅吸引了港澳台地区的外资，而未对 OECD 国家的 FDI 流入产生影响。国内相关文献大多数认为，更严格的环境规制减少了 FDI 的流入，王一兵（2006）的研究提出了税收—补贴机制，认为环境规制不会对 FDI 产生负面的影响。[①] 曾贤刚（2010）使用 1998—2008 年省级面板数据研究，认为我国环境规制对各地区的 FDI 流入具有不是特别显著的负面影响；格兰杰因果关系检验认为，"污染避难所" 的假说对于中国不成立。FDI 对产业升级的影响研究一般认为，通过技术溢出效应提升了产业升级，所以，环境规制通过 FDI 影响产业升级的机制所产生的影响应当为促进作用。[②]

根据上述环境规制影响产业升级的需求因素、技术创新和国际贸易理论分析，当环境规制强度发生变化时，最终产业动态会发生何种变化，环境规制情形下产业升级方向究竟如何，将是本章研究的重点。本章后续部分将在控制相关变量的基础上，利用动态面板数据模型对环境规制与产业结构变迁的关系进行实证研究，并分区域进行检验，最终得出最优环境规制强度选择与产业结构变迁路径。

第二节　指标构建与数据描述

一　指标选择

（一）产业结构升级系数

学术界关于产业升级指标的衡量方法很多，通常衡量方法有劳动力结构指数、内部利润率平均化程度、出口产品技术复杂程度等。鉴于研究需要和数据的可获得性，本章采用高新技术产业总产值与工业总产值比重来衡量产业升级程度。其中，为保证指标的可比性，选取的高新技术产业总产值的数据采用当年价，工业总产值也采用当年价。高新技术产业当年价总产值数据来源于 1999—2011 年《高新技术产业年鉴》，单位为亿元。其中，1999—2008 年数据直接从《高新技术产业年鉴》获得，2009—

---

① 王一兵：《空气污染治理中企业不合作问题的经济学研究》，《当代财经》2006 年第 1 期。

② 曾贤刚：《环境规制、外商直接投资与污染避难所假说——基于中国 30 个省份面板数据的实证研究》，《经济理论与经济管理》2010 年第 11 期。

2010 年数据由《高新技术产业年鉴》内的子行业数据加总得到，包含 5 个子行业：医药制造业、航空航天器制造业、电子及通信设备制造业、电子计算机及办公设备制造业和医疗设备及仪器仪表制造业。工业总产值数据来源于中经网统计数据库，其中缺失的 2004 年数据采用 2003 年和 2005 年数据的均值替代。

（二）环境规制强度

国内外学者在度量环境规制强度时主要采取以下方法：一是环境规制政策法规的颁布数量；二是治污投资占企业成本或产值比重；三是治理污染费用；四是人均收入作为内生环境规制的指标；五是规制机构的监督检查次数；六是环境规制下的污染排放变化。考虑到数据的可获得性，本章采用第二种方法，亦即采用治理工业污染项目投资额占工业增加值比重衡量环境规制强度指标，治理工业污染项目投资额和工业增加值的数据来源于中经网统计数据库，时间跨度为 1998—2010 年。

（三）生产的技术进步

为了衡量环境规制通过技术创新对产业升级系数的影响，用生产技术进步率代表技术创新水平。技术进步率的计算方法是：利用 DEAP2.1 软件对我国 30 个省份（西藏自治区除外）1998—2010 年的投入产出数据进行分析，得出基于 Malmquist 生产率指数的各省份 1998—2010 年技术进步率的面板数据作为技术创新水平的代理指标。其中，产出数据用地区生产总值表示，投入要素简化为劳动和资本，其中劳动投入用年末从业人员数表示、资本投入用每年各省份资本存量代表。劳动投入和产出的数据均来源于中经网统计数据库，资本投入的 1998—2008 年数据来自孙辉、支大林和李宏瑾（2010）一文，2009—2010 年数据根据一阶自回归方法补齐。

（四）人均国内生产总值

由于很多发展中国家在人均 GDP 为 3000 美元附近时经济发展自身矛盾难以克服，发展战略失误或受外部冲击，经济增长回落或长期停滞，可能会陷入"中等收入陷阱"。另外，人均国内生产总值也在一定程度上代表该地区的"要素禀赋"。为了考察我国产业升级过程出现升级中断的可能性，将人均 GDP 作为影响产业升级的控制变量。人均国内生产总值数据来源于中经网统计数据库。

（五）外商直接投资（FDI）

由于外商直接投资对产业结构优化升级具有显著技术溢出效应，进而国内日益恶化的环境现状引发国内外学者对我国是否会成为"污染避难所"假说的质疑（Ljungwang and Linde - Rahr，2005；Dean et al.，2005；Cole et al.，2007；夏友富，1999；杨海生等，2005；曾贤刚，2011）。因此，本章将外商直接投资作为环境规制对产业升级影响的一个重要中间变量。外商直接投资（FDI）数据采用外商直接投资实际利用外资金额，其中1998—2004年数据来源于中经网统计数据库，2005—2010年数据由中国资讯行—高校财经数据库相关资料整理得到。

（六）市场化指数

由于市场化程度直接影响资源在产业间的流动速度，进而改变资源的配置效率，能够影响产业结构优化，因此将市场化改革程度作为影响产业升级的控制变量。市场化指数的1998—2009年数据来源于樊纲、王小鲁和朱恒鹏（2011）的《中国市场化指数——各地区市场化相对进程2011年报告》[①]，2010年数据依据2009年相对于2008年的变化率推算得到。

（七）人力资本

人力资本对各产业的产出具有重要作用，因此，对产业升级同样存在不可忽视的影响。受限于数据的可得性，借鉴沈坤荣和耿强（2001）的做法，将各省份每万人高中、专科和本科的在校生数量作为衡量人力资本的指标。[②]

（八）时间虚拟变量

时间虚拟变量是为了控制不可观测到的年度固定效应。

其他三个变量的构造和数据来源为：①居民消费（$jmxf_{i,t}$）。企业面对环境规制约束，将改进自身的产品质量，从而引起居民消费选择的变化，因此我们选取居民消费作为环境规制影响产业升级的一个中间变量。②投资需求（$tzxq_{i,t}$）。作为对于环境规制的反应，企业将一方面增加治理污染的成本投入，另一方面可能刺激企业进行技术改造投资等活动，因此，我们采用全社会固定资产投资总额衡量投资需求，数据来源为中经网统计数据库（1998—2010）。居民消费（$jmxf_{i,t}$）和投资需求（$tzxq_{i,t}$）的原始数据来源均为中经网统计数据库（1998—2010）。③城镇化率

---

① 樊纲、王小鲁、朱恒鹏：《中国市场化指数——各地区市场化相对进程2011年报告》，经济科学出版社2011年版。

② 沈坤荣、耿强：《外商直接投资、技术外溢与内生经济增长——中国数据的计量检验与实证分析》，《中国社会科学》2001年第5期。

（city$_{i,t}$）。伴随着城镇化率的不断推进，就业结构变动将会引起产业升级变化，因此，我们将城镇化率作为影响产业升级的一个控制变量。城镇化率数据来源为 1998—2005 年的城镇化率是通过《新中国六十年统计资料汇编》中各省份城镇人口除以年末总人口得到；2006—2010 年各省份城镇化率数据直接从中经网统计数据库获得。

二　变量的描述性统计

变量的描述性统计见表 3 – 1。

表 3 – 1　　　　　　　　　变量的描述性统计

变量	样本个数	变量含义	均值	标准差	最小值	最大值
cysj	390	产业升级系数	0.0900	0.0804	0.0041	0.3792
lngzqd	390	环境规制强度的对数	− 5.5126	0.6561	− 7.4787	− 3.6022
（lngzqd）^{2}	390	环境规制强度对数的二次项	30.8177	7.2601	12.9760	55.9307
lnjmxf	390	居民消费的对数	7.3944	0.9546	4.6710	9.7245
lntzxq	390	投资需求的对数	7.5292	1.108065	4.67096	10.0554
city	390	城镇化率	0.4465	0.1592	0.2079	0.9030
innovation	390	技术进步率	1.0094	0.0493	0.9020	1.1460
lnpery	390	人均 GDP 的对数	9.4501	0.7341	7.7681	11.2771
lnfdi	390	外商直接投资实际利用额的对数	11.3721	1.7939	5.7366	14.8698
shichang	390	市场化指数	5.9724	2.0928	1.49	12.04
edu	390	人力资本	260.1314	110.9164	51.1135	537.4694

第三节　环境规制影响产业结构升级传导机制

根据上述环境规制对产业结构变迁升级的三种传导途径的分析，下面分别考察环境规制强度对需求、技术进步和外商直接投资以及这三者对产业升级影响的方向。

一 环境规制对产业升级影响的需求传导机制

在图3-2（a）和（b）中，横轴表示环境规制强度的对数值，纵轴分别表示居民消费需求和投资需求的对数值。从环境规制强度对需求影响散点图可以看出，随着环境规制强度的不断加大，消费需求和投资需求均呈现减少的趋势，亦即提高环境规制强度降低了消费需求和投资需求。在图3-3（a）和（b）中，横轴分别表示消费需求和投资需求的对数值，纵轴表示产业升级的程度的对数值。从需求对产业升级的散点图能够看出，随着消费需求或者投资需求的提高，产业升级均呈现上升趋势，也就是说，需求因素推动了产业升级。综合图3-2和图3-3来看，随着环境规制强度的不断加大，对需求产生负面影响，而需求对产业升级具有正面促进作用，所以，单从需求传导机制来讲，当前我国环境规制的加强通过需求因素在一定程度上减弱了产业升级的速度，亦即对产业升级产生了扭曲性的负面影响。

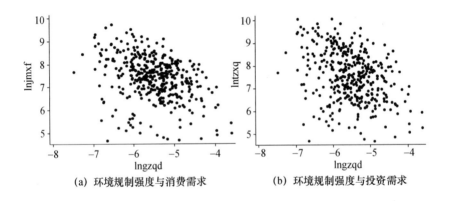

(a) 环境规制强度与消费需求　　　　(b) 环境规制强度与投资需求

图3-2　环境规制强度对需求的影响

二 环境规制对产业结构升级影响的技术创新传导机制

在图3-4（a）中，横轴表示环境规制强度的对数值，纵轴表示生产技术进步的对数值。从环境规制强度对生产技术进步影响的散点图可以看出，随着环境规制强度的不断加大，生产技术进步呈现上升的趋势，亦即提高环境规制强度促进了生产技术进步。在图3-4（b）中，横轴表示生产技术进步的对数值，纵轴表示产业升级的程度的对数值。从技术创新与产业升级的散点图能够看出，随着生产技术进步的加快，产业升级速度呈

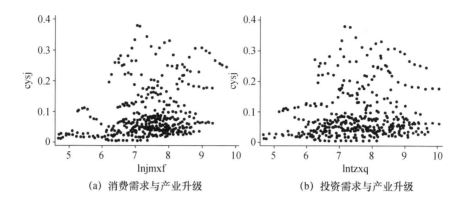

(a) 消费需求与产业升级　　　　　　(b) 投资需求与产业升级

图 3 - 3　需求对产业结构变迁的影响示意

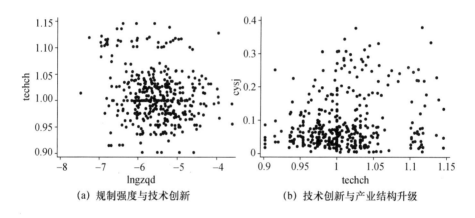

(a) 规制强度与技术创新　　　　　　(b) 技术创新与产业结构升级

图 3 - 4　环境规制对产业升级影响的生产技术进步传导机制

现上升趋势，也就是说，生产技术进步推动了产业升级。综合图 3 - 4 看，随着环境规制强度的不断加大，对生产技术进步产生促进作用，而技术进步对产业升级具有正向作用。所以，从技术创新传导机制来说，当前我国环境规制的加强通过促进生产技术进步在一定程度上加快了产业升级步伐，该结论验证了"波特假说"在我国的环境规制实践中是成立的。

三　环境规制对产业升级影响的 FDI 流入量传导机制

如前所述，学术界关于环境规制对 FDI 影响的结论莫衷一是。从图 3 - 5 的散点图可以看出，目前我国环境规制对 FDI 产生了挤出效应，而 FDI 促进了产业结构升级，因此总效应为负。

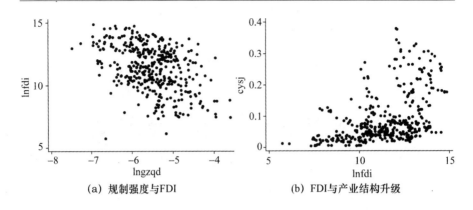

(a) 规制强度与FDI　　　　　　　(b) FDI与产业结构升级

图 3 – 5　环境规制对产业升级影响的 FDI 传导机制

第四节　环境规制对产业结构升级影响的动态分析

在考察了环境规制对产业升级影响的三种传导机制之后，以下着重探讨环境规制对产业升级路径是起到了促进作用还是抑制作用，本章在控制了相关变量之后，对该问题进行了动态面板估计，该部分内容分为模型设定、计量方法和估计结果分析。

一　模型设定与计量方法

该部分主要检验环境规制强度对各自省份产业升级的影响，采用面板数据模型进行分析，用 $i = 1, 2, \cdots, N$（$N = 30$）表示我国 30 个省份（不包括西藏自治区）；$t = 1998, 1999, \cdots, T$（$T = 2010$）表示年度；环境规制强度对产业升级的实证模型为：

$$cysj_{i,t} = \alpha_0 + \alpha_1 \ln gzqd_{i,t} + x_{i,t}\beta_i + u_{i,t} \qquad (3-1)$$

其中，i 表示省份，t 表示年度；$cysj$ 是被解释变量，即产业升级系数，用来衡量各地区产业动态升级的变化水平；$\ln gzqd$ 是解释变量，表示各省份的环境规制强度水平；$x_{i,t}$ 代表其他的控制变量，主要包括人均收入水平（lnpery）、城镇化率（city）、人力资本（edu）、市场化指数（shichang）和年份虚拟变量（yeardum）等，$u_{i,t}$ 是复合误差项，α 和 β 分别表示各个变量的系数。

需要说明的是，从长期看，由于产业升级的速度非常缓慢，升级程度可能具有一定的惯性。基于此考虑，为了预防计量模型的设定出现偏误，我们通过将因变量的滞后项引入解释变量，从而将其扩展成为一个动态模型。由于该模型进行 OLS 的估计结果有偏且不一致，并且极大似然估计方法估计量的一致性严重依赖初值条件（Hsiao，1986），动态面板模型系统 GMM 估计方法（SYS – GMM of Dynamic Panel Model）有效地解决了这样的问题。动态面板数据模型能够通过计量方法解决内生性问题，进而能够得到参数的一致性估计。除此之外，本书一并引入 $lnER_{i,t}$ 的二次项研究环境规制强度对产业升级动态影响的非线性关系。因此，本书最终建立的动态面板数据模型为：

$$cysj_{i,t} = \alpha_0 + \alpha_1 cysj_{i,t-1} + \alpha_2 lngzqd_{i,t} + \alpha_3 \left(lngzqd_{i,t}\right)^2 + x_{i,t}\beta_i + a_i + v_{i,t}$$

$$(3-2)$$

式中，$cysj_{i,t-1}$ 是被解释变量的一阶滞后项；a_i 代表不可观测的省级固定效应；$v_{i,t}$ 表示随机误差项。

二　基于系统 GMM 估计方法的环境规制对产业升级动态影响分析

首先，对动态自回归模型（3 – 2）进行动态面板回归，估计结果见表 3 – 2。其中，第 1 列数字为普通面板回归结果，第 2 列和第 3 列为差分 GMM 动态面板估计结果，第 4—6 列为系统 GMM 动态面板估计结果。我们还对估计结果的可靠性进行了检验：2 阶序列相关的结果表明，应当接受动态一阶自回归模型［见式（3 – 2）］的随机扰动项不存在序列相关，说明该模型没有被误设。为检验滞后一阶因变量的一致估计，还对模型（3 – 2）进行了混合 OLS 的估计，发现混合 OLS 估计结果基本都不显著，而系统 GMM 的滞后一期因变量的系数与该方法较为接近。基于以上理由，我们认为，第 6 列的一步系统 GMM 估计结果是稳健的。从表 3 – 2 估计结果来看，滞后一期的环境规制强度及其平方项的回归系数均在 5% 的显著性水平上为正，意味着我国总体的环境规制强度在一定程度上促进了产业升级的边际速率，并且环境规制强度存在一个最优区间，在产业升级程度为纵坐标，环境规制强度为横坐标的坐标系里，呈现出"U"形，意味着当环境规制强度从 0 逐渐增加时，产业升级的速度一开始呈现出逐渐下降的态势；当环境规制强度达到一定程度时，产业升级的速度达到最低，随后环境规制强度的增加将会导致倒逼型的产业升级。同时，人均国内生产总值（代表"要素禀赋"）的回归系数在 1% 的显著性水平上为正，意味着要素禀赋越丰富的地区产业升级的边际速度增大；城镇化率对产业升级的影响不显著，当期的人力资本在 1% 的显著性水平上促进了产业升级，而滞后一期的人力资本则在1%显著性水平上抑制了产业升级的速率，滞后一期的市场化进程变量的回归系数不显著，表明当前我国的市场化改革并未显著促进我国产业升级的加快。

表3-2　环境规制强度对我国总体产业升级影响的动态面板估计结果

变量	OLS LEVELS	GMM DIF $t-2$	GMM DIF $t-3$	GMM SYS $t-2$	GMM SYS $t-3$	GMM SYS ONE-STEP
$cysj_{t-1}$	0.9541 ***	0.8582 ***	0.8417 ***	0.8276 ***	0.8112 ***	0.7930 ***
	(0.000)	(0.000)	(0.000)	(0.000)	(0.000)	(0.000)
$lngzqd$	-0.0024	-0.0099	-0.0271 *	-0.0013	-0.0087	—
	(0.803)	(0.436)	(0.095)	(0.928)	(0.612)	
$lngzqd_{t-1}$	0.0389 **	0.0361 *	0.0312	0.0261	0.0227	0.0442 **
	(0.045)	(0.082)	(0.127)	(0.111)	(0.158)	(0.031)
$(lngzqd)^2$	-0.0002	-0.0009	-0.0024	0.0000	-0.0007	-0.0004
	(0.798)	(0.421)	(0.103)	(0.970)	(0.677)	(0.148)
$(lngzqd)^2_{t-1}$	0.0037 **	0.0033 *	0.0028	0.0024	0.0021	0.0039 **
	(0.049)	(0.092)	(0.141)	(0.123)	(0.177)	(0.047)
$lnpery$	0.0335	0.0301	0.0206	-0.0126	-0.0179	-0.0301
	(0.182)	(0.267)	(0.440)	(0.646)	(0.458)	(0.164)
$lnpery_{t-1}$	-0.0250	-0.0161	-0.0123	0.0342	0.0347	0.0670 ***
	(0.318)	(0.568)	(0.650)	(0.253)	(0.207)	(0.008)
$city$	-0.0100	-0.0091	-0.0124	-0.0081	-0.0080	—
	(0.142)	(0.135)	(0.186)	(0.455)	(0.401)	
$city_{t-1}$	0.0046	-0.0060	-0.0098	-0.0154	-0.0136	-0.0048
	(0.506)	(0.432)	(0.236)	(0.216)	(0.175)	(0.845)
edu	0.0001	0.0001	0.0001	0.0001	0.0001	0.0003 ***
	(0.455)	(0.340)	(0.353)	(0.413)	(0.223)	(0.006)
edu_{t-1}	-0.0001	-0.0001	-0.0001	-0.0001	-0.0001	-0.0004 ***
	(0.354)	(0.455)	(0.565)	(0.435)	(0.290)	(0.003)
$shichang$	0.0010	-0.0007	-0.0005	0.0012	0.0019	—
	(0.590)	(0.780)	(0.855)	(0.710)	(0.544)	
$shichang_{t-1}$	-0.0003	0.0015	0.0014	0.0006	0.0018	-0.0032
	(0.875)	(0.253)	(0.540)	(0.830)	(0.612)	(0.520)

续表

变量	OLS LEVELS	GMM DIF t－2	GMM DIF t－3	GMM SYS t－2	GMM SYS t－3	GMM SYS ONE－STEP
AR（1）	—	0.044	0.040	0.031	0.030	0.0961
AR（2）	—	0.675	0.616	0.634	0.652	0.6928
Sargan－P 值	—	0.000	0.000	0.273	0.928	—

注：小括号内表示 p 值，＊、＊＊、＊＊＊分别表示在10%、5%和1%的显著性水平上显著。

表 3－3　　　　　　　　　　我国东部、中部和西部地区划分

区域	省份
东部	北京、天津、河北、辽宁、上海、江苏、浙江、福建、山东、广东、海南
中部	山西、吉林、黑龙江、安徽、江西、河南、湖北、湖南
西部	内蒙古、广西、重庆、四川、贵州、云南、陕西、甘肃、青海、宁夏、新疆

表 3－4　　　　环境规制强度对东部、中部和西部地区产业升级影响的
系统 GMM 估计结果

变量	东部地区	中部地区	西部地区
$cysj_{t-1}$	0.9515＊＊＊（0.000）	0.6032＊＊＊（0.000）	0.8490＊＊＊（0.000）
$lngzqd_{t-1}$	0.0743＊＊＊（0.000）	－0.0049（0.827）	0.0080（0.686）
$(lngzqd)_{t-1}^{2}$	0.0073＊＊＊（0.000）	－0.0008（0.688）	0.0008（0.676）
$lnpery$	－0.0209＊＊＊（0.000）	－0.0044＊（0.082）	－0.0036＊＊＊（0.000）
cons	0.4004＊＊＊（0.000）	0.0581（0.519）	0.0590（0.199）
AR（1）	0.1745	0.1427	0.0219
AR（2）	0.7133	0.2823	0.2405

注：小括号内表示 p 值，＊、＊＊、＊＊＊分别表示在10%、5%和1%的显著性水平上显著。

其次，为了进一步考察我国东部、中部和西部地区的差异性，我们对东部、中部和西部地区分别进行了系统 GMM 估计，估计结果见表 3－4。从东部地区环境规制强度对产业升级影响估计结果看，上一期的环境规制强度提高1%，将使产业升级的速度上升0.0743%，非线性部分的弹性为0.0073，表明我国当前总体环境规制强度显著促进了产业升级的速度，原因可能是企业面临严格的环境约束形成了倒逼型的技术升级等，人均国内

生产总值对产业升级的影响显著为负，这意味着过快的经济增长并不能保证产业升级的顺利进行，因此，在产业升级过程中，应当适当放缓经济增长速度，以有效促进产业升级。从中部地区的环境规制对产业升级影响估计结果看，环境规制虽然抑制了产业升级，但是，这种效应并不显著；从西部地区环境规制对产业升级影响的估计结果来看，西部地区环境规制强度水平和二次项的系数均为正，但并不显著，意味着我国西部地区的环境规制水平的加强未能促进产业升级，原因可能在于我国西部地区的环境规制强度总体上讲相对宽松，进而引起"污染避难所"的假说。因此，根据上述实证结果，我国应当适当放缓经济增长速度，提升东部地区环境规制强度，对污染严重的企业进行严格监管，切实提高经济增长质量，并有效发挥中西部地区环境规制的倒逼型产业升级机制，从而为实现环境规制与产业升级的"双赢"提供坚实的理论基础和发展思路。

第五节　本章小结

在归纳和整理环境规制经济影响基础上，本章分三种途径为环境规制对产业升级的影响提供传导机制解释，并从实证检验了环境规制对我国产业升级的影响。由于产业升级具有动态惯性，我们采取动态系统 GMM 估计方法对总体和分区域进行了估计，得出较为稳健的结果。研究结果显示：环境规制强度促进了生产技术进步，但对需求和 FDI 流入量起到了抑制作用。动态面板估计结果表明，我国总体环境规制强度对产业升级的方向和路径产生了促进影响；而分区域的研究结果则表明，中西部地区环境规制强度与产业升级关系不显著，东部地区环境规制强度的提高能够促进产业升级的加快。从控制变量来看，降低经济增长速度和加强人力资本建设都能有效地促进我国的产业升级。

上述实证研究结论能够提供如下政策启发：我国在环境规制强度选择上要考虑到地区间的差异性，西部地区应当适当加强环境规制强度，从而避免"污染避难所"的存在，切实提升 FDI 引入的质量，由于人均 GDP 的提升促进了西部地区的产业升级，因此西部地区经济增长与环境规制要达到均衡，才能使产业升级能够持续和加快；中东部地区环境规制对产业升级有微弱的扭曲性负面影响，因此，在选择环境规制政策工具上应具有更多的灵活性，从而避免对需求和 FDI 引入的抑制作用。例如，宋英杰（2006）基于成本收益分析的环境规制工具选择研究认为，要区分不同地区的条件，相应地选择各自的环境规制政策工具。由于不同区域的经济、技术条件存在比较显著的差异，不能一概而论地推行排放许可证、排污税等经济性环境规制工具，应分区域加以综合使用。东部地区资本技术水平较高的条件下，适合以经济性规制为主、社会性规制为辅。而西部地区技术水平较差，应以政府制定严格的社会性规制标准为主，严格污染物排放，确保环境和经济增长的协同"双赢"。①

最早被世界各国政府采用的传统环境规制政策工具是直接的命令—控制型，其缺点在于行政成本和规制遵从成本太高，而自 1972 年"污染者付费原则"颁布以后，利用市场机制的激励性规制被一些国家逐渐采纳，主要有税费规制和可交易许可证规制两种，前者是使企业依据治污的成本来进行污染物排放量的选择，依据创新能力来选择排污税费的缴纳，或者是通过创新减少污染物的排放，使环境治理的部分决定权移交企业来选择，最终使污染的外部性造成的社会成本和私人成本相等，相对于命令—控制型规制方式有了较大的改进。但是科斯认为，这种规制缺点很多，不能明确界定社会成本和私人成本，并且税费的分担并不明确。

可交易的污染许可证是将污染物的排放权在市场上进行交易，理论基础是科斯的产权理论，亦即交易收益大于交易成本则可以提高配置效率。可交易污染许可证实际是对污染总量进行控制，而其缺点在于初始的排污量和减排的目标核定比较困难，需要考虑到成本收益、技术和经济发展状况的约束，并且还需要完善的市场体系和对污染交易许可企业的排污量有效监督。区别在于税费规制的干预大于可交易许可证规制的政府干预，因此导致了前者比后者的规制成本要大（由于信息不对称导致的搜寻信息确定税率的成本），税费规制可以同时获得环境和经济收益，而可交易许可证则可以得到环境收益（初始分配是赠与式）和拍卖收益（初始分配是拍卖式）。前者的激励是针对减排所导致的缴纳税费的减少，后者则是通过许可证的转让获得收益，许可证的转让价格上涨能够导致比税费规制更强的效果。在实施当中，前者确定税率的技术较高、难度大，而后者通

---

① 宋英杰：《基于成本收益分析的环境规制工具选择》，《广东工业大学学报》（社会科学版）2006 年第 1 期。

过市场机制不断达到最优许可证价格。环境规制的政策工具选择，一是寻找最优的类型；二是进行政策组合的优化；三是进行规制工具的创新，比如开征环境税等能够筹集环境保护资金。针对不同污染产业的特点来讲，李玲、陶锋（2012）认为，应当将环境规制政策由控制型转变为激励型。[①]

[①] 李玲、陶锋：《中国制造业最优环境规制强度的选择——基于绿色全要素生产率的视角》，《中国工业经济》2012 年第 5 期。

第四章　资源约束下产业结构变迁的空间特征：理论模型与计量分析

在已有相关研究中，绝大多数文献都将服务业比重的提高作为产业结构优化升级的标志之一（黄志钢，2008；汪海波，2010；马晓河，2011），李钢、廖建辉和向奕霓（2011）针对多数文献关于产业结构调整主要是以提高第三产业比例的观点，从产业效率、供需和国际贸易角度分析了发达国家的产业结构变迁特征，认为虽然第三产业比重在不断提高，但并不意味着第三产业就是产业升级的方向。[①]

杨勇（2008）对1952—2006年我国服务业全要素生产率进行了定量测算，研究结论认为，服务业的TFP对产出的作用在1980年以后表现平稳，且技术效率没有得到有效提升，而1995年以后TFP明显下降，由此导致的资本深化阻碍了我国服务业的增长。谭洪波、郑江淮（2012）将中国与发达国家（美国、德国、日本和法国）的经济增长与服务业发展情况进行了对比，研究发现，中国高端生产性服务业全要素生产率增长率远远落后于发达国家，并且生产性服务业的影响力较小的根本原因在于未能有效参与到全球价值链的分工中，因而，高端生产性服务业的大力发展是经济增长过程当中进一步优化产业结构的重要途径。

林毅夫（2002）认为，一国的最优产业结构内生于其经济体的要素禀赋，政府部门需根据要素禀赋情况采纳适当技术，以实现缩小与发达国家差距的目标。本章构造了包括要素禀赋、技术采纳在内的最优产业结构理论模型，提出并论证了"服务业比重提高应以服务业效率改善为前提"的重要命题，得出一国最优服务业比重随着要素禀赋的增长而单调下降的结论；并以我国各地区产业结构的服务化趋势为被解释变量，要素禀赋和

---

① 李钢、廖建辉、向奕霓：《中国产业升级的方向与路径——中国第二产业占GDP的比例过高了吗》，《中国工业经济》2011年第10期。

技术采纳战略为解释变量，并加入制度因素等控制变量，同时考虑各地区经济活动可能存在的空间相关性因素，分别采用静态和动态空间面板计量模型实证研究了1998—2010年我国各地区产业结构服务化趋势变动特征，支持了"提高服务业比重应当以提升服务业全要素生产率为前提"的命题，从而为我国各级政府部门在当前经济下行压力较大背景下调结构和稳增长的政策制定上提供一定的实证依据。

第一节　基于要素禀赋和技术采纳的最优产业结构理论模型

本章首先构造一个封闭经济体①，假设一国经济由若干地区构成，各地区的社会资源禀赋（K 和 L）能够以交易成本为 0 自由流入两个类型的产业进行配置，分别称为资本密集型（制造业）$f_1(\cdot)$ 和劳动密集型（服务业）$f_2(\cdot)$，产值分别是 y_1 和 y_2，在规模报酬不变假设下，制造业和服务业的生产函数表达式为：

$$y_1 = f_1(K_1, L_1) = \alpha_1 K_1^a L_1^{1-a} \tag{4-1}$$

$$y_2 = f_2(K_2, L_2) = \alpha_2 K_2^b L_2^{1-b} \tag{4-2}$$

在式（4-1）和式（4-2）中，a、b 分别表示制造业和服务业的资本产出弹性，根据制造业和服务业的技术特点，显然，$0 < b < a < 1$。我们假设各地方政府可以采取基于要素禀赋的比较优势，选择适当的技术，从而达到优化资源配置的目的。为简单起见，本章用人均资本代表"要素禀赋"，那么各地区的技术采纳定义为两种产业（制造业和服务业）的竞争性厂商的资本边际报酬相同时，各地区就达到了最优产业结构，原因在于资本的逐利性使分配在两种产业中的资本边际报酬相同时，资本才达到了最优配置；如果资本的边际报酬不同，必然存在资本配置向帕累托最优改进，直到两种产业所配置资本的边际报酬相等时，资本达到最优配置。根据资本在决定产业结构中的重要作用，从而此时决定的产业结构才是最

---

① 该模型对徐高（2005）进行了扩展和延伸，并假设封闭经济体只存在以制造业为代表的资本密集型竞争性厂商和以服务业为代表的劳动密集型竞争性厂商，需要指出的是，本章不考虑开放经济的贸易对资源配置的影响，是因为对外开放的最终结果是使得劳动力与资本存量数量方面发生了变动，而并不影响既定生产要素在产业间的自由流动。

优的。若地方政府在技术采纳上都遵循比较优势，根据制造业和服务业两类行业代表性竞争厂商的成本最小化原则，能够推导得出以下命题：当 $K/L \leqslant \dfrac{b\Delta}{1-b}$ 时，只会存在服务业；当 $\dfrac{b\Delta}{1-b} < K/L < \dfrac{a\Delta}{1-a}$ 时，服务业和制造业并存；当 $K/L \geqslant \dfrac{a\Delta}{1-a}$ 时，只存在制造业，其中，常数

$$\Delta = \left[\frac{\alpha_2}{\alpha_1} \left(\frac{a}{1-a} \right)^{1-a} \left(\frac{b}{1-b} \right)^{b-1} \right]^{\frac{1}{a-b}}。$$

证明：设制造业和服务业代表性竞争厂商的成本函数分别为：

$$C_1 = wL_1 + rK_1;\ C_2 = wL_2 + rK_2 \tag{4-3}$$

将式（4-1）代入式（4-3），消去 K_1 可得：

$$C_1 = wL_1 + r \left(\frac{y_1}{\alpha_1 L_1^{1-a}} \right)^{\frac{1}{a}} \tag{4-4}$$

为使制造业代表性竞争厂商成本达到最小化，对式（4-4）的 L_1 求一阶导数，并整理可得：

$$L_1 = \frac{y_1}{\alpha_1} \left(\frac{w}{r} \frac{a}{1-a} \right)^{-a} \tag{4-5}$$

将式（4-5）代入式（4-1），可得：

$$K_1 = \frac{y_1}{\alpha_1} \left(\frac{w}{r} \frac{a}{1-a} \right)^{1-a} \tag{4-6}$$

根据对称性，服务业的生产要素需求函数分别为：

$$L_2 = \frac{y_2}{\alpha_2} \left(\frac{w}{r} \frac{b}{1-b} \right)^{-b},\ K_2 = \frac{y_2}{\alpha_2} \left(\frac{w}{r} \frac{b}{1-b} \right)^{1-b} \tag{4-7}$$

若两种产业同时存在，则根据资本边际报酬相同假设，应当使式（4-8）成立：

$$\frac{\partial y_1}{\partial K_1} = \frac{\partial y_2}{\partial K_2} \tag{4-8}$$

将式（4-6）的 K_1 和式（4-7）的 K_2 表达式代入式（4-8），可得：

$$\frac{w}{r} = \Delta = \left[\frac{\alpha_2}{\alpha_1} \left(\frac{a}{1-a} \right)^{1-a} \left(\frac{b}{1-b} \right)^{b-1} \right]^{\frac{1}{a-b}} \tag{4-9}$$

将式（4-9）分别代入式（4-5）、式（4-6）、式（4-7），可得：

$$L_1 = \frac{y_1}{\alpha_1} \left(\frac{a\Delta}{1-a} \right)^{-a},\ K_1 = \frac{y_1}{\alpha_1} \left(\frac{a\Delta}{1-a} \right)^{1-a};\ L_2 = \frac{y_2}{\alpha_2} \left(\frac{b\Delta}{1-b} \right)^{-b},\ K_2 = \frac{y_2}{\alpha_2} \left(\frac{b\Delta}{1-b} \right)^{1-b}$$

$$\tag{4-10}$$

根据既定时点上社会资源禀赋（L 和 K）保持不变假设，意味着该国经济体总的劳动力和资本存量等于服务业和制造业的劳动力与资本之和，亦即：$L = L_1 + L_2$，$K = K_1 + K_2$。再根据式（4 – 10），可得：

$$L = L_1 + L_2 = \frac{y_1}{\alpha_1}\left(\frac{a\Delta}{1-a}\right)^{-a} + \frac{y_2}{\alpha_2}\left(\frac{b\Delta}{1-b}\right)^{-b} \tag{4-11}$$

$$K = K_1 + K_2 = \frac{y_1}{\alpha_1}\left(\frac{a\Delta}{1-a}\right)^{1-a} + \frac{y_2}{\alpha_2}\left(\frac{b\Delta}{1-b}\right)^{1-b} \tag{4-12}$$

根据式（4 – 11）和式（4 – 12），可得：

$$y_1 = \alpha_1\left(\frac{a\Delta}{1-a}\right)^{a}\left(\frac{b\Delta}{1-b} - \frac{a\Delta}{1-a}\right)^{-1}\left(\frac{b\Delta}{1-b}L - K\right) \tag{4-13}$$

$$y_2 = \alpha_2\left(\frac{b\Delta}{1-b}\right)^{b}\left(\frac{a\Delta}{1-a} - \frac{b\Delta}{1-b}\right)^{-1}\left(\frac{a\Delta}{1-a}L - K\right) \tag{4-14}$$

由式（4 – 13）和式（4 – 14）可得：当 $\frac{b\Delta}{1-b}L - K < 0$，$y_1 > 0$；当 $\frac{a\Delta}{1-a}L - K > 0$ 时，$y_2 > 0$；当 $\frac{b\Delta}{1-b} < K/L < \frac{a\Delta}{1-a}$ 时，经济体中制造业和服务业都会存在；当 $K/L \leqslant \frac{b\Delta}{1-b}$ 时，则该经济体只会存在服务业；当 $K/L \geqslant \frac{a\Delta}{1-a}$ 时，则只存在制造业。命题得证。

下面证明最优服务业比重曲线随着人均资本（$\frac{K}{L}$）变动呈现出的具体形状。根据式（4 – 13）和式（4 – 14），最优服务业比重为：

$$service = \frac{y_2}{y_1 + y_2} \tag{4-15}$$

将式（4 – 15）整理成关于 K/L 的函数，可得：

$$\frac{L\alpha_2\left(\frac{b\Delta}{1-b}\right)^{b}\left[\frac{a\Delta}{1-a} - \frac{b\Delta}{1-b}\right]\left[\frac{a\Delta}{1-a} - \frac{K}{L}\right]}{L\left\{\alpha_2\left(\frac{b\Delta}{1-b}\right)^{b}\left[\frac{a\Delta}{1-a} - \frac{b\Delta}{1-b}\right]^{-1}\left[\frac{a\Delta}{1-a} - \frac{K}{L}\right] + \alpha_1\left(\frac{a\Delta}{1-a}\right)^{a}\left[\frac{b\Delta}{1-b} - \frac{a\Delta}{1-a}\right]^{-1}\left[\frac{b\Delta}{1-b} - \frac{K}{L}\right]\right\}} \tag{4-16}$$

对式（4 – 16）求一阶导数，其中｛·｝表示式（4 – 16）分母的大括号内容，可得：

$$\frac{-\alpha_2\left(\frac{b\Delta}{1-b}\right)^{b}\left[\frac{a\Delta}{1-a} - \frac{b\Delta}{1-b}\right]^{-1}(y_1 + y_2) - \alpha_2\left(\frac{b\Delta}{1-b}\right)^{b}\left[\frac{a\Delta}{1-a} - \frac{b\Delta}{1-b}\right]^{-1}\left[\frac{a\Delta}{1-a} - \frac{K}{L}\right] \times \{\cdot\}'_{K/L}}{\left\{\alpha_2\left(\frac{b\Delta}{1-b}\right)^{b}\left[\frac{a\Delta}{1-a} - \frac{b\Delta}{1-b}\right]^{-1}\left[\frac{a\Delta}{1-a} - \frac{K}{L}\right] + \alpha_1\left(\frac{a\Delta}{1-a}\right)^{a}\left[\frac{b\Delta}{1-b} - \frac{a\Delta}{1-a}\right]^{-1}\left[\frac{b\Delta}{1-b} - \frac{K}{L}\right]\right\}^{2}} \tag{4-17}$$

由于前提假设 $0 < b < a < 1$，$\frac{x}{1-x}$ 为单调递增函数，当两种产业均存

在时，$y_1 + y_2 > 0$，对式（4-17）分子计算整理可得式（4-17）< 0，这证明了服务业最优比重是随着人均资本（K/L）的增加而单调递减。对式（4-17）进一步对人均资本（K/L）求一阶导数（过程略），我们可以得出最优服务业比重的二阶导数为负，意味着随着人均资本（K/L）变动而变动的最优服务业比重曲线是凸向原点的（见图4-1）。

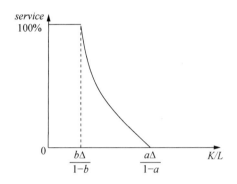

图4-1　技术采纳战略下随要素禀赋变化的最优服务业比重变动情况

很显然，制造业和服务业的最优比重取决于各自技术创新（α_1 和 α_2）以及劳动产出份额和资本产出份额（a 和 b）。图4-1显示了技术采纳战略下随要素禀赋变化的最优服务业比重变动情况，当人均资本较低时，最优服务业比重达到100%；随着人均资本的不断增加，产业结构中的服务业最优比重不断下降；当人均资本达到一定程度时，服务业达到消失的极端情况。从图4-1，1952—2011年我国服务业（第三产业）增加值占GDP比重变化情况看，1952—2011年，我国第三产业比重由不足30%增长到40%以上。

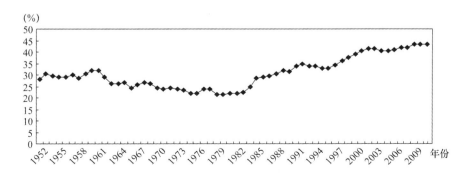

图4-2　1952—2011年我国服务业第三产业增加值占GDP比重变化情况

图 4 - 3 显示 1952—2011 年我国三次产业全员劳动生产率（用"三次产业增加值与相应的年末从业人员数之比"表示）变动情况。很明显，大致以 1992 年为分水岭，1992 年之前，三次产业全员劳动生产率差异非常小；1992 年之后，由于我国引入市场经济体制，三次产业全员劳动生产率之间的差异十分明显，其中，第二产业全员劳动生产率一直稳居首位，第三产业次之，第一产业最低。相关学者对服务业的生产效率也进行过研究，比如王恕立、胡宗彪（2012）采用 DEA - Malmquist 生产率指数法对 1990—2010 年我国服务业细分行业的 TFP 进行了测算，并对我国服务业分行业的生产效率变迁和异质性进行了研究，与工业（制造业）的对比发现，我国服务业 TFP 的增长滞后于制造业。[1]

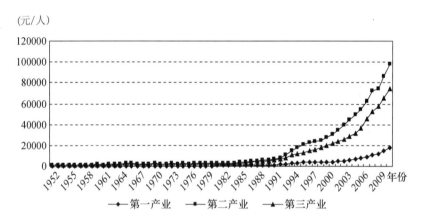

图 4 - 3　1952—2011 年我国三次产业全员劳动生产率比较

第二节　模型设定与数据的描述统计

本章研究省级要素禀赋、技术采纳与产业结构变动，由于不同省份的区位差异在空间上可能存在相互依赖性，普通面板回归不能有效地解决这种空间上的相关性，因此得出的结论不可靠。本章采用安塞林（Anselin，

---

① 王恕立、胡宗彪：《中国服务业分行业生产率变迁及异质性考察》，《经济研究》2012 年第 4 期。

1998）提出的空间面板模型，实证检验要素禀赋、技术采纳和产业结构变动的关系，空间计量模型分为空间滞后模型（SAR）和空间误差模型（SEM）两大类。两者之间的区别在于，前者不管其他影响被解释变量的因素如何变动，相邻地区被解释变量的变化都将直接影响本地区被解释变量的大小；后者只有当观察到其他解释变量不能完全解释被解释变量时，才会体现空间相关性。[①]

一　模型设定

空间滞后面板模型（SAR – Panal）的形式为：

$$Y_t = \alpha Y_{t-1} + \beta W Y_t + X_t \gamma + \varphi_t \tag{4-18}$$

空间误差面板模型（SEM – Panal）的形式为：

$$Y_t = \alpha Y_{t-1} + X_t \gamma + \eta + \varphi_t \tag{4-19}$$

其中，$\varphi_t = \tau W \varphi_t + \theta_t$，$Y_t$ 是每个省份（$i = 1, 2, \cdots, 30$）的因变量在 t 期（$t = 1, 2, \cdots, 13$）的样本值构成的 $N \times 1$ 向量；X_t（自变量）是 $N \times K$ 的矩阵；α 与 γ（$K \times 1$）表示参数，$\eta = (\eta_1, \cdots, \eta_N)'$，$\varphi_t = (\varphi_{1T}, \cdots, \varphi_{NT})'$；$\theta_t = (\theta_{1T}, \cdots, \theta_{NT})'$，且独立同分布，满足 $E(\theta_t) = 0$，$E(\theta_t \theta'_t) = \sigma^2 I_N$，其中，$I_N$ 表示 N 阶单位阵，空间权重矩阵（非负）用 $W(N \times N)$ 表示，对角线数字为 0，τ 表示空间自相关系数，α 是区分面板数据模型的最核心指标，若 $\alpha = 0$，$\varphi_{it} = 0$，表明该模型是普通静态面板模型；若 $\alpha = 0$，$\varphi_{it} \neq 0$，表明该模型是静态空间面板模型；若 $\alpha \neq 0$，$\varphi_{it} \neq 0$，表明该模型是动态空间面板模型。在现有关于空间面板模型的应用研究中，使用动态空间面板模型的学者较少，李婧、谭清美、白俊红（2010）采用埃尔霍斯特（Elhorst，2005）无条件极大似然法估计了创新生产的动态空间面板模型。[②] 本章借鉴该方法（方法的详细介绍可参见该文），并分别使用 BS 和 NB 逼近估计方法对模型进行估计。

在选择空间权重矩阵时，为增强研究结果稳健性，我们采用了两种类型的空间权重矩阵：地理空间权重矩阵（0—1）和经济距离空间权重矩阵。最常用的是 0—1 空间权重矩阵，依据省份是否相邻来进行设定，相邻省份赋值为"1"，其他则赋值为"0"，定义如下：$W_{ij} = 1$，省份 i 和 j

---

[①] Anselin, L., 1998, *Spatial Econometrics*：*Methods and Models*, Dordrecht：Kluwer Academic Publishers.

[②] 李婧、谭清美、白俊红：《中国区域创新生产的空间计量分析——基于静态与动态空间面板模型的实证研究》，《管理世界》2010 年第 7 期。

相邻；$W_{ij}=0$，省份 i 和 j 不相邻或者是同一地区。根据本章数据变量的可获得性，选择了剔除西藏以外的我国 30 个省份，形成的空间权重矩阵为 30×30 型，并利用 Matlab 对其进行标准化，使得其行和等于 1（见表 4-1 所示）。

表 4-1　　地理空间权重矩阵（除西藏外的我国 30 个省份）

地区	北京	天津	河北	山西	内蒙古	辽宁	吉林	黑龙江	上海	江苏	浙江	安徽	福建	江西	山东	河南	湖北	湖南	广东	广西	海南	重庆	四川	贵州	云南	陕西	甘肃	青海	宁夏	新疆
北京	0	1	1	0	0	0	0	0	0	0	0	0	0	0	0	0	0	0	0	0	0	0	0	0	0	0	0	0	0	0
天津	1	0	1	0	0	0	0	0	0	0	0	0	0	0	1	0	0	0	0	0	0	0	0	0	0	0	0	0	0	0
河北	1	1	0	1	1	1	0	0	0	0	0	0	0	0	1	1	0	0	0	0	0	0	0	0	0	0	0	0	0	0
山西	0	0	1	0	1	0	0	0	0	0	0	0	0	0	0	1	0	0	0	0	0	0	0	0	0	1	0	0	0	0
内蒙古	0	0	1	1	0	1	1	1	0	0	0	0	0	0	0	0	0	0	0	0	0	0	0	0	0	1	1	0	1	0
辽宁	0	0	1	0	1	0	1	0	0	0	0	0	0	0	0	0	0	0	0	0	0	0	0	0	0	0	0	0	0	0
吉林	0	0	0	0	1	1	0	1	0	0	0	0	0	0	0	0	0	0	0	0	0	0	0	0	0	0	0	0	0	0
黑龙江	0	0	0	0	1	0	1	0	0	0	0	0	0	0	0	0	0	0	0	0	0	0	0	0	0	0	0	0	0	0
上海	0	0	0	0	0	0	0	0	0	1	1	0	0	0	0	0	0	0	0	0	0	0	0	0	0	0	0	0	0	0
江苏	0	0	0	0	0	0	0	0	1	0	1	1	0	0	1	0	0	0	0	0	0	0	0	0	0	0	0	0	0	0
浙江	0	0	0	0	0	0	0	0	1	1	0	1	1	1	0	0	0	0	0	0	0	0	0	0	0	0	0	0	0	0
安徽	0	0	0	0	0	0	0	0	0	1	1	0	0	1	1	1	1	0	0	0	0	0	0	0	0	0	0	0	0	0
福建	0	0	0	0	0	0	0	0	0	0	1	0	0	1	0	0	0	0	1	0	0	0	0	0	0	0	0	0	0	0
江西	0	0	0	0	0	0	0	0	0	0	1	1	1	0	0	0	1	1	1	0	0	0	0	0	0	0	0	0	0	0
山东	0	1	1	0	0	0	0	0	0	1	0	1	0	0	0	1	0	0	0	0	0	0	0	0	0	0	0	0	0	0
河南	0	0	1	1	0	0	0	0	0	0	0	1	0	0	1	0	1	0	0	0	0	0	0	0	0	1	0	0	0	0
湖北	0	0	0	0	0	0	0	0	0	0	0	1	0	1	0	1	0	1	0	0	0	1	0	0	0	1	0	0	0	0
湖南	0	0	0	0	0	0	0	0	0	0	0	0	0	1	0	0	1	0	1	1	0	1	0	1	0	0	0	0	0	0
广东	0	0	0	0	0	0	0	0	0	0	0	0	1	1	0	0	0	1	0	1	1	0	0	0	0	0	0	0	0	0
广西	0	0	0	0	0	0	0	0	0	0	0	0	0	0	0	0	0	1	1	0	0	0	0	1	1	0	0	0	0	0
海南	0	0	0	0	0	0	0	0	0	0	0	0	0	0	0	0	0	0	1	0	0	0	0	0	0	0	0	0	0	0
重庆	0	0	0	0	0	0	0	0	0	0	0	0	0	0	0	0	1	1	0	0	0	0	1	1	0	1	0	0	0	0
四川	0	0	0	0	0	0	0	0	0	0	0	0	0	0	0	0	0	0	0	0	0	1	0	1	1	1	1	1	0	0
贵州	0	0	0	0	0	0	0	0	0	0	0	0	0	0	0	0	0	1	0	1	0	1	1	0	1	0	0	0	0	0
云南	0	0	0	0	0	0	0	0	0	0	0	0	0	0	0	0	0	0	0	1	0	0	1	1	0	0	0	0	0	0

续表

地区	北京	天津	河北	山西	内蒙古	辽宁	吉林	黑龙江	上海	江苏	浙江	安徽	福建	江西	山东	河南	湖北	湖南	广东	广西	海南	重庆	四川	贵州	云南	陕西	甘肃	青海	宁夏	新疆
陕西	0	0	0	1	1	0	0	0	0	0	0	0	0	0	0	1	1	0	0	0	0	1	1	0	0	0	1	0	1	0
甘肃	0	0	0	0	1	0	0	0	0	0	0	0	0	0	0	0	0	0	0	0	0	1	0	0	1	0	1	1	1	1
青海	0	0	0	0	0	0	0	0	0	0	0	0	0	0	0	0	0	0	0	0	0	1	0	0	0	0	1	0	0	1
宁夏	0	0	0	0	1	0	0	0	0	0	0	0	0	0	0	0	0	0	0	0	0	0	0	0	0	1	0	0	0	0
新疆	0	0	0	0	0	0	0	0	0	0	0	0	0	0	0	0	0	0	0	0	0	0	0	0	0	0	1	1	0	0

　　经济距离空间权重矩阵采用王火根和沈利生（2007）的做法，并假设经济实力强的省份对周围的经济影响越大（陈晓平等，2006），经济距离空间权重矩阵用地理空间权重矩阵 w 乘以各个省份 GDP 占全国 GDP 的比重均值为对角线的对角矩阵来表示。具体表示方法为：

$$W = w \times diag(\frac{\bar{y}_1}{\bar{y}}, \frac{\bar{y}_2}{\bar{y}}, \cdots, \frac{\bar{y}_n}{\bar{y}})$$

　　其中，$\bar{y}_i = \frac{1}{t_1 - t_0 + 1} \sum_{t_0}^{t_1} y_{it}$，$\bar{y} = \frac{1}{n(t_1 - t_0 + 1)} \sum_{i=1}^{n} \sum_{t_0}^{t_1} y_{it}$。

在计算出经济距离空间权重矩阵后，利用 Matlab 软件将其标准化，行和等于 1。

二　变量的描述与数据说明

（一）产业结构服务化趋势指标

大多数现有文献都将第二产业比重作为产业结构变动指标，基于产业发展特点，本章将第三产业增加值与第二产业增加值之比作为产业结构服务化趋势的指标，而这一指标在干春晖、郑若谷和余典范（2011）的研究中被称为产业结构高级化。第二、第三产业增加值来源于中经网统计数据库，时间为 1998—2010 年。

（二）要素禀赋

根据林毅夫等人的观点，一国产出结构受制于该国要素禀赋的特征，宏观上讲，生产要素包括劳动力、资本、自然资源等。也有学者将采掘业从业人员占行业总从业人员比重作为自然资源的代理指标，但该指标具有一定的缺陷，因为经济越发达地区，采掘业比重越低，但并不意味着该地区的自然资源稀缺。本章受限于数据的可得性，参照林毅夫和姜烨（2006）的做法，将人均资本存量作为衡量要素禀赋的指标①，1998—2008 年，我国各省份资本存量数据来源于孙辉、支大林和李宏瑾（2010）②，2009—2010 年数据依据自回归方法补齐。

（三）技术采纳

林毅夫（2002）首次提出技术采纳衡量指标概念，他使用技术选择指数（TCI），计算公式为：$TCI = \dfrac{K_{mj}/L_{mj}}{K_j/L_j}$，亦即第 j 个国家的技术选择指数等于该国制造业的资本劳动之比，除以该国国民经济整体资本劳动之比。③ 后续学者在使用技术选择指数时，将此概念拓展为一国内部各地区间的某产业技术选择指数，比如覃成林、李超（2012）在研究城市现代产业 TCI 时，分子用现代产业资本和劳动投入与固定资产投资和现代产业就业人数之比，分母用各城市固定资产投资和总就业人数之比表示。④ 本章在计算 TCI 指数时，使用各地区制造业全社会固定资产投资总额与制造业年末从业人员之比，除以各省份（西藏除外）全社会固定资产投资与年末从业人员之比。

（四）制度变量

制度对产出影响已经有很多研究（刘忠涛，2010），因此，产业结构的变动需要引入制度变量，本章主要考虑市场化指数、实际利用外资额占 GDP 比重和财政支出占 GDP 比重这三个指标。

1. 市场化指数

由于市场化改革程度的高低直接影响着资源在产业间的流动速度，进而改变资源配置效率，能够影响产业结构优化，因此将市场化改革程度作为影响产业结构服务化趋势的制度因素之一。市场化指数 1998—2009 年数据来源于樊纲、王小鲁和朱恒鹏（2011）出版的《中国市场化指数——各地区市场化相对进程 2011 年报告》，2010 年数据依据 2009 年相

---

① 林毅夫、姜烨：《发展战略、经济结构与银行业结构：来自中国的经验》，《管理世界》2006 年第 1 期。

② 孙辉、支大林、李宏瑾：《对中国各省资本存量的估计及典型性事实：1978—2008》，《广东金融学院学报》2010 年第 3 期。

③ 林毅夫：《发展战略、自身能力和经济收敛》，《经济学》（季刊）2002 年第 1 卷第 2 期。

④ 覃成林、李超：《要素禀赋结构、技术选择与中国城市现代产业发展》，《产业经济研究》2012 年第 3 期。

对于 2008 年的变化率推算得到。

2. 实际利用外资额占 GDP 比重

利用外资额是衡量经济体对外开放程度的重要指标，也可作为一国经济的制度变量之一，现有大量文献研究了外资对产业结构优化的影响（傅强、周克红，2005）。实际利用外资额 1998—2004 年数据来源于中经网统计数据库，2005—2010 年数据由中国资讯行—高校财经数据库相关资料整理得到。

3. 财政支出占 GDP 比重

财政支出占 GDP 比重反映一国政府参与经济的干预程度，该指标在一定程度体现了经济体的制度特征，因此纳入本章制度变量，来考察财政支出比重对产业结构变动的影响。财政支出 1998—2008 年数据来源于《新中国六十年统计资料汇编》，2009—2010 年数据来源于《中国统计年鉴》。

（五）生产技术进步

本章采用基于投入导向的 TFP 用 Malmquist 生产率指数代替的原理（Fare et al. , 1994），将 TFP 分解为技术进步和技术效率变化。其中，技术效率又可以进一步分解成纯技术效率和规模效率变化。分解表达式为：

$$TFPCH = TECH(x_i^t, y^t, x_i^{t+1}, y^{t+1}) \times PECH(x_i^t, y^t, x_i^{t+1}, y^{t+1}) \times SECH(x_i^t, y^t, x_i^{t+1}, y^{t+1})$$

其中，x_i（$i = 1, 2$）表示劳动力和资本的投入，y 表示产出，上标 t 和 $t+1$ 分别表示从上期到当期时间点的变量。$TFPCH$、$TECH$、$PECH$ 和 $SECH$ 分别表示全要素生产率、生产技术进步率、纯技术进步率和规模效率。

（六）控制变量

1. 居民消费占 GDP 比重

需求对产业结构变动的影响在很多文献得到体现，扩大内需是促进产业结构升级的重要手段，所以，本章将居民消费占 GDP 比重作为影响产业结构变动的解释变量。居民消费数据来源于中经网统计数据库。

2. 固定资产投资占 GDP 比重

目前我国属于投资需求拉动型经济格局，因此，考察投资需求对产业结构变动的影响具有很现实意义，经济转型意味着从高投入、高消耗的粗放型向集约型经济的转换，所以，固定资产投资占 GDP 比重对于结构调整具有重要影响，将其作为控制变量之一。全社会固定资产投资数据来源于中经网统计数据库。

3. 人力资本

人力资本对各产业的产出具有重要作用，因此，对产业结构也同样存在不可忽视的影响。受限于数据的可得性，本书借鉴沈坤荣和耿强（2001）的做法，将各省份每万人高中、专科和本科的在校生数量作为衡量人力资本的指标。数据来源于中经网统计数据库，时间区间为1998—2010年。各变量描述性统计见表4-2。

表4-2　　　　　　　　　　变量的描述性统计

符号	含义	样本量	均值	最大值	最小值	标准差
structure	第三产业与第二产业增加值之比	390	0.9473	3.2145	0.4996	0.3780
ln(k/l)	人均资本的对数	390	0.3820	2.4927	-1.3235	0.7660
ln(tci)	技术选择指数的对数	390	1.1882	2.9184	-1.1953	0.9170
ln(innovation)	技术进步率的对数	390	0.0082	0.1363	-0.1031	0.0483
consume	居民消费占 GDP 比重	390	0.3918	0.7590	0.2299	0.0804
Invest	固定资产投资占 GDP 比重	390	0.4848	2.3387	0.0283	0.3094
ln(education)	每万人在校高中、本专科人数对数	390	5.4519	6.2869	3.9340	0.4973
ln(marketization)	市场化指数的对数	390	1.7236	2.4882	0.3988	0.3650
fdi	实际利用外资占 GDP 比重	390	0.0034	0.0162	0.0001	0.0031
cz	财政支出占 GDP 比重	390	0.1597	0.5505	0.0478	0.0683

表4-3基于Malmquist生产率指数及4个分解变量，采用DEAP2.1软件对我国30个省份1998—2010年投入产出（劳动力、资本存量和地区生产总值）数据进行计算得到，劳动力指标用年末从业人员数代表，数据来源于中经网统计数据库；资本存量数据来源于孙辉、支大林和李宏瑾（2010）《对中国各省资本存量的估计及典型性事实：1978—2008》一文，2009年和2010年数据根据1998—2008年数据进行自回归补齐；地区生产总值数据来源于中经网统计数据库。从分解结果来看，样本期内各省份年均全要素生产率基本都大于1（云南省除外），从分解变量来看，全要素生产率主要是由于技术进步引起的（年均生产技术进步都大于1）。

表4-3　30个省份总的全要素生产率和生产的技术进步分解结果（1998—2010）

地区	技术效率	技术进步	纯技术效率	规模效率	全要素生产率
北京	0.982	1.030	0.973	1.010	1.012
天津	1.021	1.049	1.009	1.012	1.071
河北	0.991	1.016	0.990	1.000	1.006
山西	1.015	1.020	1.010	1.005	1.036
内蒙古	1.044	1.033	1.026	1.017	1.078
辽宁	0.998	1.044	0.997	1.001	1.042
吉林	1.010	1.039	1.001	1.009	1.049
黑龙江	0.979	1.034	0.981	0.998	1.012
上海	0.994	1.050	1.000	0.994	1.044
江苏	1.004	1.044	1.011	0.993	1.048
浙江	0.978	1.042	0.978	1.000	1.019
安徽	1.027	1.007	1.019	1.007	1.034
福建	0.991	1.034	0.989	1.001	1.024
江西	1.025	1.005	1.015	1.010	1.031
山东	1.000	1.023	1.000	1.000	1.023
河南	1.000	1.005	0.998	1.002	1.005
湖北	1.021	1.016	1.018	1.003	1.038
湖南	1.009	1.007	1.003	1.006	1.017
广东	1.005	1.047	1.000	1.005	1.053
广西	1.002	1.007	0.994	1.008	1.009
海南	1.046	1.036	1.003	1.043	1.084
重庆	1.003	1.005	0.994	1.009	1.008
四川	1.022	1.006	1.018	1.005	1.029
贵州	1.004	1.007	0.995	1.009	1.011
云南	0.984	1.007	0.983	1.001	0.991
陕西	1.038	1.004	1.028	1.009	1.042
甘肃	0.994	1.006	0.987	1.007	1.000
青海	1.050	1.034	1.000	1.050	1.085
宁夏	1.018	1.034	0.992	1.027	1.053
新疆	1.025	1.046	1.012	1.013	1.071
均值	1.009	1.025	1.001	1.008	1.034

注：各省份样本期内的平均值利用几何平均值方法计算得到的。

第三节　要素禀赋、技术采纳与产业结构变迁的实证研究

一　空间自相关检验

空间面板统计分析中检验各地区变量是否存在空间自相关的最常用方法是莫兰指数（Moran I），定义为：

$$MoranI = \frac{n\sum_{i=1}^{n}\sum_{j=1}^{n}\omega_{ij}(x_i - \bar{x})(x_j - \bar{x})}{\sum_{i=1}^{n}\sum_{j=1}^{n}\omega_{ij}\sum_{i=1}^{n}(x_i - \bar{x})^2} = \frac{\sum_{i=1}^{n}\sum_{j=1}^{n}\omega_{ij}(x_i - \bar{x})(x_j - \bar{x})}{S^2\sum_{i=1}^{n}\sum_{j=1}^{n}\omega_{ij}}$$

$$(4-20)$$

在式（4-20）中，$S^2 = \frac{1}{n}\sum_{i=1}^{n}(x_i - \bar{x})^2$，$\bar{x} = \frac{1}{n}\sum_{i=1}^{n}x_i$，$x_i$ 代表第 i 个省份的观测值，n 表示截面样本量（空间单元数），ω_{ij} 是空间权重矩阵。$MoranI \in [-1, 1]$，当 $MoranI \in (0, 1]$ 时，意味着存在空间的正相关；当 $MoranI \in [-1, 0)$ 时，存在空间负相关；当 $MoranI = 0$ 时，表明无空间相关性。

为保证实证模型建立的有效性和便于比较，本章分别建立非空间静态面板模型、空间静态面板模型和动态空间面板模型三种形式的计量方程，经过 Hausman 检验，这三类模型均支持固定效应模型。事实上，按中国各省份划分的区域产业结构变动计量模型，显然，采取固定效应模型更好。传统静态面板模型的估计结果为：

$structure = -0.6822 + 0.1308\ln(kl) - 0.1848\ln(tci) - 1.0646\ln(innovation) +$
$\qquad (-1.7941) \qquad (2.2004) \qquad (-6.6880) \qquad (-2.6740)$

$1.9351consume - 0.1650invest + 0.1273\ln(education) + 0.0870\ln(marketization) +$
$\qquad (5.4520) \qquad (-2.2656) \qquad (1.8206) \qquad (1.0536)$

$14.6287fdi + 1.4865cz$
$(1.9327) \quad (3.7349)$

其中，$\bar{R}^2 = 0.3006$（拟合程度较低），括号内为相应变量的 t 统计量，由表4-4可以看出，变量之间存在一定的相关性。因此，我们以下建立产

业结构变动的空间面板模型，以剔除变量之间存在的空间相关性。

空间面板模型分为静态空间面板模型和动态空间面板模型，前者仅考察连续时间区间外生自变量对因变量影响，后者则进一步将因变量的滞后项（一阶或多阶）纳入空间面板模型中，以保证模型拟合的准确性。因此，本章借鉴埃尔霍斯特（2005）方法，使用二阶最大似然法进行估计。[①]

表 4 – 4　要素禀赋、技术采纳和产业结构变动的 Moran I 指数

年份	要素禀赋	技术采纳	产业结构变动
1998	0.3493	0.1155	– 0.0080
1999	0.3494	0.0171	– 0.0086
2000	0.3454	0.0983	0.0083
2001	0.3440	0.1640	0.0288
2002	0.3422	0.1449	0.0306
2003	0.3471	0.0882	0.0190
2004	0.3496	0.0662	0.0059
2005	0.3598	0.0621	0.0178
2006	0.3644	0.0751	0.0100
2007	0.3681	0.1213	0.0199
2008	0.3866	0.1175	0.0132
2009	0.3801	0.1131	0.0387
2010	0.3820	0.1103	0.0566

注：Moran I 指数的计算是依据式（4 – 20），由 Matlab 程序计算得出。

根据变量选择和数据描述情况，本章最终建立的区域要素禀赋、技术采纳与产业结构关系的动态空间面板模型表达式为：

$$structure = \alpha structure_{i,t-1} + \gamma_1 \ln kl_{it} + \gamma_2 \ln tci_{it} + \gamma_3 \ln innovation_{it} + \gamma_4 consume_{it} + \gamma_5 invest_{it} + \gamma_6 \ln education_{it} + \gamma_7 \ln marketization_{it} + \gamma_8 fdi_{it} + \gamma_9 cz_{it} + \varphi_{it} + \theta_{it}$$

其中，$\varphi_{it} = \tau W \varphi_t + \theta_t$，$\alpha$、$\gamma_1$、$\gamma_2$、$\gamma_3$、$\gamma_4$、$\gamma_5$、$\gamma_6$、$\gamma_7$、$\gamma_8$、$\gamma_9$ 是模型的相应参数，φ_{it} 与 θ_{it} 是随机扰动项，$\theta_{it} \sim (0, \sigma^2)$，$\tau$ 和 W 分别表示

① Elhorst, J. P., 2005, "Unconditional Maximum Like lihood Estimation of Linear and Log – Linear Dynamic Models for Spatial Panels", *Geographical Analysis*, 37 (1), pp. 85 – 106.

空间相关系数和空间权重矩阵。

从表 4 - 4 的 Moran I 指数计算结果可以看出，我国各省份要素禀赋（人均资本存量）之间存在高度的空间正自相关，而且在近年来（2005—2010）呈现递增趋势，在一定程度上表明，随着经济交往的日益密切，各省份要素禀赋表现出较高的空间相关性；技术采纳指标表现出与要素禀赋类似的特征；产业结构变动的 Moran I 指数除在 1998—1999 年为负以外，2000—2010 年均表现为正空间自相关，且在最近两年相关性程度得以提高，说明我国各省份产业结构的服务化趋势联系较为紧密。

依据安塞林等（2004）的判别标准，检验结果见表 4 - 5，检验表明应该选择空间误差模型（SEM）对要素禀赋、技术采纳和产业结构变迁的关系进行分析。经过 Hausman 检验，结果见表 4 - 6，由于 Hausman 检验 P 值均大于 0.05，所以拒绝随机效应，模型均支持固定效应模型。事实上，按中国各省份划分的产业结构变迁的计量模型，采取固定效应模型更好。

表 4 - 5　空间面板 SAR 与 SEM 模型形式选择（经济距离空间权重矩阵）

检验形式	统计量	P 值
LM test no spatial lag	0.8417	0.3589
Robust LM test no spatial lag	2.9357	0.0866
LM test no spatial error	2.4494	0.1176
Robust LM test no spatial error	4.5434	0.0330

表 4 - 6　空间面板 SEM 模型固定效应与随机效应的 Hausman 检验结果

检验类型	检验值	P 值
0—1 地理空间权重矩阵	$-11.746 + 1.4988e - 029i$	0.3024
经济距离空间权重矩阵	-11.154	0.3456

二　静态和动态空间面板模型估计结果

产业结构变动的静态空间误差固定效应模型的估计结果见表 4 - 7。从表 4 - 7 的估计结果可以得出如下结论。

第一，从 $\bar{R}^2$、loglikelihood 等统计指标看，三种固定效应模型的拟合程

表4-7　静态空间误差固定效应模型回归结果（0—1地理空间权重矩阵）

固定效应类型	地区固定效应（1）			时间固定效应（2）			双向固定效应（3）		
变量	系数	T值	P值	系数	T值	P值	系数	T值	P值
ln（k/l）	-0.1554	-2.7935	0.0052	0.1332	2.4591	0.0139	-0.4911	-6.9483	0.0000
ln（tci）	-0.0362	-1.6316	0.1028	-0.3063	-8.6367	0.0000	-0.0534	-2.2753	0.0229
ln（innovation）	-0.6866	-2.8617	0.0042	-1.4065	-2.1086	0.0350	0.1379	0.3572	0.7210
consume	0.2301	0.8594	0.3901	1.9728	6.8041	0.0000	-0.2019	-0.8145	0.4154
invest	-0.0072	-0.1073	0.9146	-0.1688	-2.3721	0.0177	0.0853	1.2883	0.1976
ln（education）	-0.1083	-2.0675	0.0387	-0.0529	-0.7784	0.4363	-0.3864	-6.1855	0.0000
ln（marketiz ation）	0.3111	4.6306	0.0000	-0.2373	-2.6702	0.0076	0.0212	0.2906	0.7713
fdi	-15.8702	-3.3677	0.0008	38.7979	5.6691	0.0000	-0.1423	-0.0314	0.9750
cz	0.1959	0.6729	0.5010	0.5831	1.4674	0.1423	-1.2784	-4.2231	0.0000
spat. aut.	0.4100	7.3164	0.0000	-0.6420	-9.3358	0.0000	0.1330	1.9872	0.0469
loglikelihood	273.79594			-64.7433			324.5634		
$\overline{R}^2$	0.2981			0.3139			0.3561		

度均较低；从三种模型的解释变量估计系数来看，时间固定效应模型系数基本上能通过显著性检验（明显优于其他两种类型的结果），所以，我们选择时间固定效应模型结果进行分析和解释。在地区固定效应估计（1）中，考虑了地区间的影响，但忽略了客观存在的时间差异的影响，势必会导致估计结果出现一定程度的误差；值得关注的是，在双向固定效应模型的估计（3）中，由于同时将产业结构服务化趋势的地区和时间差异纳入考虑范畴，解决了因时空差异导致的估计偏误，原则上是应当更准确地刻画我国不同省份的产业结构服务化趋势变动特征的，但遗憾的是，多数估计结果的系数并未通过显著性检验。

第二，从三种固定效应的估计结果看，地区固定效应和双向固定效应的空间相关系数都为正，而且均通过5%的显著性检验，很大程度上反映出我国各省份的产业结构服务化趋势存在非常明显的空间正相关效应，某个省份的产业结构服务化趋势受到与其拥有相类似省份的影响。在时间固定效应的估计结果中，以0—1地理空间权重矩阵计算的空间相关系数为-0.6420，说明地理位置对产业结构服务化趋势和省际空间相关性具有非常明显的影响。从时间固定效应的解释变量系数的估计结果看，要素禀赋

（人均资本）系数在 5% 的显著性水平上显著为正，表明要素禀赋的提高（资本深化）加快了产业结构的服务化趋势：人均资本存量提高 1%，使服务化趋势上升 0.1332%；技术采纳系数在 1% 的显著性水平上为负，意味着我国各省份发展战略（技术选择与本地区比较优势的匹配程度）阻碍了产业结构的服务化趋势；生产技术进步、投资需求、人力资本和市场化改革均对产业结构服务化趋势具有一定的负面影响，关于技术进步阻碍服务化趋势的原因可能在于技术进步主要体现在第二产业，而第三产业的技术进步速度与第三产业比重提高呈负相关关系，这意味着，服务业比重的提高并未与服务业生产效率的改善同步，资源配置由于政府人力盲目提高服务业比重出现了一定程度的无效率；投资需求、人力资本与市场化改革的加强与产业结构服务化趋势呈负相关的原因可能在于：对第三产业投资不足，人力资本培育主要集中于第二产业，第三产业劳动生产率偏低（可能是人力资本不足），市场化改革尚未持续有效提高第三产业的劳动生产率，进而服务业没能由市场机制引导下吸引资源流入，同样表明目前我国服务业比重的提升与生产率的提高没能实现协同发展；而消费需求、外商直接投资实际利用外资额占 GDP 比重和财政支出占 GDP 比重都促进了产业结构服务化趋势，这意味着，以扩大内需特别是提高以消费需求为主，引进外资和政府需求能够提高我国产业结构的服务化程度。

　　另外，由于静态空间面板模型忽略影响产业结构服务化趋势的其他因素（如文化、环境等）对产业结构服务化趋势影响，而很可能这些影响非常重要，为能够在一定程度上解决这一问题，我们使用我国产业结构服务化趋势的滞后一阶变量代表这些其他影响因素，将空间相关性一并考虑在内，建立一个基于经济距离空间权重矩阵的动态空间面板模型进一步考察我国产业结构服务化趋势的变动特征。赫普尔（Hepple，1978）首次提出了空间动态面板模型，但是并没给出具体的估计结果，随后 Alok Bhargava 和 J. D. Sargan（1983）、Nerlove 和 Balestra（1996，1999，2000）分别对空间动态面板模型进行了 BS 估计和 NB 估计，并获得了该类模型的具体估计结果。本章拟分别针对服务业扩张的动态空间面板数据模型，采用 BS 估计和 NB 估计逼近估计方法进行估计，以此更深入探讨服务业扩张模式的影响因素，具体估计结果如表 4 - 8 所示。

表 4 - 8　动态空间误差面板固定效应模型估计结果（经济距离空间权重矩阵）

估计方法	BS 逼近估计法			NB 逼近估计法		
变量	系数	T 值	P 值	系数	T 值	P 值
structure（-1）	-0.0357	-0.0390	0.9689	0.9969 ***	10.2335	0.0000
ln（k/l）	0.2120	0.9381	0.3482	-0.2700 **	-2.1967	0.0280
ln（tci）	0.0327	0.1257	0.8999	0.2800 **	2.3904	0.0168
ln（innovation）	-0.0089	-0.0816	0.9350	0.3909 ***	28.3290	0.0000
consume	0.1819	0.0954	0.9240	0.2500	0.4714	0.6373
invest	-0.4260	-0.5501	0.5823	0.2300	0.5741	0.5659
ln（education）	-0.0415	-0.1650	0.8689	0.2600 **	2.4741	0.0133
ln（marketization）	0.1049	0.5258	0.5990	0.2100 *	1.9324	0.0533
fdi	-0.0746	-0.2722	0.7855	0.2200 *	1.8072	0.0706
cz	-1.0064	-0.0697	0.9444	0.2900	0.0388	0.9691
del	-0.0077	-0.0419	0.9666	——	——	——
spat. aut.	0.1590	0.9226	0.3562	0.3000	0.6497	0.5158
Sigma2	9.8302	——	——	0.0290		
logL	101.9667			-62.4173		

注：***、**、* 分别表示相应系数在 1%、5% 和 10% 的显著性水平上显著，／表示无内容。BS 估计和 NB 估计是动态空间面板的两种近似的逼近方法，详细的说明参见埃尔霍斯特（2005，2010）。表 4 - 8 的 BS 估计和 NB 估计的 Matlab 程序是借鉴埃尔霍斯特 2004 年 9 月编写的程序，我们对其程序中存在的部分问题进行了仔细校对和修改。

从表 4 - 8 动态空间面板估计系数结果看，在加入产业结构服务化趋势一阶滞后变量动态空间计量模型中，BS 逼近估计法和 NB 逼近估计法的显著性水平区别较大，NB 逼近估计法较好地刻画了产业结构服务化水平呈现出连续性的动态变化规律。所以，静态模型考察产业结构服务化趋势可能并不能有效地揭示现实经济运行特征，特别值得指出，在加入动态因素以后，表 4 - 8 的 NB 逼近估计方法的空间相关系数的符号发生了变化（由表 4 - 7 的时间固定效应估计出的负的空间相关系数变为正的空间相关系数），进一步纠正了静态空间面板估计的缺陷，更显示了建立动态空间面板计量模型的必要性。从表 4 - 8 的 NB 逼近估计方法估计结果看，我国各省份产业结构服务化趋势存在显著的空间动态特征。要素禀赋系数仍然为负（非常显著），表明人均资本越丰富的省份，服务业数量上的平推化扩张并不突出，而更多地体现在效率提高上，亦即更加重视立体化扩张模式；各省份技术采纳策略的系数变为正数，表明我国各地区政府发展战略促进了本地区服务业平推化扩张，社会总体创新水平的提高与服务业扩张模式呈现显著的正相关关系，而相关学者的研究认为，服务业效率显著低于制造业效率，因此这表明服务业虽然在扩张，但属于低效率的平推化扩张模式，以提高服务业效率为基础的立体化扩张在我国表现得不够突出。消费占 GDP 比重、投资和财政支出占比对产业结构服务化趋势的影响虽然为正，但表现得并不显著，这表明服务业效率的提高需要建立在自主创新的基础上，着力扩大服务业消费性支出，加强政府支持政策对服务业效率提高的落实。

第四节　本章小结

大力发展服务业是在经济下行压力加大背景下调整产业结构的突破口，与增加消费、扩大内需要求相比，我国服务业比重偏低、劳动生产率滞后引起了国家对通过发展现代服务业调整产业结构的高度重视。有效提高服务业比重和发展质量、促进服务业健康发展，事关产业结构调整经济潜能的释放。本章首先将要素禀赋、技术采纳纳入最优产业结构理论模型，分析了一个经济体最优服务业比重与要素禀赋、技术采纳直接相关，且服务业最优比重随着人均资本提高而单调下降的结论，亦即服务业立体化扩张的内在特征，并对服务业比重提高与效率改进做了对比，发现我国服务业比重提升与效率改进存在不匹配问题，进而论证了"服务业立体化扩张模式优于平推化扩张模式"的重要命题；随后通过建立 0—1 地理空间权重矩阵和经济距离空间权重矩阵来表示我国各省份的经济相关性，采用静态和动态空间面板计量方法实证研究了 1998—2010 年我国各地区要素禀赋、技术采纳与服务业扩张的关系。

研究结论表明，我国各地区要素禀赋、技术采纳与服务业扩张均存在显著空间正相关性，各地区产业结构服务业平推化扩张模式不是无规律的随机分布，而依赖与其具有相似地理特征地区的要素禀赋和技术采纳战略，并且产业结构服务化趋势是一个动态连续过程。要素禀赋越高的地区，服务业立体化扩张模式越加显著，各地区的技术采纳策略促进了服务业的平推化扩张；技术进步对服务业数量扩张的正向效应并不显著，消费占 GDP 比重、投资和财政支出占比对产业结构服务化趋势影响虽然为正，但均不显著；实际利用外资额的提高促进了产业结构服务化趋势。中国服务业立体化发展模式滞后，从经济结构优化角度看，服务业的立体化扩张模式显著优于平推化模式。

根据上述实证研究结论，我们提出产业结构调整过程中服务业发展扩张模式选择的若干针对性政策建议：

第一，着力推行服务业立体化扩张模式，即不能盲目追求服务业比重的持续扩大，而应将服务业比重的提高同步与服务业效率的改善同步，加强市场机制在产业间的资源合理优化配置作用的发挥，促进生产要素自由流动，进一步推进和完善劳动力与资本市场的运行机制。放宽投资限制，进一步打破行业垄断，放宽市场准入，针对投资不足的问题，鼓励和引导各类资本投向服务业，促进服务业市场竞争，建立健全服务业创新体系、标准体系和统计体系。

第二，在产业结构调整过程中，积极营造有利于服务业发展的政策和体制环境，把加强制造业与服务业的分工合作作为提高经济整体竞争力的重要方面，大力发展现代服务业，提高服务业经营管理水平和经营效益，着重将精力放在创造服务需求上，包括产业的聚集和人口的集居。

第三，着力于提升要素禀赋，加大职业培训的财政支持和高端服务紧缺人才引进培养力度，推进高端服务人才的交流合作，引导高等院校、社会培训机构发展不同层次和类型的高端服务教育，有效地促进我国服务业劳动生产率的提高。

第四，扩大服务业对外开放，提高利用外资的质量和水平，有效地促进服务进出口贸易和国内服务业协调发展。

第五章 资源环境约束下中国最优产业结构：形成机理与定量测算

针对目前绝大部分文献关于最优产业结构理论标准模糊，且难以用于实证等问题，本章通过对生产者的利润最大化目标和要素供给者的跨期效用最大化目标进行联合求解，推导出了一个产业层面的最优名义产出增长率方程。最优名义产出增长率模型成功量化了我国最优产业结构与实际产业结构的偏差，为最优产业结构的理论与实证领域提供了一个全新的研究视角。

第一节 最优产业结构理论模型推导

一 产业和产业结构含义界定

在经济研究中，出于不同的研究目的，可以从不同角度对产业进行划分。比如，可以从产品形态角度将产业划分为第一产业、第二产业和第三产业（这种划分方法被我们称作三分法），也可以从技术特点角度将产业划分为传统产业和新型产业，还可以根据生产要素的密集使用程度将产业划分为资本密集型产业和劳动密集型产业，凡此种种。上述任何一种划分方式都被我们称作一种产业观。如果要将这些概念性的产业观落实到量化层面，则需要对各产业的生产函数进行界定。因为不同产业得以被区分的理论基础就是它们的生产函数不同。生产函数的相异性可以用生产函数中不同参数（每个参数代表着生产函数的一个特征）的相异性来代表，因而，每一种参数相异性的选取方式都体现着一种产业观。以下要研究的是：同三分法产业观相对应的生产函数的参数相异性的选取方式，或者说，以生产函数的哪些参数的相异性作为划分不同产业的标准。

假设所有产业的生产函数都服从 C—D 形式，即 $Y_i = (A_i L_i)^{\alpha_i} K_i^{1-\alpha_i}$，

其中，Y_i、A_i、L_i 和 K_i 分别表示产业 i 的实际产出、技术进步、劳动力使用量和资本使用量，α_i 表示产业 i 在生产过程中对劳动的密集使用程度（亦称为劳动产出弹性），$1-\alpha_i$ 表示产业 i 在生产过程中对资本的密集使用程度（亦称为资本产出弹性）。

基于 C—D 生产函数，我们主张按照 α 和 A 的相异性[①]来区分第一产业、第二产业和第三产业。我们因此认为是基于以下两个原因：

其一，基于常识可知，第一产业、第二产业和第三产业对劳动和资本的密集使用程度不同；

其二，因为第一产业、第二产业和第三产业各自所使用的劳动和资本的价格都不相同[②]，同时，它们各自的外开放程度和产品属性不相同（导致了它们各自在国内市场中的价格影响力不同）。另外，它们各自的产出品的实际价格也不相同，所以，第一产业、第二产业和第三产业技术进步贡献度应该不同［见后文式（5－14）］。

关于产业结构，我们做出以下界定：基于 α 和 A 的相异性而划分的第一产业、第二产业和第三产业的产出比重结构。需要说明的是，本章的实证研究所采用的数据是基于我国政府所划分的第一产业、第二产业和第三产业的相关数据。这里面就隐含了一个假定：我国政府对第一产业、第二产业和第三产业的划分标准同我们所主张的这三个产业的划分标准高度一致。

在界定了产业和产业结构含义以后，需要对最优产业结构含义进行界定。因为产业结构的最优性是一个相对概念，也就是说，任何所谓的最优产业结构都是同某一组优化目标相对应的产业结构。如果不事先确定需要实现的最优目标，任何人都无法求解出具有唯一性的所谓的最优产业结构。

二　最优产业结构含义界定

根据本章研究思路和经济学基础理论可知，所谓最优产业结构就是能够同时实现以下目标的产业结构：

（1）各个产业在生产过程中都对生产要素进行了充分有效的配置；

---

①　实际上，我们还可以用 α 的相异程度作为区分劳动密集型产业和资本密集型产业的划分标准，用 A 的相异程度作为区分传统产业和新型产业的划分标准。

②　因为劳动和资本在不同产业的边际生产力不同，同时，它们在不同产业中产生收益的不确定程度（即风险程度）也不相同。

（2）各个产业对生产要素的需求和使用量都达到了利润最大化目标所要求的最大限度（唯其如此，就业也才会实现最大化）；

（3）各个产业所选择的产量都能实现自身利润的最大化；

（4）代表性行为人按照跨期（两期）效用最大化原则来安排每一种产品的消费和投资（意味着社会不存在过度消费，也不存在过度投资）；

（5）每一个产业的产出在被消费和用于再生产之后没有剩余（也就是说，微观单元的储蓄总额正好同全社会的投资需求完全匹配）。

在对最优产业结构含义进行界定之后，就可以开始研究并提出一个关于各产业最优产出决定机制的理论模型。继而，将基于各产业最优产出计算我国的最优产业结构。

（一）关于研究路径的概括性说明

每个产业都被视为一个独立决策单元，都按照 C—D 生产函数形式组织生产，所使用的生产要素都被划分为资本和劳动两类，都基于利润最大化原则对生产要素进行最优需求和配置。基于每个产业对生产要素的最优需求和配置行为，我们能够推导出各产业生产要素投入价值与产品销售收入之间的函数关系（不妨称为生产者的收入方程）。在各类生产要素投入中，资本投入数量取决于代表性行为人[①]的投资意愿；代表性行为人所乐于供给的投资数量完全取决于其自身跨期（当期和未来两期）效用最大化动机，至于劳动力的投入数量，则始终能够保持与资本之间的最优比例（这里隐含了一个假设：劳动力总是比资本更丰富）。将代表性行为人关于最优资本供给数量的决定机制融入生产者的收入方程，便可得到一个同时考虑了生产者利润最大化动机和投资者效用最大化动机的名义产出方程（我们称为最优名义产出方程）。

（二）生产者的收入方程推导

假设各个产业的生产过程都满足上述目标中的（1）和（2）。记产业 i 在时点 $t-1$ 投入的劳动力数量和资本数量分别为 $L_{i,t}$ 和 $K_{i,t}$，时点 $t-1$ 至 t 期间的创新为 $A_{i,t}$，时点 t 的产出为 $Y_{i,t}$，则有：

$$Y_{i,t} = (A_{i,t}L_{i,t})^{\alpha_i} K_{i,t}^{1-\alpha_i} \tag{5-1}$$

---

① 代表性行为人所代表的是我国各产业产品所有消费者和生产要素供给者的选择行为特征，自然也包括国外消费者和国外要素供给者。亦即我们以下要探讨的理论模型已将出口和国外要素供给纳入考虑。

根据目标（1），则有：

$$MP_{L_{i,t}}/MP_{K_{i,t}} = P_{L_{i,t}}/P_{K_{i,t}} \tag{5-2}$$

其中，$MP_{L_{i,t}}$、$MP_{K_{i,t}}$、$P_{L_{i,t}}$ 和 $P_{K_{i,t}}$ 分别表示劳动力的边际产出、资本的边际产出、劳动力的价格和资本的价格。

由式（5-2）和式（5-1）可得：

$$\frac{\alpha_i}{1-\alpha_i}\frac{K_{i,t}}{L_{i,t}} = \frac{P_{L_{i,t}}}{P_{K_{i,t}}} \tag{5-3}$$

假定产业 i 在时点 t 的销售收入为：

$$R_{i,t} = Y_{i,t}P_{Y_{i,t}} \tag{5-4}$$

其中，$R_{i,t}$、$Y_{i,t}$ 和 $P_{Y_{i,t}}$ 分别表示产业 i 在时点 t 的销售收入、产出和产品价格。

基于式（5-4）和目标（3），可得以下边际收益表达式：

其中，$MR_{i,t} = P_{Y_{i,t}} + Y_{i,t}P'_{Y_{i,t}} = P'_{Y_{i,t}}\left(1 + P'_{Y_{i,t}}\frac{Y_{i,t}}{P_{Y_{i,t}}}\right) = (1-N_{i,t})P_{Y_{i,t}} \tag{5-5}$

$MR_{i,t}$ 和 $N_{i,t}$ 分别表示产业 i 在时点 t 的边际收益和勒纳指数（Lerner Index），其中，$N_{i,t} = -P'_{Y_{i,t}}\frac{Y_{i,t}}{P_{Y_{i,t}}}$。勒纳指数是价格弹性绝对值的倒数，其取值范围应介于0—1之间。一个企业的勒纳指数反映该企业的价格影响能力（或垄断能力）。但我们这里的勒纳指数是国内产业的勒纳指数，该指数大小的决定因素主要有两个：其一，该产业所提供的产品的属性（一般而言，奢侈品价格弹性较大，勒纳指数较小，必需品则与之相反）。其二，国外厂商的供给在该产业国内总供给中所占比重，该比重越大，意味着国内产业对国内市场的价格影响能力越弱，从而国内产业的勒纳指数也越小；反之亦然。

产业 i 为了实现产出 $Y_{i,t}$，需要在时点 $t-1$ 投入 $L_{i,t}$ 和 $K_{i,t}$。需要指出的是，在所投入的 $K_{i,t}$ 中，仅有一部分（不妨将其比重设为 $\delta_{i,t}$）是当期购买的，其余部分为前期余留下来的。假定前期余留资本无须成本投入。这样，在时点 $t-1$ 所投入的要素总价值可以表示如下：

$$CT_{i,t} = L_{i,t}P_{L_{i,t}} + \delta_{i,t}K_{i,t}P_{K_{i,t}} \tag{5-6}$$

分别对生产函数（5-1）和成本函数（5-6）求全微分，得：

$$dY_{i,t} = MP_{L_{i,t}}dL_{i,t} + MP_{K_{i,t}}dK_{i,t} \tag{5-7}$$

$$dCT_{i,t} = P_{L_{i,t}}dL_{i,t} + \delta_{i,t}P_{K_{i,t}}dK_{i,t} \tag{5-8}$$

基于式（5-7）和式（5-8）可得边际成本（$MCT_{i,t}$）函数：

$$MCT_{i,t} = dCT_{i,t}/dE_{t-1}(Y_{i,t}) = (P_{L_{i,t-1}}dL_{i,t} + \delta_{i,t-1}P_{K_{i,t}}dK_{i,t})/$$
$$(MP_{L_{i,t}}dL_{i,t} + MP_{K_{i,t}}dK_{i,t})$$

$$= \frac{P_{K_{i,t}}}{MP_{K_{i,t}}}\left(1 + \frac{\delta_{i,t}-1}{\dfrac{MP_{L_{i,t}}}{MP_{K_{i,t}}}\dfrac{dL_{i,t}}{dK_{i,t}}+1}\right) = \frac{P_{K_{i,t}}}{MP_{K_{i,t}}}\left(1 + \frac{\delta_{i,t}-1}{1+1}\right)$$

$$= \frac{P_{K_{i,t}}}{MP_{K_{i,t}}}\frac{(1+\delta_{i,t})}{2} \qquad\qquad (5-9)$$

根据目标（3），可得：

$$\beta_t MR_{i,t} = MCT_{i,t} \qquad\qquad (5-10)$$

其中，β_t 为资本市场在时点 t 的贴现因子。

根据式（5-10），可得：

$$\frac{P_{K_{i,t}}}{MP_{K_{i,t}}}\frac{(1+\delta_{i,t})}{2} = \beta_t(1-N_{i,t})P_{Y_{i,t}} \qquad\qquad (5-11)$$

对式（5-11）两边取对数并将 $MP_{K_{i,t}}$ 的表达式代入，可得：

$$\ln P_{K_{i,t}} + \ln\left(\frac{1+\delta_{i,t}}{2}\right) - \ln(1-\alpha_i) - \alpha_i\ln A_{i,t} + \alpha_i(\ln K_{i,t} - \ln L_{i,t}) - \ln\beta_t -$$
$$\ln P_{Y_{i,t}} - \ln(1-N_{i,t}) = 0 \qquad\qquad (5-12)$$

对式（5-3）两边取对数并整理，可得：

$$\ln K_{i,t} - \ln L_{i,t} = \ln P_{L_{i,t}} - \ln P_{K_{i,t}} - \ln\alpha_i + \ln(1-\alpha_i) \qquad (5-13)$$

将式（5-13）代入式（5-12）并整理，可得：

$$(1-\alpha_i)\ln P_{K_{i,t}} + \alpha_i\ln P_{L_{i,t}} - \ln P_{Y_{i,t}} - (1-\alpha_i)\ln(1-\alpha_i) - \alpha_i\ln\alpha_i - \ln\beta_t -$$
$$\ln(1-N_{i,t}) + \ln\left(\frac{1+\delta_{i,t}}{2}\right) = \alpha_i\ln A_{i,t} \qquad\qquad (5-14)$$

对式（5-1）两边取对数并整理，可得：

$$\ln Y_{i,t} = \alpha_i\ln A_{i,t} - \alpha_i(\ln K_{i,t} - \ln L_{i,t}) + \ln K_{i,t} \qquad (5-15)$$

将式（5-13）和式（5-14）代入式（5-15）并整理，可得：

$$\ln(Y_{i,t}P_{Y_{i,t}}) = \ln(P_{K_{i,t}}K_{i,t}) - \ln(1-\alpha_i) - \ln\beta_t - \ln(1-N_{i,t}) + \ln\left(\frac{1+\delta_{i,t}}{2}\right)$$
$$(5-16)$$

式（5-16）可变为：

$$Y_{i,t}P_{Y_{i,t}} = (K_{i,t}P_{K_{i,t}})(1+\delta_{i,t})/[2\beta_t(1-\alpha_i)(1-N_{i,t})] \qquad (5-17)$$

式（5-17）是生产者收入方程。该方程表明，当生产者对生产要素

的需求和配置完全符合利润最大化原则时，销售收入是资本投入价值①
$(K_{i,t}P_{K_{i,t}})$的函数。

（三）资本投入价值的确定

基于以下两个原则来求解产业 i 的资本投入价值：

原则Ⅰ：与资本投入价值相对应的资本数量（$K_{i,t}$）应该恰好使产业
i 的利润达到最大；

原则Ⅱ：资本投入价值必须基于代表性行为人跨期效用最大化条件。

原则Ⅰ实际上就是上述目标（2），其数学表达式为：

$$P_{Y_{i,t-1}}MP_{K_{i,t}} = P_{K_{i,t}} \tag{5 - 18}$$

假设产品 i 和产品 j 的跨期总效用分别为：

$$U_i^A(C_i) = \lambda_i U_i(C_{i,t}) + U_i(C_{i,t-1}) \tag{5 - 19}$$

$$U_j^A(C_j) = \lambda_j U_j(C_{j,t}) + U_j(C_{j,t-1}) \tag{5 - 20}$$

其中，$U^A(\cdot)$ 和 λ 分别表示某一产品总效用和主观效用贴现因子。

记 $\sum_{i=1}^{Q} U_i^A(C_i)$ 为所有产品的跨期总效用，则要使该总效用达到最大
[也就是上述原则Ⅱ或目标（4）得到满足]，必有：

$$U_i^{A'}(C_{i,t}) = U_i^{A'}(C_{j,t}), \quad i \neq j \tag{5 - 21}$$

通过对式（5 - 19）和式（5 - 20）求导并代入式（5 - 21），可得：

$$\lambda_i U_i'(C_{i,t}) + U_i'(C_{i,t-1}) = \lambda_j U_j'(C_{j,t}) + U_j'(C_{j,t-1}), \quad i \neq j \tag{5 - 22}$$

---

① 将每个产业的产值分为两个部分：一部分用于消费，另一部分用于购买资本品（文中将这一部分价值称作资本投入价值）。资本投入价值包含购买机器、厂房以及中间品等劳动以外的一切生产要素的支出。也就是说，在我们的模型中，一个产业在生产过程中无论是对本产业产品的消耗，还是对其他产业产品的消耗都被纳入资本之中。我们也考虑到采用货币单位计量中间产品投入并且将中间产品投入归为资本的做法将会使中间产品的产业属性在模型中得不到明确显示。然而，如果不这样做，我们难以找到将中间产品纳入模型的更好方法。如果采用实物数量表达中间产品投入，那么，任何一个产品都可能需要消耗成千上万种中间产品，如何尽数列举这些中间产品就构成了一个难以实现的目标，将成千上万种中间产品的消耗数量（量纲各不相同）抽象归纳成一个可观测、可量化的指标会更加困难。需要特别指出的是，将中间产品货币化并且计入资本的做法并不会妨碍对中间品结构关联效应的刻画。对于每一个产业而言，资本投入价值都存在最优状态。基于生产者的利润最大化动机和代表性行为人的效用最大化动机推导出了每个产业最优资本投入价值的决定方程。当所有产业的产品价格既定时，每个产业的任何一个最优资本投入价值水平自然都对应着唯一一组中间品数量组合。然而，只要任何一个产业的产品价格发生了变化，则每个产业在生产过程中所需要耗费的中间品数量组合都会发生变化，进而，每个产业的产量也会发生变化。这就是我们的模型所隐含的中间品结构关联效应。为保证结果稳健性，还考虑了中间产品投入的简化处理对最优产业结构计算结果的实际影响，研究发现，差误在可接受的范围之内。

假设所有产品都遵循一价定律（任意产品组合的价格都等于该组合内产品价格的组合），必然存在一个能够对所有产品进行定价的随机贴现因子（β）。该贴现因子在时点 t 的值为：

$$\beta_t = \frac{\lambda_i U'(C_{i,t})}{U'(C_{i,t-1})} = \frac{\lambda_j U'(C_{j,t})}{U'(C_{j,t-1})}, \ i \neq j \tag{5-23}$$

根据式（5-23），只要 $U_i'(C_{i,t-1}) = U_j'(C_{j,t-1})$，$i \neq j$，则必有式（5-22）成立。而 $U_i'(C_{i,t-1}) = U_j'(C_{j,t-1})$，$i \neq j$ 表明：无论下一期产出如何，代表性行为人首先追求当期消费方案最优化。只要代表性行为人实现了当期消费计划最优化，在一价定律成立的前提下，他便同时实现了跨期总效用最大化。出于实证需要，我们需要将效用函数具体化。假设产品 i 的效用函数为 $U(C_i) = \dfrac{C_i^{1-\gamma_i}}{1-\gamma_i}$，将该效用函数代入式（5-23）可得：

$$\beta_t = \frac{\lambda_i C_{i,t}^{-\gamma_i}}{C_{i,t-1}^{-\gamma_i}} \tag{5-24}$$

假设代表性行为人基于两期作决策，即 t 时点的产出被全部当作 t 时点的消费品看待，从而有：

$$C_{i,t} = Y_{i,t} \tag{5-25}$$

由式（5-24）和式（5-25）可得：

$$C_{i,t-1} = \left(\frac{\beta_t}{\lambda_i}\right)^{\frac{1}{\gamma_i}} Y_{i,t} \tag{5-26}$$

基于原则Ⅱ，推导出式（5-26）。该式可以被视为代表性行为人最优消费数量（或者最优投资数量）的确定原则。根据该原则，不同的 t 期产出（$Y_{i,t}$）意味着不同的当期消费数量（$C_{i,t-1}$），也就是意味着不同的投资供给数量。以下将结合原则Ⅰ从众多可能的当期消费数量中选择一个符合产业 i 利润最大化目标的当期消费水平（或投资供给水平）。

从原则Ⅰ〔也就是式（5-18）〕开始。式（5-18）可以具体化为以下表达式：

$$(1-\alpha_i) A_{i,t}^{\alpha_i} L_{i,t}^{\alpha_i} K_{i,t}^{-\alpha_i} P_{Y,t-1} = P_{K,t} \tag{5-27}$$

由于假设劳动力比资本更为丰富，随着资本投入的变化，劳动力投入将始终与资本投入保持最优配置比例，亦即无论资本如何变化，式（5-3）始终成立。将式（5-3）代入式（5-27），可得：

$$P_{K,t} = (1-\alpha_i) \alpha_i^{\frac{\alpha_i}{1-\alpha_i}} A_{i,t}^{\frac{\alpha_i}{1-\alpha_i}} P_{L,t}^{\frac{\alpha_i}{\alpha_i-1}} P_{Y,t-1}^{\frac{1}{1-\alpha_i}} \tag{5-28}$$

式（5-28）与资本投入数量无关，表明任何资本投入数量都可能使产业 i 的利润达到最大。也就是说，只要劳动力能够始终保持同资本之间的最优关系［见式（5-3）］，资本边际生产力就一定与资本使用量无关。之所以会出现这样的情况，是因为 C—D 生产函数是规模报酬不变的。

可以从式（5-14）中解出 $A_{i,t}$ 并代入式（5-28），从而消掉式（5-28）中的 $A_{i,t}$，可得：

$$\frac{P_{Y_{i,t}}}{P_{Y_{i,t-1}}} = \frac{1+\delta_{i,t}}{2\beta_t(1-N_{i,t})} \quad\quad (5-29)$$

根据式（5-3）和式（5-6），可以解得：

$$K_{i,t}P_{K_{i,t}} = \frac{1-\alpha_i}{\alpha_i+(1-\alpha_i)\delta_{i,t}}CT_{i,t} \quad\quad (5-30)$$

引入预算约束，则有：

$$\frac{CT_{i,t}}{P_{Y_{i,t-1}}} = Y_{i,t-1} - C_{i,t-1} \quad\quad (5-31)$$

将式（5-31）和式（5-26）代入式（5-30），可得：

$$K_{i,t}P_{K_{i,t}} = \frac{1-\alpha_i}{\alpha_i+(1-\alpha_i)\delta_{i,t}}\left(Y_{i,t-1}P_{Y_{i,t-1}} - \left(\frac{\beta_t}{\lambda_i}\right)^{\frac{1}{\gamma_i}}P_{Y_{i,t-1}}Y_{i,t}\right) \quad (5-32)$$

式（5-32）就是资本投入价值的表达式。

（四）最优名义产出方程的确定

将式（5-32）代入式（5-17）可得：

$$Y_{i,t}P_{Y_{i,t}} = \frac{(1+\delta_{i,t})\left(Y_{i,t-1}P_{Y_{i,t-1}} - \left(\frac{\beta_t}{\lambda_i}\right)^{\frac{1}{\gamma_i}}P_{Y_{i,t-1}}Y_{i,t}\right)}{2\beta_t(1-N_{i,t})[\alpha_i+(1-\alpha_i)\delta_{i,t}]} \quad (5-33)$$

结合式（5-29）和式（5-33）可得：

$$\frac{Y_{i,t}P_{Y_{i,t}}}{Y_{i,t-1}P_{Y_{i,t-1}}} = \frac{1+\delta_{i,t}}{2\beta_t(1-N_{i,t})\left[\alpha_i+(1-\alpha_i)\delta_{i,t}+\frac{1}{2}\left(\frac{\beta_t}{\lambda_i}\right)^{\frac{1}{\gamma_i}}\right]} \quad (5-34)$$

由前面关于 $\delta_{i,t}$ 的定义可知，t 期的新增资本量为 $\delta_{i,t}K_{i,t}$，那么，t 期的资本增长率（不妨记为 $r_{i,t}$）为：$r_{i,t} = \frac{\delta_{i,t}K_{i,t}}{K_{i,t-1}} = \delta_{i,t}(1+r_{i,t})$。亦即 $\delta_{i,t} = \frac{r_{i,t}}{1+r_{i,t}}$。将此式代入式（5-34），可得：

$$\frac{Y_{i,t}P_{Y_{i,t}}}{Y_{i,t-1}P_{Y_{i,t-1}}} = \frac{1 + 2r_{i,t}}{2\beta_t(1 - N_{i,t})\left[(\alpha_i + r_{i,t}) + \frac{1}{2}(1 + r_{i,t})\left(\frac{\beta_t}{\lambda_i}\right)^{\frac{1}{\gamma_i}}\right]} \qquad (5-35)$$

至此便得到产业 i 的最优名义产出表达式 [式（5-35）]。更准确地说，它是最优名义产出增长率的表达式。该式表明，产业 i 的最优名义产出增长率由该产业在域内的价格影响能力（$N_{i,t}$）、产业的生产技术特点（α_i）、产品的特性（γ_i）、资本增长率（$r_{i,t}$）、产业发展程度（决定着人们对当前效用和未来效用的重视程度对比关系 λ_i）和消费增长率（决定着随机贴现因子 β_t）等因素决定。

基于式（5-35）可以计算所有产业的最优名义产出，也就意味着可以计算最优产业结构，所以，也可以将式（5-35）视为对最优产业结构实现机制的数学表述。有两点需要特别指出：其一，推导式（5-35）时没有考虑税收和交易成本，因为我们要研究的是资源配置充分有效前提下的各产业最优产出水平的决定机制；其二，我国政府和国外居民对我国各产业产品的消费和要素供给行为已被包含在代表性行为人的代表范畴之内。

第二节　基于随机前沿生产函数估计各产业的劳动产出弹性

一　指标构建及数据说明

我们按照中国国家统计局关于三次产业的划分标准提取各产业相关数据。第一产业包括农、林、牧、渔业，第二产业包括采矿业、制造业、电力、燃气及水的生产和供应业以及建筑业，第三产业包括交通运输、仓储和邮政业，信息传输、计算机服务和软件业，批发和零售业，住宿和餐饮业，金融业，房地产业，租赁和商务服务业，科学研究、技术服务和地质勘查业，水利、环境和公共设施管理业，居民服务和其他服务业，教育、卫生、社会保障和社会福利业，文化体育以及娱乐业。需要说明的是，我们未将公共管理和社会组织包含在第三产业。

由于所采用的生产函数为两要素 C—D 生产函数，为了在参数估计过程中消除"劳动产出弹性与资本产出弹性之和为 1"的线性约束，我们对资本变量和产出变量均取人均指标。各个产业的名义产出用其增加值代表，分省份的各产业增加值数据取自中经网统计数据库。各产业的劳动力数量用平均从业人数代表。分省份的各产业年平均从业人数数据取自《新中国六十年统计资料汇编》。将各省份各产业增加值除以相应的年平均从业人数得到各省份各产业年人均名义产出。我们用各省份各产业的资本存量代表相应产业的资本投入数量。分省份产业的资本存量数据借鉴自徐现祥、周吉梅、舒元（2007）一文。用各省份三次产业的资本存量除以各自的年平均从业人数得到各省份各产业的人均资本投入数量。

在所采用的随机前沿生产函数中，考虑了技术进步的两种情况：不具有时间趋势和具有时间趋势。生产函数解释变量（人均资本的自然对数）的参数估计值就是资本产出弹性估计值，从而劳动产出弹性估计值就等于1减资本产出弹性估计值。

在选取技术效率回归方程的解释变量时，考虑了劳动力受教育程度、制度和地理环境三方面因素。

关于劳动力受教育程度，我们用各省份平均每万人中在校高中、大专和本科学生人数作为代理指标。计算各省份平均每万人中在校高中、大专和本科学生人数指标时所需的各省份年末总人口及历年在校高中、大专和本科总人数等数据取自中经网统计数据库。

关于制度因素，选择了四个指标：（1）实际利用外资占地区生产总值的比重；（2）财政支出额占地区生产总值的比重；（3）进出口总额［按当年美元对人民币汇率（数据取自中经网统计数据库）折算］占地区生产总值的比重；（4）产权制度，我们用各地区国有及国有控股工业增加值在各地区工业增加值中所占比重作为产权制度因素的代理指标。各省份实际利用外资、财政支出总额、进出口总额、国有及国有控股工业增加值等数据取自1997—2003年《中国统计年鉴》，各省份地区生产总值数据取自中经网统计数据库。

地理环境因素中主要考虑人均GDP、年平均温度、年平均降水量和年总日照小时数四个指标。将人均GDP纳入其中，因为在我国各省份经济发展水平同地理位置之间具有高度的相关性。同时，我们还考虑到温度、降水和日照等变量不仅与各产业生产活动息息相关，而且具有显著的地区代表性，因而，我们将这三个变量一并纳入地理环境代理指标体系。各省份人均GDP数据取自《新中国六十年统计资料汇编》，各省份年平均温度、年平均降水量、年总日照小时数等数据取自 1997—2003 年《中国统计年鉴》。

需要指出的是，受各省份三次产业资本存量数据限制，历年《中国统计年鉴》、中经网统计数据库、《新中国六十年统计资料汇编》所提供的上述指标的时间交集为 1996—2002 年。为提高数据使用质量，我们采用面板数据分析方法。关于我国各产业生产函数类型，我们通过检验发现，采用随机前沿生产函数具有显著必要性（三次产业的 LR 统计量均超过 1% 显著性水平临界值）。

二 计量模型

本章采用贝蒂斯和科埃利（Battese and Coelli，1995）提出的随机前沿方法（Stochastic Frontier Approach，SFA）来估计各产业的产出劳动弹性（α_i）。本章所采用的 SFA 的具体形式为：

$$\ln(Y_{it}/L_{it}) = \beta_{0,i} + \beta_{1,i}t + \beta_{2,i}\ln(K_{it}/L_{it}) + V_{it} - U_{it} \qquad (5-36)$$

其中，Y_{it}、L_{it}、K_{it} 分别代表产业 i 在 t 时期的名义产出、劳动投入和资本投入；$\beta_{0,i}$、$\beta_{1,i}$、$\beta_{2,i}$ 分别表示截距项、时间趋势系数（代表技术进步随时间变化的速度）和人均资本产出弹性；（$V_{it} - U_{it}$）是回归方程的随机扰动项，其中，V_{it} 是指经济系统中的非可控因素（如观测误差等）冲击导致的噪声误差，服从对称的正态分布 $N(0, \sigma_i^2)$，且独立于 U_{it}；U_{it} 代表 t 时期第 i 产业的技术非效率效应，服从截尾正态分布 $N^+(M_i, \sigma_{U_i}^2)$。需要特别指出的是，所要估计的产出劳动弹性估计值（$\hat{\alpha}_i$）等于 $1 - \hat{\beta}_{2,i}$。

M_i 是 M_{it} 的均值，M_{it} 被表述为以下线性回归方程：

$$M_{it} = \delta_{0,i} + \delta_{1,i}edu + \delta_{2,i}fdi + \delta_{3,i}cz + \delta_{4,i}trade + \delta_{5,i}property$$
$$+ \delta_{6,i}gdppc + \delta_{7,i}temperature + \delta_{8,i}rain + \delta_{9,i}sun + \eta_{it} \qquad (5-37)$$

$$\varphi_i = \frac{\sigma_{U_i}^2}{\sigma_{U_i}^2 + \sigma_{V_i}^2}(0 \leqslant \varphi_i \leqslant 1) \qquad (5-38)$$

其中，$\delta_{0,i}$ 为待估计常数项，$\delta_{1,i}$、$\delta_{2,i}$、$\delta_{3,i}$、$\delta_{4,i}$、$\delta_{5,i}$、$\delta_{6,i}$、$\delta_{7,i}$、$\delta_{8,i}$、$\delta_{9,i}$ 分别代表地区 i 的劳动力受教育程度、实际利用外资占 GDP 比重、财政支出占 GDP 比重、进出口总额占 GDP 比重、国有及国有控股工业增加值占工业增加值比重、人均 GDP、年平均温度、年平均降水量和年日照总小时数变量的系数，η_{it} 是随机误差项，服从正态分布 $N(0, \sigma_{\eta_i}^2)$。

判断上述 SFA 模型设定是否合理的主要标准为：其一，技术非效率效应在式（5 - 36）的随机项中所占比重［即式（5 - 38）中 φ_i］是否足够大。当 φ_i 趋近于 0 时，表明实际产出与可能最大产出的差距主要由不可控因素 V_i 所造成，此时不应该采用随机前沿生产函数；当 φ_i 趋近于 1 时，表明上述差距主要由随机变量 U_i 所造成，这时适宜采用随机前沿生产函数对产出进行刻画。其二，各参数估计值是否在统计学意义上显著以及 LR 值是否大到足够拒绝原假设（不存在技术非效率效应）。

三　生产函数的估计

每个产业的生产函数都分别考虑五种形式：常数全要素生产率条件下的 C—D 生产函数（模型 1）、时变全要素生产率条件下的 C—D 生产函数（模型 2）、常数全要素生产率条件下的随机前沿生产函数（模型 3）、包含所有非效率变量的时变全要素生产率条件下的随机前沿生产函数（模型 4）和仅包含最优非效率变量组合的时变全要素生产率条件下的随机前沿生产函数（模型 5）。模型 1 和模型 2 采用 OLS 方法估计；模型 3、模型 4 和模型 5 采用三阶段最大似然估计方法进行估计，所使用软件为 Frontier V4.1。通过对估计结果（见表5 - 1、表 5 - 2 和表 5 - 3）的仔细评价和比较，我们将每个产业的模型 5 作为估计各产业 α 的最优模型。

第一产业最优模型中的技术非效率解释变量包括财政支出占地区生产总值比重、进出口总额占地区生产总值比重、国有及国有控股工业增加值占地区生产总值比重、人均地区生产总值、年平均温度和年平均降水量。全要素生产率时间趋势系数估计值为 0.0289，资本的产出弹性为 0.0572。财政支出占地区生产总值的比重、国有及国有控股工业增加值占地区生产总值比重以及年平均温度对第一产业的生产效率具有负影响，进出口总额占地区生产总值比重、人均地区生产总值、年平均降水量等变量则对第一产业的生产效率具有正影响。这意味着产权改革进展程度越高、国际贸易越活跃、经济发展水平越高、降水越充沛的地方，农业的效率水平也越高。

根据表 5 - 1 模型 5 估计结果，可以计算出第一产业的劳动产出弹性：$\alpha_1 = 1 - 0.0572 = 0.9428$。

表 5－1   第一产业生产函数估计结果

	模型 1	模型 2	模型 3	模型 4	模型 5
生产函数类型	非随机前沿		随机前沿		
截距项	− 0.6747 *** (− 8.2770)	− 0.7868 *** (− 7.0620)	0.0508 (1.0457)	0.0842 *** (2.6002)	− 0.1205 ** (− 2.0414)
时间 (t)		0.0234 (1.4710)		0.0375 *** (14.3487)	0.0289 *** (3.5884)
ln(K/L)	0.0294 (0.9563)	0.0219 (0.7049)	− 0.0201 (− 0.9175)	0.0820 *** (3.0508)	0.0572 *** (3.6457)
技术非效率函数					
截距项			10.1033 *** (10.7911)		
劳动力受教育 程度 ln(edu)			− 0.0465 (− 0.7170)	0.0042 (0.0315)	
实际利用外资占地区 生产总值比重 fdi			− 3.0285 *** (− 4.3592)	− 3.6873 *** (− 3.5333)	
财政支出占地区 生产总值比重 cz			0.4857 ** (2.2512)	1.8604 *** (5.5070)	1.9831 *** (7.9794)
进出口总额占地区 生产总值比重 trade			0.1996 * (1.8244)	− 0.5057 *** (− 2.7565)	− 2.1275 *** (− 15.5614)
国有及国有控股工业 增加值占地区生产 总值比重 property			1.3793 *** (3.4374)	3.3536 *** (5.1694)	3.4566 *** (6.3264)
人均地区生产 总值 ln(gdppc)			− 0.6518 *** (− 7.6899)	− 0.2386 * (− 1.7535)	− 0.1398 *** (− 4.2354)
年平均温度 ln(temperature)			0.2881 *** (3.7990)	0.8125 *** (7.9804)	0.8243 *** (7.5166)
年平均降水量 ln(rain)			− 0.1795 *** (− 4.6030)	− 0.0568 (− 1.0739)	− 0.1213 ** (− 2.3894)
年日照总小时数 ln(sun)			− 0.4094 *** (− 5.2703)	0.0749 (0.9050)	
σ^2			0.0479 *** (9.1326)	0.1003 *** (9.9135)	0.0974 *** (9.4012)

续表

	模型 1	模型 2	模型 3	模型 4	模型 5
φ			0.8929 ***	1.0000 ***	0.8164 ***
			(8.3498)	(10650616.0000)	(16.9035)
似然函数对数值			34.5753	-14.6020	-11.9338
LR			349.9197 ***	249.3819 ***	254.7185 ***

注：小括号内的数字为对应参数的 t 值，LR 服从混合卡方分布，*、**、*** 分别表示在 10%、5% 和 1% 的水平上显著。

第二产业最优模型中的技术非效率解释变量包括实际利用外资占地区生产总值比重和国有及国有控股工业增加值占地区生产总值比重、人均地区生产总值和年日照总小时数。第二产业全要素生产率的时间趋势系数估计值为 0.0748，资本产出弹性为 0.2686。实际利用外资占地区生产总值比重、国有及国有控股工业增加值占地区生产总值比重、人均地区生产总值对第二产业生产效率的影响为正，而年日照总小时数对第二产业生产效率的影响为负。这表明，在工业中保持国有经济的主体性和主导性作用、引进外资有利于工业生产效率的提高。同时，也意味着经济发达的南方地区（人均地区生产总值较高，年日照总小时数较少）的工业效率相对较高。

根据表 5-2 模型 5 的估计结果，可以计算第二产业劳动产出弹性：$\alpha_2 = 1 - 0.2686 = 0.7314$。

表 5-2　　　　　　　　　第二产业生产函数估计结果

	模型 1	模型 2	模型 3	模型 4	模型 5
生产函数	非随机前沿		随机前沿		
截距项	0.8270 ***	0.5158 ***	1.5783 ***	1.2160 ***	1.2208 ***
	(17.6824)	(10.0392)	(31.8271)	(17.6122)	(25.2666)
时间（t）		0.1047 ***		0.1372 ***	0.0748 ***
		(9.4344)		(13.1316)	(35.1354)
$\ln(K/L)$	0.2688 ***	0.1513 ***	-0.0749 ***	0.1491 ***	0.2686 ***
	(6.2207)	(3.9339)	(3.2300)	(5.0306)	(7.4823)

续表

	模型 1	模型 2	模型 3	模型 4	模型 5
技术非效率函数					
截距项			8. 2989 ***		
			(11. 3732)		
劳动力受教育程度 ln(edu)			0. 0191	0. 5426 ***	
			(0. 3174)	(8. 4342)	
实际利用外资占地区生产总值比重 fdi			0. 3238	− 0. 8224	− 2. 0179 ***
			(0. 6481)	(− 1. 5836)	(− 3. 4035)
财政支出占地区生产总值比重 cz			− 1. 3613 ***	0. 4742 **	
			(− 12. 8365)	(2. 3428)	
进出口总额占地区生产总值比重 trade			0. 1684 **	− 0. 3214 ***	
			(2. 3589)	(− 4. 6139)	
国有及国有控股工业增加值占地区生产总值比重 property			− 1. 9988 ***	− 1. 2467 ***	− 2. 4127 ***
			(− 5. 9048)	(− 4. 4870)	(− 6. 6967)
人均地区生产总值 ln(gdppc)			− 0. 7360 ***	− 0. 5589 ***	− 0. 3277 ***
			(− 11. 8097)	(− 10. 0142)	(− 8. 0612)
年平均温度 ln(temperature)			− 0. 1064 *	0. 3303 ***	
			(− 1. 6764)	(6. 4839)	
年平均降水量 ln(rain)			− 0. 0991 ***	− 0. 0380	
			(− 3. 0613)	(1. 3210)	
年日照总小时数 ln(sun)			0. 0041	0. 2978 ***	0. 5284 ***
			(0. 0646)	(6. 3604)	(11. 2007)
σ^2			0. 0306 ***	0. 0317 ***	0. 0644 ***
			(9. 2768)	(10. 1122)	(9. 0944)
φ			0. 0041 ***	1. 0000 ***	1. 0000 ***
			(4. 8399)	(258. 1121)	(27751353)
似然函数对数值			72. 0465	70. 9775	4. 2159
LR			323. 1127 ***	245. 5052 ***	111. 9820 ***

注：小括号内的数字为对应参数的 t 值，LR 服从混合卡方分布，* 、** 、*** 分别表示该系数在 10% 、5% 、1% 的水平上显著。

　　第三产业技术非效率解释变量仅包括人均地区生产总值，而且人均地区生产总值对第三产业生产效率影响为正。这说明，第三产业效率仅仅与经济发展水平相关，即经济越发达的地区，第三产业效率也越高。另外，从表5－3模型5可以看出，第三产业的全要素生产率不具有时变性，同时，资本产出弹性相对较大（为0.4823）。据此我们可以计算出第三产业劳动产出弹性：$\alpha_3 = 1 - 0.4823 = 0.5177$。

表5－3　　　　　　　　　　第三产业生产函数估计结果

	模型1	模型2	模型3	模型4	模型5
生产函数类型	非随机前沿		随机前沿		
截距项	0.4823 *** （17.4999）	0.2862 *** （5.4164）	0.5105 *** （7.1911）	1.8551 *** （31.1553）	1.3119 *** （35.8656）
时间（t）		0.0532 *** （4.2900）		0.0310 *** （4.8066）	
$\ln(K/L)$	0.4264 *** （13.8776）	0.3855 *** （12.4110）	0.3717 *** （18.6366）	0.0681 *** （5.0346）	0.4823 *** （18.3027）
技术非效率函数					
截距项			0.0157 （0.0168）	9.7232 *** （24.6239）	2.5314 *** （12.0262）
劳动力受教育 程度 $\ln(edu)$			－ 0.0140 （－ 0.0178）	0.0826 ** （2.1338）	
实际利用外资占地区 生产总值比重 fdi			－ 0.0071 （－ 0.0072）	－ 0.5480 * （－ 1.7570）	
财政支出占地区生产 总值比重 cz			0.0179 （0.0217）	－ 0.6950 *** （－ 6.5208）	
进出口总额占地区 生产总值比重 $trade$			－ 0.0602 （－ 0.0746）	－ 0.0636 （－ 1.4187）	
国有及国有控股工业 增加值占地区生产 总值比重 $property$			0.0024 （0.0025）	－ 0.8562 *** （－ 6.2491）	
人均地区生产总值 $\ln(gdppc)$			－ 0.0718 （－ 0.1196）	－ 0.7875 *** （－ 21.3175）	－ 0.1915 *** （－ 6.9847）

续表

	模型1	模型2	模型3	模型4	模型5
年平均温度 ln(*temperature*)			0.0663 (0.0698)	-0.1024*** (-3.0788)	
年平均降水量 ln(*rain*)			0.0108 (0.0174)	0.0070 (0.3751)	
年日照总小时数 ln(*sun*)			0.0603 (0.1680)	-0.1797*** (-5.1058)	
σ^2			0.1383*** (41.3300)	0.0116*** (10.3757)	0.1733*** (13.8068)
φ			0.0000 (0.0006)	1.0000*** (6.9769)	1.0000*** (106669)
似然函数对数值			-66.2003	176.2790	-60.8179
LR			39.8055***	506.8610***	50.5703***

注：小括号内的数字为对应参数的 t 值，*LR* 服从混合卡方分布，＊、＊＊、＊＊＊分别表示该系数在 10%、5%、1% 的水平上显著。

四 关于产业划分标准的实证检验

本书在提出理论模型时，将 α 和 A 的相异性作为划分不同产业的理论标准。由于我们在实证研究中使用的是基于中国统计部门产业划分标准的相关数据，因而有必要检验这些数据是否符合本书研究关于产业划分的理论标准。我们基于上述三次产业生产函数的估计结果，将三次产业的 α 和 A 列于表 5-4。

表5-4　　　　　　　　三次产业的 α 和 A 值比较

α_1	α_2	α_3	A_1	A_2	A_3
0.9428	0.7314	0.5177	EXP (-0.1205+0.0289t)	EXP (1.2208+0.0748t)	3.7132

从表 5-4 可以看出，三次产业的 α 和 A 在数量方面均存在明显差异（由于无法知道每个产业的 α 和 A 的概率分布，不能对它们各自在产业间的差异性进行统计推断）。

第三节 需求价格弹性、主观效用贴现因子与风险规避系数估计

一 估计需求价格弹性数据来源、模型形式选择

根据需求价格弹性定义，需求价格弹性等于需求数量变动百分比除以价格变动百分比。由于每个产业生产的产品都具有多样性，在衡量每个产业的产品数量时，本节以各产业的名义消费额除以价格指数得到各产业的实际消费额（或者不变价格消费额），再以不变价格消费额除以价格指数得到实际消费数量，并以实际消费数量代表需求数量。我们用各产业定基价格指数代表每个产业产品的价格水平。各产业需求价格弹性计算方法是：用各产业产品实际消费数量的自然对数对价格水平和收入的自然对数进行省际年度面板数据（Panel Data）回归，则价格水平的回归系数就是相应产业产品的需求价格弹性的估计值。

具体而言，本节用年度居民消费价格定基指数作为第一产业和第三产业产品价格，用年度工业品出厂价格定基指数作为第二产业产品价格。居民消费价格指数原始数据来源于中经网统计数据库，时间为1992—2009年。1992—2008年的工业品出厂价格指数原始数据来源于《新中国六十年统计资料汇编》，2009年的工业品出厂价格指数原始数据来源于中经网统计数据库。由于居民消费价格指数和工业品出厂价格指数的原始数据均为环比数据，我们将它们换算成定基指数（1992年=100）。

限于数据可获得性，用城镇家庭年人均消费代表名义消费水平，并用城镇家庭年人均可支配收入作为收入的代理指标。城镇家庭年人均消费（分产业）和城镇家庭年人均可支配收入数据取自中经网统计数据库。其中，第一产业消费支出包括食品、粮食、肉禽及其制品、蛋、水产品和奶及奶制品消费支出；第二产业消费支出包括衣着、服装、家庭设备用品及服务消费性支出以及耐用消费品消费性支出；第三产业消费支出包括医疗保健消费性支出、交通和通信、教育文化娱乐服务、文娱用耐用消费品、居住、住房、杂项商品和服务消费性支出。根据产业类型将各项支出加总得到各产业的名义消费额。利用 Eviews 6.0 软件对1992—2009年中国三次产业产品的实际消费数量、价格水平和收入做面板回归。经过检验

（检验结果见表 5 - 5），三次产业均支持固定效应、时变价格系数模型。该模型形式为 $\ln Q_{i,t}^{j} = \alpha_0 + \alpha_i^{j} + \beta_{i,t}^{j}\ln P_{i,t}^{j} + \kappa_i^{j}\ln R_{i,t}^{j} + \varepsilon_{i,t}^{j}$，其中，$j$ 表示产业类型，$j = 1$、2、3；Q、P、R 分别表示实际消费数量、价格水平和收入；α 为截距项；β 为需求价格弹性；κ 为需求收入弹性；ε 为随机项。

表 5 - 5　　　　　　　　　面板数据稳定性和协整检验结果

第一产业消费、价格和收入的单位根检验结果					
	消费	消费一阶差分	价格	价格一阶差分	收入	收入一阶差分
Breitung t - stat	- 1.2365	- 3.0858	1.3379	- 2.6931	0.5919	- 4.0663
P 值	0.1081	0.0010	0.9095	0.0035	0.7231	0.0000

第一产业消费、价格和收入的协整检验结果				
ADF	t 统计量	- 8.8568	P 值	0.0000

第二产业消费、价格和收入的单位根检验结果					
	消费	消费一阶差分	价格	价格一阶差分	收入	收入一阶差分
Breitung t - stat	1.8619	- 2.7365	2.8861	- 4.4556	同第一产业	
P 值	0.9687	0.0031	0.9980	0.0000		

第二产业消费、价格和收入的协整检验结果				
ADF	t 统计量	- 7.5201	P 值	0.0000

第三产业消费、价格和收入的单位根检验结果				
	消费	价格	价格一阶差分	收入	收入一阶差分
Breitung t - stat	- 5.7977	同第一产业		同第一产业	
P 值	0.0000				

第三产业消费、价格和收入的协整检验结果				
ADF	t 统计量	- 9.6651	P 值	0.0000

在检验各产业消费、收入和价格数据稳定性时，由于考虑各省份的消费和收入都具有时间趋势，不能采用 LLC 和 IPS 检验；又由于考虑到我们数据的时间长度较短（1992—2009），也不能采用 Fisher 类检验，因此，我们采用了 Breitung 检验方法。

从表 5 - 5 可以看出，第一产业消费、价格和收入都是一阶单位根检验过程，但三者之间存在协整关系；第二产业消费和价格均为一阶单位根检验过程，且二者与收入（同第一产业）之间存在协整关系；第三产业消费为平稳过程，第三产业消费、价格（同第一产业）和收入（同第一产业）之间存在协整关系。因而，基于三次产业消费、价格和收入数据进行的面板回归均不存在伪回归问题。

　　下面将对面板回归模型具体形式的选择进行甄别检验。首先区分混合模型和截距差异模型，接着甄别固定效应模型与随机效应模型，进而确定同样本数据相适应的模型形式。各阶段检验结果详见表5-6。

表5-6　　　　　　　　　　模型形式选择检验

原假设	统计量类别	第一产业	第二产业	第三产业
数据支持 混合模型	截面 F	5.9838 (0.0000)	36.4125 (0.0000)	23.0388 (0.0000)
	截面 χ^2	172.5892 (0.0000)	637.1055 (0.0000)	477.4425 (0.0000)
数据支持随机 效应模型	Hausman 检验 χ^2	132.0186 (0.0000)	30.1342 (0.0501)	62.8236 (0.0000)
数据支持固定效应 不变系数模型	F	14.85 (0.0000)	1.56 (0.0307)	14.35 (0.0000)

　　注：括号内数字为相应统计量的P值。

　　从表5-6可以看出，第一产业和第三产业在统计学意义上均支持固定效应时变系数模型设定。第二产业支持截距项的截面差异和系数时变性，只是拒绝随机效应假设的伴随概率略高于0.05。但是，考虑随机效应和固定效应条件下价格弹性估计值的差异甚小（见表5-7），仍然采用固定效应时变系数模型估计第二产业产品的需求价格弹性。

表5-7　固定效应模型和随机效应模型条件下需求价格弹性估计值比较

年份	第一产业估计值比较				第二产业估计值比较				第三产业估计值比较			
	固定 效应	随机 效应	差分 方差	P值	固定 效应	随机 效应	差分 方差	P值	固定 效应	随机 效应	差分 方差	P值
1992	-2.52	-2.19	0.01	0.00	-1.50	-1.48	0.01	0.86	-3.84	-4.05	0.08	0.48
1993	-1.90	-1.85	0.00	0.06	-1.57	-1.57	0.00	0.86	-2.63	-2.66	0.01	0.77
1994	-1.61	-1.63	0.00	0.20	-1.60	-1.60	0.00	0.85	-2.46	-2.45	0.00	0.85
1995	-1.50	-1.54	0.00	0.00	-1.66	-1.66	0.00	0.87	-2.38	-2.36	0.00	0.59

续表

年份	第一产业估计值比较				第二产业估计值比较				第三产业估计值比较			
	固定效应	随机效应	差分方差	P值	固定效应	随机效应	差分方差	P值	固定效应	随机效应	差分方差	P值
1996	−1.54	−1.58	0.00	0.00	−1.76	−1.75	0.00	0.84	−2.33	−2.30	0.00	0.50
1997	−1.58	−1.63	0.00	0.00	−1.76	−1.76	0.00	0.85	−2.14	−2.11	0.00	0.43
1998	−1.65	−1.70	0.00	0.00	−1.81	−1.81	0.00	0.84	−2.07	−2.04	0.00	0.41
1999	−1.70	−1.77	0.00	0.00	−1.78	−1.78	0.00	0.84	−2.01	−1.97	0.00	0.38
2000	−1.75	−1.82	0.00	0.00	−1.76	−1.76	0.00	0.83	−1.95	−1.90	0.00	0.35
2001	−1.77	−1.85	0.00	0.00	−1.79	−1.79	0.00	0.83	−1.96	−1.92	0.00	0.32
2002	−1.73	−1.81	0.00	0.00	−1.89	−1.89	0.00	0.83	−1.87	−1.81	0.00	0.29
2003	−1.69	−1.79	0.00	0.00	−1.92	−1.91	0.00	0.83	−1.92	−1.86	0.00	0.26
2004	−1.63	−1.73	0.00	0.00	−1.96	−1.96	0.00	0.83	−1.98	−1.92	0.00	0.24
2005	−1.62	−1.73	0.00	0.00	−1.91	−1.91	0.00	0.83	−2.02	−1.95	0.00	0.22
2006	−1.64	−1.76	0.00	0.00	−1.90	−1.89	0.00	0.83	−2.08	−2.01	0.00	0.20
2007	−1.56	−1.68	0.00	0.00	−1.86	−1.85	0.00	0.83	−2.17	−2.10	0.00	0.19
2008	−1.47	−1.60	0.00	0.00	−1.86	−1.85	0.00	0.83	−2.26	−2.18	0.00	0.18
2009	−1.47	−1.60	0.00	0.00	−1.80	−1.80	0.00	0.83	−2.25	−2.17	0.00	0.17

二　需求价格弹性估计结果与解释

基于固定效应时变系数模型，对三次产业产品需求价格弹性进行估计，估计结果见表5－8。从表5－8可以看出，三次产业每个年度的需求价格弹性估计值均非常显著。第一产业产品需求价格弹性最小，基本体现了生活必需品的产品属性和我国农业对外开放程度较低的产业特征；第三产业产品需求价格弹性最大，原因在于其产品多为非必需品且较容易被替代。各产业产品的需求价格弹性呈现出了不同的变化趋势，其中，第一产业的需求价格弹性大致呈现出单一下降趋势，第二产业的需求价格弹性则表现出先升后降（以2004年为分界点），第三产业需求价格弹性变化趋势则正好与第二产业相反，即2004年以前基本处于下降趋势，2004年以后又呈现逐年增加态势。

表 5 - 8 　　　　　　三次产业产品需求价格弹性估计结果

年份	第一产业	P 值	第二产业	P 值	第三产业	P 值
1992	- 2. 5170	0. 0000	- 1. 4979	0. 0024	- 3. 8431	0. 0000
1993	- 1. 8985	0. 0000	- 1. 5745	0. 0000	- 2. 6322	0. 0000
1994	- 1. 6102	0. 0000	- 1. 6046	0. 0000	- 2. 4581	0. 0000
1995	- 1. 4990	0. 0000	- 1. 6584	0. 0000	- 2. 3811	0. 0000
1996	- 1. 5378	0. 0000	- 1. 7573	0. 0000	- 2. 3267	0. 0000
1997	- 1. 5848	0. 0000	- 1. 7614	0. 0000	- 2. 1410	0. 0000
1998	- 1. 6463	0. 0000	- 1. 8133	0. 0000	- 2. 0719	0. 0000
1999	- 1. 7034	0. 0000	- 1. 7843	0. 0000	- 2. 0117	0. 0000
2000	- 1. 7480	0. 0000	- 1. 7644	0. 0000	- 1. 9457	0. 0000
2001	- 1. 7711	0. 0000	- 1. 7928	0. 0000	- 1. 9624	0. 0000
2002	- 1. 7260	0. 0000	- 1. 8910	0. 0000	- 1. 8652	0. 0000
2003	- 1. 6946	0. 0000	- 1. 9159	0. 0000	- 1. 9189	0. 0000
2004	- 1. 6274	0. 0000	- 1. 9635	0. 0000	- 1. 9839	0. 0000
2005	- 1. 6166	0. 0000	- 1. 9121	0. 0000	- 2. 0196	0. 0000
2006	- 1. 6404	0. 0000	- 1. 8979	0. 0000	- 2. 0777	0. 0000
2007	- 1. 5563	0. 0000	- 1. 8553	0. 0000	- 2. 1704	0. 0000
2008	- 1. 4715	0. 0000	- 1. 8551	0. 0000	- 2. 2560	0. 0000
2009	- 1. 4715	0. 0000	- 1. 8010	0. 0000	- 2. 2533	0. 0000

　　关于第二产业和第三产业产品需求价格弹性的变化趋势，分析认为，可能的原因如下：在 2004 年以前，随着我国对外开放程度的提高，我国各个类别的工业品都遇到了越来越多的国外替代品，从而导致我国第二产业产品需求价格弹性的连续上升；2004 年以后，我国工业品和进口工业品在经过竞争之后逐渐形成了"进口工业品满足高档消费需求、本土工业品满足中低档消费需求"的分类格局，也就使本土工业品更多地具有必需品性质，从而表现出了较低的需求价格弹性。第二产业产品需求价格弹性呈现出先升后降的第二个可能的原因是：2003 年以前，我国经济发展水平和居民消费水平相对较低，并且工业品消费在居民消费中占的比重逐渐增大，因此，第二产业产品需求价格弹性呈现上升的趋势；由于2003 年中央适时提出振兴东北等老工业基地政策以来，我国工业产品供给量大幅提升，工业品消费在居民消费中所占比重逐渐下降，消费者对工

业品价格的变化反应越来越不敏感，因而从 2004 年以后第二产业产品需求价格弹性开始出现下降现象。第三产业在 2004 年以前所提供的服务种类非常有限，主要限于生活基本需要，而且，我国对境外服务业（尤其是金融业）的开放程度也不高，这就使 2004 年以前第三产业产品价格弹性普遍较低，甚至随着居民收入的增加，第三产业产品价格弹性还会降低；2004 年以后，伴随世界贸易组织效应的不断显现和国际服务业的不断进入，我国第三产业产品种类不断丰富，而且属于奢侈品范畴的服务产品所占比重不断加大，不仅如此，我国服务产品所面对的国外替代品也越来越多，这些因素综合起来共同导致了我国第三产业产品价格弹性在 2004 年以后的逐年上升。

三　主观效用贴现因子与风险规避系数的 GMM 估计

根据式（5 - 35），在估计不同产业名义产出增长率时应该采用不同主观效用贴现因子（λ_i）和风险规避系数（γ_i）。但是，由于无法获得具有充分长度的分产业消费数据（只能从中经网统计数据库获得具有足够长度的可以代表消费的社会商品零售总额月度数据），我们只能社会商品零售总额增长率作为三次产业产品消费增长率的共同代表。这种做法隐含着一个假定：主观效用贴现因子和风险规避系数在产业间没有差异。关于这个假定对最优名义增长率计算结果的影响，我们进行了模拟（结果见表 5 - 9）。在模拟时，采用对名义产出增长率计算结果影响最大的变化组合（亦即 λ 和 γ 同时同方向变动）。从表 5 - 9 所示的模拟结果来看，λ 和 γ 的同降、同增对最优名义产出增长率的影响非常小（当二者同降 20% 时，最大影响程度不过 1.7%）。

表 5 - 9　　λ 和 γ 变动对名义产出增长率估算结果的影响（模拟）

第一产业最优增长率变化幅度（%）				第二产业最优增长率变化幅度（%）				第三产业最优增长率变化幅度（%）			
同降 10%	同降 20%	同增 10%	同增 20%	同降 10%	同降 20%	同增 10%	同增 20%	同降 10%	同降 20%	同增 10%	同增 20%
- 0.27	- 0.65	0.21	0.36	- 0.72	- 1.70	0.54	0.95	- 0.46	- 1.09	0.35	0.61
- 0.27	- 0.65	0.21	0.37	- 0.59	- 1.38	0.44	0.79	- 0.53	- 1.24	0.40	0.71
- 0.28	- 0.66	0.22	0.40	- 0.43	- 0.99	0.33	0.60	- 0.41	- 0.94	0.32	0.57
- 0.28	- 0.64	0.22	0.39	- 0.34	- 0.78	0.26	0.48	- 0.33	- 0.76	0.26	0.47

续表

第一产业最优增长率变化幅度（%）				第二产业最优增长率变化幅度（%）				第三产业最优增长率变化幅度（%）			
同降 10%	同降 20%	同增 10%	同增 20%	同降 10%	同降 20%	同增 10%	同增 20%	同降 10%	同降 20%	同增 10%	同增 20%
−0.30	−0.69	0.23	0.42	−0.33	−0.77	0.26	0.47	−0.35	−0.81	0.28	0.50
−0.32	−0.74	0.25	0.45	−0.37	−0.86	0.29	0.52	−0.42	−0.96	0.33	0.58
−0.44	−1.02	0.33	0.59	−0.51	−1.19	0.39	0.69	−0.61	−1.42	0.46	0.82
−0.39	−0.91	0.30	0.53	−0.49	−1.14	0.37	0.67	−0.60	−1.39	0.46	0.82
−0.37	−0.86	0.28	0.50	−0.49	−1.15	0.38	0.67	−0.62	−1.46	0.48	0.85
−0.40	−0.94	0.30	0.54	−0.52	−1.23	0.40	0.71	−0.66	−1.56	0.50	0.90
−0.42	−0.98	0.32	0.56	−0.50	−1.17	0.38	0.67	−0.70	−1.64	0.53	0.94
−0.42	−1.00	0.32	0.57	−0.49	−1.17	0.37	0.66	−0.70	−1.64	0.53	0.93
−0.45	−1.07	0.34	0.59	−0.49	−1.16	0.36	0.64	−0.69	−1.64	0.52	0.92
−0.46	−1.10	0.34	0.61	−0.51	−1.20	0.38	0.67	−0.69	−1.63	0.51	0.90
−0.45	−1.06	0.34	0.60	−0.50	−1.18	0.38	0.67	−0.65	−1.53	0.49	0.87
−0.50	−1.19	0.37	0.66	−0.53	−1.25	0.39	0.69	−0.64	−1.52	0.48	0.84
−0.54	−1.28	0.40	0.71	−0.52	−1.22	0.39	0.68	−0.62	−1.46	0.46	0.81
−0.57	−1.33	0.43	0.76	−0.54	−1.26	0.41	0.72	−0.59	−1.38	0.45	0.79

注：表中"同降"、"同增"均指 λ 和 γ 的同降、同增。

选择社会商品零售总额作为消费的代理指标，并选择一年期定期存款利率（来源于中经网产业数据库）、上证指数收益率（来源于金融 RESSET 数据库）和深证综指收益率（来源于金融 RESSET 数据库）三个收益序列作为工具变量。为了尽可能增加数据的样本长度，采用各个数据在1991 年 1 月至 2011 年 3 月期间的月度样本。在进行 GMM 估计时，使用的矩条件如下：

$$E\left(\lambda\left(\frac{C_t}{C_{t-1}}\right)^{-\gamma}(1+i)-1\right)=0$$

$$E\left(\lambda\left(\frac{C_t}{C_{t-1}}\right)^{-\gamma}(1+r_{sh})-1\right)=0$$

$$E\left(\lambda\left(\frac{C_t}{C_{t-1}}\right)^{-\gamma}(1+r_{sz})-1\right)=0$$

其中，C 表示消费（用社会商品零售总额代表），i 表示一年期定期存款利率，r_{sh} 和 r_{sz} 分别表示上证指数收益率和深证综指收益率，λ（主观效用贴现因子）和 γ（风险规避系数）为待估计参数。参数估计结果见表 5 - 10（取月度 β 均值代表年度 β）。

表5-10　主观效用贴现因子和风险规避系数的广义矩（GMM）估计结果

	估计值	t 值
主观效用贴现因子（λ）	0.5439	2.2619
风险规避系数（γ）	14.9457	3.0391
J 统计量 = 0.0003	样本量 = 243	矩条件数 = 3

第四节　三次产业最优产业结构计算

一　三次产业最优名义产出增长率计算与解释

以下测算我国三次产业最优增长率和最优产业结构（各产业名义产出比重）。基于式（5 - 35），三次产业最优增长率计算公式为：

$$\frac{Y_{i,t}P_{Y_{i,t}}}{Y_{i,t-1}P_{Y_{i,t-1}}} = \frac{1 + 2r_{i,t}}{2\beta_t(1 - N_{i,t})\left[(\alpha_i + r_{i,t}) + \frac{1}{2}(1 + r_{i,t})\left(\frac{\beta_t}{\lambda_i}\right)^{\frac{1}{\gamma_i}}\right]}$$

进行此项测算主要涉及各产业资本增长率、各产业劳动产出弹性（α）、各产业勒纳指数（价格弹性的倒数的绝对值，在本章中记为 N）、随机贴现因子（β）、主观效用贴现因子（λ）、风险规避系数（γ）等数据。各产业劳动产出弹性由生产函数估计得出，各产业勒纳指数由各产业产品需求价格弹性计算得出，工业品出厂价格指数数据取自《中国统计年鉴》（2010），主观效用贴现因子（λ）和风险规避系数（γ）估计得出，随机贴现因子（β）则用消费数据并按照式（5 - 24）计算得出。其中，消费 = 社会商品零售总额/居民消费价格指数（定基）。由于各产业资本存量数据［取自徐现祥、周吉梅、舒元（2007）仅截至 2002 年，在计算各产业资本增长率时，我们采用趋势外推法。具体而言，我们根据以下自回归方程来推算 2003 年以后的资本存量，将第一产业、第二产业、

第三产业第 t 期资本存量分别记为 $K_{1,t}$、$K_{2,t}$、$K_{3,t}$，第 $t-1$ 期资本存量分别记为 $K_{1,t-1}$、$K_{2,t-1}$、$K_{3,t-1}$，各产业使用的自回归方程如下：

第一产业回归方程为：

$$\hat{K}_{1,t} = -114.42 + 1.11K_{1,t-1}$$

$$(-6.73)\ (128.64)\ \ \overline{R}^2 = 0.9986$$

第二产业回归方程为：

$$\hat{K}_{2,t} = 1.10K_{2,t-1}$$

$$(204.70)\ \ \overline{R}^2 = 0.9983$$

第三产业回归方程为：

$$\hat{K}_{3,t} = 1.15K_{3,t-1}$$

$$(224.46)\ \ \overline{R}^2 = 0.9990$$

由于采用以上方法得到的资本存量均以当年价格计算，故需要使用资本品价格指数进行调整。由于我国资本品价格指数尚未列入统计指标体系，我们采用工业品出厂价格指数作为该指标的代表。由于能够获得的用于计算勒纳指数的分省份产业消费数据最晚截至 2009 年，只能对 2009 年以前的各产业最优名义产出增长率进行测算。在对各产业最优名义产出增长率进行测算的基础上，我们对各产业最优名义产出增长率与实际产出增长率之间的差异进行了对比，对比的结果见表 5－11。同时，我们还基于所测算出来的最优名义产出增长率对最优产业结构进行了测算，并将最优产业结构与实际产业结构进行对比。

表 5－11　　　三次产业名义产出增长率与最优名义产出增长率比较　　　单位:%

年份	第一产业		第二产业		第三产业	
	实际增长率	最优增长率	实际增长率	最优增长率	实际增长率	最优增长率
1992	9.17	－13.35	28.54	96.48	24.95	5.31
1993	15.57	－24.69	38.04	36.57	29.36	0.20
1994	35.05	－50.44	31.34	－36.51	32.64	－49.23
1995	28.14	－60.61	24.19	－58.16	29.91	－64.63
1996	15.83	－55.83	16.53	－56.78	20.65	－60.63
1997	5.74	－48.41	12.57	－47.96	16.79	－49.30
1998	2.35	7.32	7.46	8.86	12.07	13.96
1999	－1.51	－11.29	6.46	－3.67	11.35	2.20
2000	1.59	－14.69	12.48	－1.49	15.01	7.29

续表

年份	第一产业		第二产业		第三产业	
	实际增长率	最优增长率	实际增长率	最优增长率	实际增长率	最优增长率
2001	4.61	6.18	9.27	21.63	13.34	32.74
2002	4.51	9.86	11.19	14.42	13.24	38.55
2003	5.91	22.34	20.14	23.35	13.62	49.26
2004	21.73	47.52	23.39	37.14	16.51	66.32
2005	10.24	57.40	21.46	48.31	16.34	71.22
2006	7.55	31.52	19.32	27.15	16.45	40.84
2007	15.45	66.40	19.62	51.03	19.92	56.96
2008	18.14	74.55	20.63	42.76	16.44	45.17
2009	4.40	52.81	7.80	26.65	18.63	20.41

　　需要说明的是，表5－11中最优增长率同实际增长率一样，也是以上年度名义产出实际值为基数的，因为在计算最优增长率时，各解释变量（资本增长率、勒纳指数和资本市场随机贴现因子）均只能取实际值（而非理论值）。同时，以上年度名义产出实际值为基数计算最优增长率的做法还保证了最优增长率和实际增长率之间的可比性。通过表5－11可以发现，最优增长率波动水平普遍较大，主要原因在于随机贴现因子（β）的波动性和各产业产品需求价格弹性的波动性都较大。[①] 其中，前者较大是因为我国资产价格（主要是股票价格）的波动率较大，后者较大表明我国各产业开放程度和各产业产品属性都发生了较大变化。一言以蔽之，我国资产价格波动水平较高以及各产业开放程度和各产业产品属性变化较大的基本国情决定了我国各产业最优增长率的高波动性。

　　从表5－11和图5－1、图5－2、图5－3可以看出，各个产业实际增长率与最优增长率之间大致保持同向变动关系，但是二者之间仍然在不同时间存在不同程度的差距；我国的实际产业结构同最优产业结构之间也大致保持着同向变动关系，同样也在不同时间存在不同程度的差距。三次产业最优增长率都大致呈现了以下趋势：1992—1997年增速逐步放缓甚至在

――――――――

　　① 随机贴现因子的标准差为0.5718，第一产业产品需求弹性的标准差为0.2354，第二产业产品需求弹性的标准差为0.1277，第三产业产品需求弹性的标准差为0.4500。

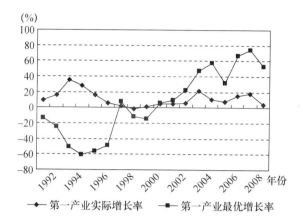

图 5 - 1 第一产业实际增长率与最优增长率比较

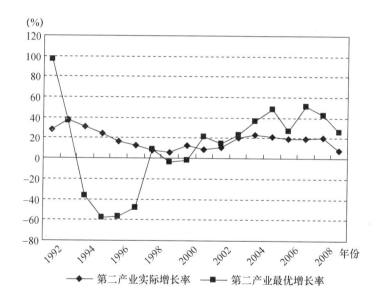

图 5 - 2 第二产业实际增长率与最优增长率比较

1994—1997 年间一度出现负增长；1998 年在 1997 年基础上出现了一定程度的恢复性增长，但在 1999—2000 年间第一产业和第二产业迅速转入下降通道（只有第三产业出现轻微上涨）；三次产业在 2001—2005 年期间均出现了稳步增长；三次产业增速均在 2006 年出现大幅降低并在 2007 年出现大幅提升；2008 年和 2009 年三次产业的增速均有所下降。各个产业实际增长率同最优增长率之差的变动趋势清楚地反映了我国经济发展的环

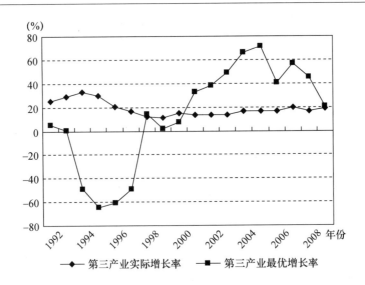

图 5 – 3　第三产业实际增长率与最优增长率比较

境和现实。比如，1992—1997 年实际增长率快于最优增长率，表明我国经济当时持续过热；1998 年各产业的实际增长率均达不到最优增长率要求，表明我国经济受到亚洲金融危机的负面影响；1999 年和 2000 年实际增长率超过最优增长率，表明我国政府为了应对亚洲金融危机采取的扩张性政策发挥了效果，使经济处于稍稍过热的状态；2001 年以后实际增长率一直无法达到最优增长率的要求，尤其是在 2003 年以后三次产业实际增长率同最优增长率之间一直保持着很大的差距，这反映 2003 年"非典"、2008 年汶川地震和全球金融危机等接连发生的重大事件对我国经济所产生的全面而严重的冲击。从测算结果看，我国政府自 2009 年开始施行的积极的财政政策并未在 2009 年产生推动经济大幅增长的效果。

二　三次产业最优产业结构的计算与解释

由于最优产出增长率理论模型是一个只涉及当期（代表现在）和下期（代表未来）的两期模型，该模型要解决的核心问题是当期产出水平既定时，要实现消费者两期总效用的最大化，应当将当期实际产出份额用于下期生产，从而实现下期最优产出，亦即我们的目标是要计算基于当期实际产出的下期最优产出。因此，在计算表 5 – 11 的最优名义产出增长率时，是将下期最优产出同当期实际产出之间的比率减 1 定义为下期最优增长率，这样，总是基于当期实际产出计算下期最优产出，因此计算出来的下期最优产出只与当期实际产出和下期最优增长率有关，下期最优产出的具体计算公式为：下期最优产出 = 当期实际产出 × （1 + 下期最优增长率）。根据以上说明，计算各期三次产业最优结构，并与实际结构进行比较（见表5－12）。

表5－12　　　　　　　三次产业实际结构与最优结构比较　　　　　　单位:%

年份	第一产业比重		第二产业比重		第三产业比重	
	实际	最优	实际	最优	实际	最优
1992	22.44	15.68	44.33	59.66	33.23	24.66
1993	19.93	15.26	47.03	54.67	33.03	30.06
1994	20.32	17.48	46.62	52.84	33.07	29.68
1995	20.52	20.41	45.63	49.75	33.86	29.84
1996	20.18	21.52	45.14	46.83	34.68	31.65
1997	18.94	20.22	45.11	45.63	35.95	34.15
1998	17.92	18.41	44.82	44.48	37.26	37.11
1999	16.52	16.37	44.65	44.44	38.83	39.19
2000	15.03	14.13	44.98	44.10	39.99	41.77
2001	14.27	12.90	44.60	44.21	41.13	42.89
2002	13.42	12.67	44.65	41.26	41.93	46.07
2003	12.31	12.25	46.44	41.07	41.25	46.68
2004	12.45	12.07	47.61	42.33	39.93	45.60
2005	11.63	12.36	49.00	44.53	39.37	43.11
2006	10.71	11.50	50.05	46.83	39.24	41.67
2007	10.36	11.49	50.19	48.77	39.45	39.74
2008	10.31	12.30	51.00	48.74	38.69	38.95
2009	9.64	12.41	49.25	50.89	41.11	36.70

　　从表5－12和图5－4、图5－5、图5－6可以看出，第一产业实际比重在2004年以前高于最优比重，在2005年以后持续处于最优比重水平以下，这在一定程度上暴露了我国所面临的粮食安全问题；第二产业实际比重在1997年以前达不到最优比重水平，在1998—2008年期间逐步超过最优比重，但在2009年又突然降到最优比重水平以下；第三产业实际比重先是在1998年以前高于最优比重，在1999—2008年期间低于最优比重，

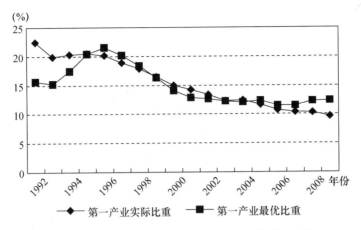

图 5-4　第一产业实际比重与第一产业最优比重比较

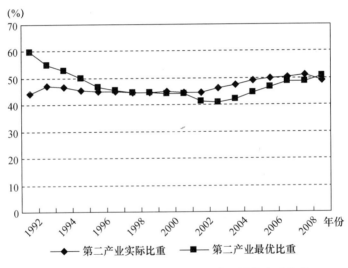

图 5-5　第二产业实际比重与第二产业最优比重比较

最后在 2009 年再次超过最优比重。三次产业实际比重与最优比重的历年
对比关系清晰地刻画出转型期中国三次产业结构变动轨迹：中国生产要素
的禀赋特征使得第一产业在 2004 年以前以粗放式的劳动力充足获得高于
最优比重的发展，随着大批农民工进城务工，第一产业实际比重在 2005
年以后降为低于最优比重，与此对应的是第二产业在 1998—2008 年实际
比重逐步接近并超过最优比重的长足发展（亦即工业化进程加速），但由
于受 2008 年全球金融危机影响，第一产业和第二产业实际比重均低于最

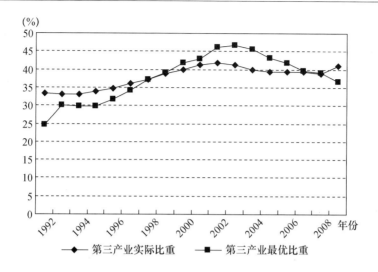

图 5 - 6　第三产业实际比重与第三产业最优比重比较

优比重，第三产业实际比重高于最优比重（原因是中国政府在应对全球金融危机时采取了扩大内需、刺激消费的经济政策，使第三产业获得了较为强劲的需求动力）。

第五节　辽宁省最优产业结构测算

随着我国经济转型逐步深入和国际化程度不断提升，作为深受计划经济体制影响的辽宁省受到很多机制性和结构性困扰。尤其是自然资源枯竭、失业面扩大、技术装备老化、技术创新投入不足等问题，更彰显了产业结构调整的迫切性。

为检验本章所提出的理论模型的稳健性和适用性，本节基于本章开发出来的三次产业最优名义产出增长率方程对辽宁省在 1992—2009 年的最优产业结构进行测算。测算结果显示，辽宁省的实际产业结构同最优产业结构之间大体保持较高一致性，在不同时期存在不同程度的差距，这清晰地反映了国内重大经济事件对辽宁省国民经济的影响。该方程所涉及的定量指标为辽宁省制定产业结构优化战略提供了可靠的参照目标，充分表明，本章所提出的最优产业结构理论模型具有较强的稳健性和普适性。

一　基于随机前沿生产函数估计辽宁省三次产业的劳动产出弹性

由于无法获得辽宁省分产业资本存量数据，不能够直接估计辽宁省三次产业的劳动产出弹性。但考虑到辽宁省的经济发展大致处于全国平均水平，有理由假定辽宁省的生产技术特征也接近全国平均水平，于是本节就用全国层面各产业劳动产出弹性作为辽宁省相应产业劳动产出弹性的代理指标。

二　估计辽宁省三次产业的需求价格弹性和勒纳指数

限于数据可获得性，本节采用辽宁省 14 个地级和副省级城市（沈阳、大连、鞍山、抚顺、本溪、丹东、锦州、营口、阜新、辽阳、盘锦、铁岭、朝阳、葫芦岛）的城市家庭年人均消费支出代表名义消费水平，并用城市家庭年人均工资作为收入代理指标。城市家庭年人均消费（分产业）和城市家庭年人均工资数据取自 1992—1995 年和 1997—2009 年《辽宁统计年鉴》。其中，第一产业消费支出包括食品消费支出；第二产业消费支出包括衣着、家庭设备消费性支出；第三产业消费支出包括居住、医疗保健、交通和通信、教育文化娱乐服务、其他商品和服务消费性支出。根据产业类型将各项支出加总得到各产业名义消费额。利用 Eviews 6.0 软件对 1992—2009 年辽宁省三次产业产品实际消费数量、价格水平和收入做面板回归。

首先对数据的稳定性和协整性进行检验。由于考虑到各市的消费和收入都可能具有时间趋势，不能采用 LLC 和 IPS 检验，因此，采用 ADF—Fisher 方法检验各产业消费、收入和价格数据的稳定性及协整性，具体结果见表 5 – 13。

表 5 – 13　　　辽宁省 14 个地级市面板数据稳定性和协整检验结果

	消费	消费一阶差分	价格	价格一阶差分	收入	收入一阶差分
第一产业单位根检验结果						
ADF – Fisher χ^2	1.01 (1.00)	230.16 (0.00)	15.74 (0.97)	187.71 (0.00)	0.00 (1.00)	45.82 (0.02)
ADF – Choi Z 统计量	7.76 (1.00)	– 12.91 (0.00)	0.66 (0.75)	– 11.33 (0.00)	15.86 (1.00)	– 2.55 (0.01)
第一产业协整检验结果						
ADF	t 统计量	– 2.53	P 值	0.01		

续表

第二产业单位根检验结果						
	消费	消费一阶差分	价格	价格一阶差分	收入	收入一阶差分
ADF – Fisher χ^2	1.72 (1.00)	190.42 (0.00)	0.96 (1.00)	236.31 (0.00)	同第一产业	
ADF – Choi Z 统计量	6.01 (1.00)	−10.11 (0.00)	6.85 (1.00)	−13.17 (0.00)		
第二产业协整检验结果						
ADF	t 统计量	−2.91	P 值	0.00		
第三产业单位根检验结果						
	消费	消费一阶差分	价格	价格一阶差分	收入	收入一阶差分
ADF – Fisher χ^2	0.62 (1.00)	180.49 (0.00)	同第一产业		同第一产业	
ADF – Choi Z 统计量	8.27 (1.00)	−10.89 (0.00)				
第三产业协整检验结果						
ADF	t 统计量	−6.72	P 值	0.00		

注：小括号内的数字表示相应系数的 P 值。

从表 5 – 13 可以看出，三次产业消费、价格和收入都是一阶单位根检验过程，而且，三次产业消费、价格、收入之间都存在协整关系。因而，基于三次产业消费、价格和收入数据进行的面板回归均不存在伪回归问题。紧接着，我们将对面板回归模型具体形式的选择进行甄别检验。检验结果详见表 5 – 14。

表 5 – 14　　　　　面板回归模型形式选择检验

原假设	统计量类别	第一产业	第二产业	第三产业
固定效应多余	截面 F	3.31 (0.00)	1.85 (0.04)	1.13 (0.34)
	截面 χ^2	42.18 (0.00)	24.51 (0.03)	15.19 (0.30)
支持随机效应模型	Hausman 检验 χ^2	0.00 (1.00)	12.57 (0.00)	

注：括号内数字为相应统计量的 P 值。

从表 5 – 14 可以看出，在 5% 显著性水平上，第一产业支持随机效应模型设定，第二产业支持固定效应模型设定，第三产业支持混合效应模型设定。但是，进一步检验发现，第三产业支持时变为需求收入弹性设定①，因而，最终将第三产业的模型形式确定为不变截距时就成为需求收入弹性模型。基于上述模型形式设定，我们估计了辽宁省三次产业需求价格弹性，结果见表 5 – 15。

表 5 – 15　　　　辽宁省三次产业需求价格弹性估计结果

产业	系数	标准差	t 值	P 值
第一产业	– 2. 06	0. 12	– 17. 36	0. 00
第二产业	– 2. 16	0. 18	– 12. 02	0. 00
第三产业	– 2. 72	0. 74	– 3. 67	0. 00

三　辽宁省主观效用贴现因子和风险规避系数的广义矩估计

使用基于消费的资产定价框架估计主观效用贴现因子（λ_i）和风险规避系数（γ_i）时，需要样本较长期的消费数据和相应期间的金融资产收益数据。考虑我国股票市场历史较短，只有使用月度数据才可能符合样本长度要求。而辽宁省层面的消费月度数据难以获得，只能够使用全国层面的消费月度数据以及深沪两市指数收益和商业银行存款利率的月度数据估计主观效用贴现因子（λ_i）和风险规避系数（γ_i）。

四　辽宁省三次产业最优产业结构测算结果及分析

基于最优名义产出增长率模型测算辽宁省三次产业最优增长率和最优产业结构（各产业名义产出比重）。在进行此项测算过程中，主要涉及各产业资本增长率、各产业劳动产出弹性（α）、各产业勒纳指数（价格弹性的倒数的绝对值，在本章中记为 N）、随机贴现因子（β）、主观效用贴现因子（λ）、风险规避系数（γ）等数据。各产业劳动产出弹性由生产函数估计得出，各产业勒纳指数由各产业产品需求价格弹性计算得出，工业品出厂价格指数数据取自《中国统计年鉴》（2010），主观效用贴现因子（λ）和风险规避系数（γ）的估计结果详见前文，随机贴现因子（β）则用消费数据计算得出。其中，消费 = 社会商品零售总额/居民消费价格指数（定基）。由于各产业资本存量数据仅截至 2002 年，在计算各产业资本增长率时，采用趋势外推法。具体而言，根据以下自回归方程来推算

① 以需求收入弹性不随时间变化为约束条件的 F 统计量为 73.99。

2003 年以后辽宁省各产业的资本存量。将第一产业、第二产业、第三产业第 t 期资本存量分别记为 $K_{1,t}$、$K_{2,t}$、$K_{3,t}$，第 $t-1$ 期资本存量分别记为 $K_{1,t-1}$、$K_{2,t-1}$、$K_{3,t-1}$，各产业使用的自回归方程分别描述如下：

第一产业回归方程为：
$$\hat{K}_{1,t} = -1.78 + 1.41K_{1,t-1}$$
$$(-4.04)\quad(23.60)\qquad \overline{R}^2 = 0.96$$

第二产业回归方程为：
$$\hat{K}_{2,t} = 1.06K_{2,t-1}$$
$$(82.52)\qquad \overline{R}^2 = 0.99$$

第三产业回归方程为：
$$\hat{K}_{3,t} = 1.10K_{3,t-1}$$
$$(365.19)\qquad \overline{R}^2 = 0.99$$

由于能够获得用于计算勒纳指数的辽宁省分产业消费数据最晚截至 2009 年，所以只能对 2009 年以前的辽宁省各产业最优名义产出增长率进行测算。在对各产业最优名义产出增长率进行测算的基础上，我们基于所测算出来的最优名义产出增长率对最优产业结构进行了测算，并将最优产业结构与实际产业结构进行了对比，对比的结果见图 5−7、图 5−8 和图 5−9。

从图 5−7、图 5−8 和图 5−9 可以看出，第一产业实际比重在 1996 年以前高于最优比重，在 1996 年以后基本低于最优比重；第二产业实际比重在绝大部分时间里都是高于最优比重的，这反映了辽宁省工业大省的基本特征；第三产业实际比重除在 1998—2000 年和 2005—2008 年出现

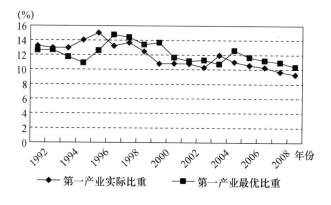

图 5−7　辽宁省第一产业实际比重与最优比重比较

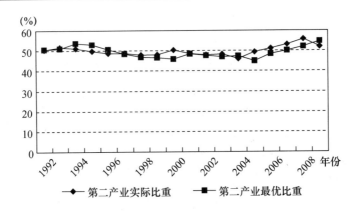

图5-8 辽宁省第二产业实际比重与最优比重比较

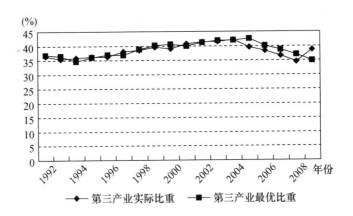

图5-9 辽宁省第三产业实际比重与最优比重比较

了持续性偏低以外，在其他时期基本处于最优比重附近并围绕最优比重波动。辽宁省各产业最优比重与实际比重之间基本都呈现较高程度的一致性，其中，这种一致性在第三产业表现得最为明显。第一产业实际比重在大部分时间里都低于最优比重，第二产业则正好相反，这在一定程度上反映了辽宁省作为传统工业省份的基本特征。单就最近几年的情况来看，第一产业在2005—2009年实际产出比重稍微偏低；第二产业在1997—2008年实际产出比重持续偏高，但在2009年出现了实际产出比重达不到最优比重的状况；第三产业在2005—2008年也出现了实际产出比重不足的情况，但在2009年这种状况发生了逆转，这一结果与辽宁省的实际经济运行相吻合，表明最优产业结构理论模型具有较强的稳健性和普适性。

第六节 本章小结

本章通过对生产者的利润最大化目标和要素供给者跨期效用最大化目标进行联合求解，推导出一个关于各个产业最优名义产出增长率方程。该方程的解释变量包括各产业资本增长率、勒纳指数（即产品需求价格弹性绝对值的倒数）和资本市场随机贴现因子。另外，该方程还包含三个待估计参数：各产业劳动产出弹性、消费者的主观效用贴现因子和风险规避系数。我们基于1992—2009年三次产业消费、价格和收入的省际面板数据估计中国三次产业产品的需求价格弹性（以收入作为控制变量）；然后基于1996—2002年人均资本、人均产出等投入产出变量和受教育程度、制度、地理环境等技术非效率解释变量的省际面板数据，用随机前沿分析方法估计三次产业劳动产出弹性；随后基于社会商品零售总额、沪深股指、1年期定期存款利率等数据，采用GMM方法估计我国全社会的主观效用贴现因子和风险规避系数，并据此计算我国资本市场随机贴现因子。最后，基于产业层面的最优名义产出增长率方程对中国在1992—2009年三次产业最优名义产出增长率和最优产业结构进行测算。测算结果显示，各个产业实际增长率与最优增长率之间大致保持着同向变动关系，但是二者之间仍然在不同时期存在不同程度的差距；我国的实际产业结构同最优产业结构之间也大致保持着同向变动关系，同样也在不同时期存在不同程度的差距。三次产业实际增长率同最优增长率之间差距的变化趋势反映出始于1992年的中国经济过热、始于1997年下半年的亚洲金融危机、2003年的"非典"以及始于2008年的全球金融危机等重大事件对我国经济的影响。为了检验本章提出理论模型的稳健性和适用性，本章第五节将最优产业结构的理论模型成功应用于辽宁省最优产业结构的定量测算，取得了较好的验证效果。

除了测算出我国三次产业最优名义产出增长率和最优产业结构，通过本章研究还发现一些值得深入探讨的问题。比如，基于式（5-14）可以发现，技术进步的动力既包括厂商的价格控制能力（$N_{i,t}$），也包括要素价格增长率与产品价格增长率之间的差，同时，还包括资本增长率。基于此，这一发现可能带来创新理论的新进展，具体的深入探讨参见第六章。

第六章　产业结构优化的全要素生产率增长驱动：内在特征与实证影响

产业结构变迁伴随着全要素生产率的改进，同时三次产业全要素生产率增长也对产业结构变迁起着内在推动作用。区别于以往文献关于创新影响因素探讨未能纳入完整分析框架，本章在第五章理论模型的基础上，推导并建立了一个创新驱动的三次产业全要素生产率增长率决定方程，并对其进行了实证分析，找出了三次产业全要素生产率增长具有的差异化内在驱动影响因素，同时也为激励创新主体积极从事研发创新活动提供了理论与实证依据。

第一节　理论模型的提出

在第五章最优产业结构理论模型推导过程中可以看出，技术创新的动力既包括厂商的价格控制能力（$N_{i,t}$），也包括要素价格增长率与产品价格增长率之间的差，同时，还包括资本增长率。基于此，本章重点探讨三次产业最优技术创新的动力。最优技术创新动力的具体推导过程如下：

对中国最优产业结构理论模型的式（5 – 14）两边取差分，可得：

$$(1 - \alpha_i)p_{K_{i,t}} + \alpha_i p_{L_{i,t}} - p_{Y_{i,t}} - (\ln\beta_t - \ln\beta_{t-1}) + n_t + (\delta_{i,t} - \delta_{i,t-1}) = \alpha_i a_{i,t}$$

$$(6 - 1)$$

其中，$p_{K_{i,t}}$、$p_{L_{i,t}}$、$p_{Y_{i,t}}$ 和 $a_{i,t}$ 分别表示资本价格增长率、劳动价格增长率、产品价格增长率和全要素生产率增长率；$n_t = -[\ln(1 - N_{i,t}) - \ln(1 - N_{i,t-1})] \approx N_{i,t} - N_{i,t-1}$，可以被理解为勒纳指数增量。实际上，还可以将 $(1 - \alpha_i)p_{K_{i,t}} + \alpha_i p_{L_{i,t}} - p_{Y_{i,t}}$ 理解为生产要素的实际价格增长率。如果将 $t - 1$ 期和 t 期的资本市场贴现率分别记为 γ_{t-1} 和 γ_t，则有：

$$\ln\beta_t - \ln\beta_{t-1} = \gamma_{t-1} - \gamma_t$$

$$(6 - 2)$$

将式（6-2）代入式（6-1），可得：

$$(1-\alpha_i)p_{K_{i,t}} + \alpha_i p_{L_{i,t}} - p_{Y_{i,t}} + n_t + (\gamma_t - \gamma_{t-1}) + (\delta_{i,t} - \delta_{i,t-1}) = \alpha_i a_{i,t}$$

$$(6-3)$$

需要指出的是，由于 $\delta_{i,t}$ 代表新增投资占 $K_{i,t}$ 的比重，而不是资本增长率。如果将资本增长率记为 $r_{i,t}$，可以得到 $\delta_{i,t}$ 与 $r_{i,t}$ 之间的关系式：

$$\delta_{i,t} = \frac{r_{i,t}}{1+r_{i,t}}$$

$$(6-4)$$

将式（6-4）代入式（6-3）并整理可得：

$$a_{i,t} = \frac{1}{\alpha_i}\big[(1-\alpha_i)p_{K_{i,t}} + \alpha_i p_{L_{i,t}} - p_{Y_{i,t}}\big] + \frac{1}{\alpha_i}n_t + \frac{1}{\alpha_i}(\gamma_t - \gamma_{t-1}) + \frac{1}{\alpha_i}$$

$$\frac{r_{i,t}-r_{i,t-1}}{(1+r_{i,t})(1+r_{i,t-1})}$$

$$(6-5)$$

式（6-5）表明，技术进步（用全要素生产率的增长率代表）主要由生产要素实际价格增长率、技术创新主体价格控制能力或规模增加（用勒纳指数增量代表）、资本市场贴现率增量和资本增长率四个变量决定。

第二节　各变量计算

以下实证检验主要围绕式（6-5），即探讨三次产业全要素生产率增长率与各自要素实际价格增长率、勒纳指数增量、创新主体资本增长率以及资本市场贴现率增量等因素之间的关系。考虑到在现实条件下信息扩散可能存在时滞，从而导致变量之间既可能存在当期影响，也可能存在滞后影响，决定采用脉冲响应函数方法来分析揭示上述变量之间的关系。以下实证研究分为三步：第一，归集变量并提取观察值，接着对数据的稳定性和格兰杰因果关系展开检验，鉴于研究变量的样本点较少；第二，利用 Bootstrap 似然比检验方法判断变量间的格兰杰因果关系；第三，运用脉冲响应函数研究各变量对全要素生产率增长率的长期影响。

一　生产要素价格计算

（一）劳动力价格

劳动力价格采用三次产业在岗职工年平均工资表示，计算在岗职工年平均工资的所有原始数据来源于《中国劳动统计年鉴》（2011），使用数据的时间区间为1992—2010年。使用的数据包括分行业职工年末人数和分行业职工工资总额，将三次产业的划分情况界定如下，1992—2002年的数据中第一产业包括农业、林业、牧业、渔业；第二产业包括采掘业、制造业、电力、煤气及水的生产和供应业，建筑业；第三产业不包括国家机关、政党机关和社会团体及其他。由于统计指标变化，2003—2010年的数据中第一产业和第二产业的指标和1992—2002年一致，第三产业不包括公共管理和社会组织。将各次产业的工资总额除以相应产业年末在岗职工人数就得到了三次产业在岗职工的年平均工资，将工资总额换算成万元，人数为万人，计算结果的单位为万元/年·人，具体结果见表6-1。

表6-1   三次产业在岗职工年平均工资

| 年份 | 第一产业在岗职工 | | | 第二产业在岗职工 | | | 第三产业在岗职工 | | |
	人数（万人）	工资总额（亿元）	平均工资（万元/年·人）	人数（万人）	工资总额（亿元）	平均工资（万元/年·人）	人数（万人）	工资总额（亿元）	平均工资（万元/年·人）
1992	758.0	139.6	0.18	7616.0	2103.4	0.28	5422.0	1424.0	0.26
1993	708.0	143.0	0.20	7779.0	2663.9	0.34	5277.0	1720.3	0.33
1994	680.0	191.5	0.28	7654.0	3382.9	0.44	5435.0	2549.2	0.47
1995	660.0	230.1	0.35	7663.0	4083.4	0.53	5492.0	2986.6	0.54
1996	617.0	246.4	0.40	7486.0	4387.0	0.59	5564.0	3422.1	0.62
1997	612.0	262.8	0.43	7220.0	4509.8	0.62	5631.0	3804.6	0.68
1998	546.0	249.9	0.46	5598.0	4166.6	0.74	5001.0	3954.3	0.79
1999	518.8	252.9	0.49	5206.6	4211.3	0.81	4863.8	4344.7	0.89
2000	494.4	260.1	0.53	4846.4	4409.4	0.91	4728.6	4787.6	1.01
2001	458.5	268.2	0.58	4570.6	4646.5	1.02	4571.2	5467.5	1.20
2002	430.5	278.1	0.65	4485.3	5069.8	1.13	4466.2	6171.3	1.38
2003	459.7	322.6	0.70	4445.7	5729.8	1.29	4440.3	6920.9	1.56
2004	438.1	335.4	0.77	4522.8	6599.1	1.46	4444.7	7915.4	1.78
2005	414.2	346.7	0.84	4742.1	7811.6	1.65	4480.5	9165.8	2.05
2006	402.1	379.5	0.94	4974.6	9363.8	1.88	4548.5	10710.4	2.35
2007	385.5	431.1	1.12	5141.5	11216.1	2.18	4639.8	13076.4	2.82
2008	362.4	472.3	1.30	5122.9	13250.4	2.59	4738.2	15770.0	3.33
2009	327.5	488.4	1.49	5266.5	14905.6	2.83	4892.4	18462.0	3.77
2010	327.8	567.1	1.73	5496.5	17862.6	3.25	5061.6	21710.3	4.29

（二）资本价格

资本价格采用固定资产投资价格指数表示，三次产业资本价格相同。固定资产投资价格指数的数据来源为中经网统计数据库，具体数据见表6－2。

表6－2 1992—2010 年资本价格（固定资产投资价格指数，1991＝100）

年份	资本价格	年份	资本价格
1992	115.3	2002	182.4
1993	145.9	2003	186.4
1994	161.1	2004	196.8
1995	170.6	2005	199.9
1996	177.4	2006	202.9
1997	180.4	2007	210.8
1998	180	2008	229.6
1999	179.3	2009	224.1
2000	181.3	2010	232.2
2001	182		

二　三次产业劳动产出弹性计算

根据 C—D 生产函数特征，本章劳动产出弹性的计算是依据三次产业劳动报酬在各自产业增加值中的比重得出。三次产业增加值数据来源于中经网统计数据库，1993—2004 年劳动报酬数据来源于《中国国内生产总值核算历史资料：1952—2004》，1992 年及 2005 年以后的劳动报酬数据采用自回归法推算，具体来说，将第一产业、第二产业、第三产业第 t 期的劳动报酬分别记为 $W_{1,t}$、$W_{2,t}$、$W_{3,t}$，第 $t-1$ 期资本存量分别记为 $W_{1,t-1}$、$W_{2,t-1}$、$W_{3,t-1}$，各产业使用的自回归方程如下（小括号内的数值是相应变量的 t 值）：

第一产业回归方程为：

$$\hat{W}_{1,t} = 1.09 W_{1,t-1}$$
$$(29.43) \qquad \overline{R}^2 = 0.71$$

第二产业回归方程为：

$$\hat{W}_{2,t} = 1.11 W_{2,t-1}$$
$$(61.90) \qquad \overline{R}^2 = 0.97$$

第三产业回归方程为：

$$\hat{W}_{3,t} = 1.15 W_{3,t-1}$$

$$(110.92) \qquad \overline{R}^2 = 0.99$$

三次产业劳动产出弹性计算结果见表6-3。

表6-3 三次产业劳动产出弹性计算结果

年份	第一产业			第二产业			第三产业		
	增加值（亿元）	劳动报酬（亿元）	α_1	增加值（亿元）	劳动报酬（亿元）	α_2	增加值（亿元）	劳动报酬（亿元）	α_3
1992	5866.60	5347.02	0.91	11699.50	5724.39	0.49	9357.38	4137.94	0.44
1993	6963.76	5845.50	0.84	16454.43	6335.17	0.39	11915.73	4753.90	0.40
1994	9572.69	7842.40	0.82	22445.40	8373.86	0.37	16179.76	6612.78	0.41
1995	12135.81	10162.12	0.84	28679.46	10900.39	0.38	19978.46	8534.30	0.43
1996	14015.39	11833.33	0.84	33834.96	12663.05	0.37	23326.24	10207.29	0.44
1997	14441.89	12492.85	0.87	37543.00	14475.83	0.39	26988.15	11985.80	0.44
1998	14817.63	12821.20	0.87	39004.19	15701.86	0.40	30580.47	13437.37	0.44
1999	14770.03	12601.66	0.85	41033.58	16497.69	0.40	33873.44	14982.79	0.44
2000	14944.72	12680.57	0.85	45555.88	17996.50	0.40	38713.95	17300.64	0.45
2001	15781.27	13231.63	0.84	49512.29	19507.24	0.39	44361.61	19612.41	0.44
2002	16537.02	13669.36	0.83	53896.77	21487.14	0.40	49898.90	22420.28	0.45
2003	17381.72	14303.73	0.82	62436.31	25061.78	0.40	56004.73	24906.02	0.44
2004	21412.73	18896.99	0.88	73904.31	26532.56	0.36	64561.29	24267.67	0.38
2005	22420.00	20658.69	0.92	87598.09	29363.51	0.34	74919.28	27880.08	0.37
2006	24040.00	22584.63	0.94	103719.54	32496.52	0.31	88554.88	32030.23	0.36
2007	28627.00	24690.11	0.86	125831.36	35963.81	0.29	111351.95	36798.16	0.33
2008	33702.00	26991.89	0.80	149003.44	39801.06	0.27	131339.99	42275.82	0.32
2009	35226.00	29508.25	0.84	157638.78	44047.71	0.28	148038.04	47737.52	0.32
2010	40533.60	32259.20	0.80	187383.21	48747.47	0.26	173595.98	53904.82	0.31

三 三次产业资本存量增长率、需求弹性和随机贴现因子计算

根据第五章关于资本存量的计算结果计算了三次产业资本增长率（见表6-4）。从表6-4可以看出，大致来讲，第一产业资本增长率水平低于第二产业、第二产业资本增长率水平低于第三产业。

表 6 - 4　　　　　　　三次产业资本增长率计算结果　　　　　单位:%

年份	第一产业	第二产业	第三产业
1992	3.32	11.62	10.96
1993	3.09	14.70	16.35
1994	6.48	13.18	19.26
1995	7.92	17.53	26.89
1996	5.08	11.09	17.17
1997	5.74	9.71	15.91
1998	6.64	8.11	17.25
1999	6.73	7.31	16.05
2000	6.88	7.92	14.45
2001	6.54	7.73	14.43
2002	7.61	9.99	14.16
2003	7.51	9.69	15.27
2004	7.74	9.69	15.27
2005	7.96	9.69	15.27
2006	8.18	9.69	15.27
2007	8.38	9.69	15.27
2008	8.57	9.69	15.27
2009	8.75	9.69	15.27
2010	8.92	9.69	15.27

随机贴现因子的计算过程参见第五章最优产业结构的定量测算部分，其计算结果见表 6 - 5。

表 6 - 5　　　　　　　　随机贴现因子计算结果

年份	贴现因子	年份	贴现因子
1992	0.6392	2002	0.8052
1993	0.7531	2003	0.7178
1994	1.5727	2004	0.6163
1995	2.3867	2005	0.5915
1996	2.2125	2006	0.7010
1997	1.8625	2007	0.6076
1998	0.8878	2008	0.6268
1999	1.0059	2009	0.7838
2000	0.9701	2010	0.7727
2001	0.7935		

价格水平的度量采用三次产业的定基价格指数代替，其中，第一产业和第三产业的价格指数用居民消费价格指数代替，1978 年 = 100；第二产业价格指数用工业品出厂价格指数代替，1985 年 = 100。三次产业价格指数的数据来源均为中经网统计数据库。三次产业价格水平数据见表 6 - 6。

表 6 - 6   三次产业价格水平

年份	第一产业（1978 = 100）	第二产业（1985 = 100）	第三产业（1978 = 100）
1992	238.1	180.4	238.1
1993	273.1	223.7	273.1
1994	339	267.3	339
1995	396.9	307.1	396.9
1996	429.9	316	429.9
1997	441.9	315	441.9
1998	438.4	302.1	438.4
1999	432.2	294.8	432.2
2000	434	303.1	434
2001	437	299.2	437
2002	433.5	292.6	433.5
2003	438.7	299.3	438.7
2004	455.8	317.6	455.8
2005	464	333.2	464
2006	471	343.2	471
2007	493.6	353.8	493.6
2008	522.7	378.2	522.7
2009	519	357.8	519
2010	536.1	377.5	536.1

四 计算结果汇总

根据三次产业产品需求弹性结果以及勒纳指数计算公式，计算三次产业勒纳指数，结果见表 6 - 7、表 6 - 8 和表 6 - 9。基于式（6 - 5），利用上述计算得到的指标计算出我国三次产业的全要素生产率增长率 $a_{t,i}$，结果见表 6 - 7、表 6 - 8 和表 6 - 9 的最后一列。

表6-7 第一产业指标计算结果汇总

年份	在岗职工年均工资（万元/年·人）	劳动产出弹性（α_1）	资本增长率（%）	随机贴现因子	勒纳指数	全要素生产率增长率（%）
1992	0.18	0.91	3.32	0.6392	0.3973	—
1993	0.20	0.84	3.09	0.7531	0.5267	- 0.54
1994	0.28	0.82	6.48	1.5727	0.6210	- 1.03
1995	0.35	0.84	7.92	2.3867	0.6671	- 0.66
1996	0.40	0.84	5.08	2.2125	0.6503	0.07
1997	0.43	0.87	5.74	1.8625	0.6310	0.25
1998	0.46	0.87	6.64	0.8878	0.6074	0.93
1999	0.49	0.85	6.73	1.0059	0.5871	- 0.09
2000	0.53	0.85	6.88	0.9701	0.5721	0.08
2001	0.58	0.84	6.54	0.7935	0.5646	0.27
2002	0.65	0.83	7.61	0.8052	0.5794	- 0.02
2003	0.70	0.82	7.51	0.7178	0.5901	0.08
2004	0.77	0.88	7.74	0.6163	0.6145	0.06
2005	0.84	0.92	7.96	0.5915	0.6186	0.01
2006	0.94	0.94	8.18	0.7010	0.6096	- 0.15
2007	1.12	0.86	8.38	0.6076	0.6425	0.09
2008	1.30	0.80	8.57	0.6268	0.6796	- 0.18
2009	1.49	0.84	8.75	0.7838	0.6796	0.06
2010	1.73	0.80	8.92	0.7727	0.6653	0.08

表6-8 第二产业指标计算结果汇总

年份	在岗职工年均工资（万元/年·人）	劳动产出弹性（α_2）	资本增长率（%）	随机贴现因子	勒纳指数	全要素生产率增长率（%）
1992	0.28	0.49	11.62	0.6392	0.6676	—
1993	0.34	0.39	14.70	0.7531	0.6351	- 0.42
1994	0.44	0.37	13.18	1.5727	0.6232	- 2.25
1995	0.53	0.38	17.53	2.3867	0.6030	- 1.21
1996	0.59	0.37	11.09	2.2125	0.5691	- 0.15
1997	0.62	0.39	9.71	1.8625	0.5677	0.19
1998	0.74	0.40	8.11	0.8878	0.5515	1.84

续表

年份	在岗职工年均工资（万元/年·人）	劳动产出弹性（α_2）	资本增长率（%）	随机贴现因子	勒纳指数	全要素生产率增长率（%）
1999	0.81	0.40	7.31	1.0059	0.5604	−0.43
2000	0.91	0.40	7.92	0.9701	0.5668	−0.06
2001	1.02	0.39	7.73	0.7935	0.5578	0.49
2002	1.13	0.40	9.99	0.8052	0.5288	0.13
2003	1.29	0.40	9.69	0.7178	0.5219	0.15
2004	1.46	0.36	9.69	0.6163	0.5093	0.28
2005	1.65	0.34	9.69	0.5915	0.5230	−0.31
2006	1.88	0.31	9.69	0.7010	0.5269	−0.95
2007	2.18	0.29	9.69	0.6076	0.5390	0.18
2008	2.59	0.27	9.69	0.6268	0.5391	−0.41
2009	2.83	0.28	9.69	0.7838	0.5552	0.14
2010	3.25	0.26	9.69	0.7727	0.5376	0.12

表6-9　　　　　　　　　第三产业指标计算结果汇总

年份	在岗职工年均工资（万元/年·人）	劳动产出弹性（α_3）	资本增长率（%）	随机贴现因子	勒纳指数	全要素生产率增长率（%）
1992	0.26	0.44	10.96	0.6392	0.2602	—
1993	0.33	0.40	16.35	0.7531	0.3799	−0.78
1994	0.47	0.41	19.26	1.5727	0.4068	−2.15
1995	0.54	0.43	26.89	2.3867	0.4200	−1.53
1996	0.62	0.44	17.17	2.2125	0.4298	−0.78
1997	0.68	0.44	15.91	1.8625	0.4671	−0.18
1998	0.79	0.44	17.25	0.8878	0.4826	1.40
1999	0.89	0.44	16.05	1.0059	0.4971	−0.67
2000	1.01	0.45	14.45	0.9701	0.5140	−0.31
2001	1.20	0.44	14.43	0.7935	0.5096	0.26
2002	1.38	0.45	14.16	0.8052	0.5361	−0.37
2003	1.56	0.44	15.27	0.7178	0.5211	0.11
2004	1.78	0.38	15.27	0.6163	0.5041	0.16
2005	2.05	0.37	15.27	0.5915	0.4951	−0.20

年份	在岗职工年均工资（万元/年·人）	劳动产出弹性(α_3)	资本增长率(%)	随机贴现因子	勒纳指数	全要素生产率增长率
2006	2.35	0.36	15.27	0.7010	0.4813	−0.78
2007	2.82	0.33	15.27	0.6076	0.4607	0.14
2008	3.33	0.32	15.27	0.6268	0.4433	−0.36
2009	3.77	0.32	15.27	0.7838	0.4438	0.16
2010	4.29	0.31	15.27	0.7727	0.4431	0.21

第三节 三次产业技术创新动力实证研究

一 数据的单位根检验

为方便后续研究，本节将三次产业全要素生产率增长率、要素实际价格增长率、勒纳指数增量、资本市场贴现率增量和技术创新主体资本增长率分别记作 $innovation_i$、$factor-price_i$、$Nena_i$、$bata$、$delta_i$（i = 1，2，3）。各个变量的单位根检验结果见表6-10。从检验结果看，上述变量的水平值均不平稳，而经过一次差分之后均平稳，意味着上述四变量均服从I（1）单整过程。

表6-10　　　　　　　　　三次产业数据的单位根检验结果

变量	ADF 检验值和临界值				检验结论
	检验值	1%	5%	10%	
$innovation_1$	−2.2880	−3.9591	−3.0810	−2.6813	不平稳
$\Delta innovation_1$	−4.7230	−4.0044 ***	−3.0989	−2.6904	平稳
$innovation_2$	−2.7414	−3.9591	−3.0810	−2.6813 *	不平稳
$\Delta innovation_2$	−5.6744	−4.0044 ***	−3.0989	−2.6904	平稳
$innovation_3$	−2.5909	−3.9591	−3.0810	−2.6813	不平稳
$\Delta innovation_3$	−5.4874	−4.0044 ***	−3.0989	−2.6904	平稳
$factor-price_1$	−1.1284	−4.1220	−3.1449	−2.7138	不平稳
$\Delta factor-price_1$	−5.0236	−4.1220 ***	−3.1449	−2.7138	平稳
$factor-price_2$	−2.1781	−3.9591	−3.0810	−2.6813	不平稳
$\Delta factor-price_2$	−3.9989	−4.0044	−3.0989 **	−2.6904	平稳
$factor-price_3$	−0.0808	−2.7719	−1.9740	−1.6029	不平稳

续表

变量	ADF 检验值和临界值				检验结论
	检验值	1%	5%	10%	
$\Delta \text{factor} - \text{price}_3$	-3.6038	-4.0044^{***}	-3.0989	-2.6904	平稳
Nena_1	-2.3781	-3.9591	-3.0810	-2.6813	不平稳
ΔNena_1	-2.6592	-2.7406	-1.9684^{**}	-1.6044	平稳
Nena_2	-3.1744	-3.9591	-3.0810^{**}	-2.6813	不平稳
ΔNena_2	-6.2823	-4.0044^{***}	-3.0989	-2.6904	平稳
Nena_3	0.0789	-4.1220	-3.1449	-2.7138	不平稳
ΔNena_3	-4.8480	-4.0579^{***}	-3.1199	-2.7011	平稳
bata	-2.6972	-3.9591	-3.0810	-2.6813^{*}	不平稳
Δbata	-5.5141	-4.0044	-3.0989	-2.6904	平稳
delta_1	0.4235	-4.1220	-3.1449	-2.7138	不平稳
Δdelta_1	-8.3456	-4.2001	-3.1754	-2.7290	平稳
delta_2	-0.8285	-2.7406	-1.9684	-1.6044	不平稳
Δdelta_2	-8.3152	-2.7406^{***}	-1.9684	-1.6044	平稳
delta_3	-2.6497	-4.0579	-3.1199	-2.7011	不平稳
Δdelta_3	-3.1059	-4.0579	-3.1199	-2.7011^{*}	平稳

注：$***$、$**$、$*$ 分别表示在 1%、5% 和 10% 的显著性水平上显著。

为考察变量之间是否存在协整关系，我们采用 innovation_i 对 $\text{factor} - \text{price}_i$、$\text{nenazhishu}_i$、bata、$\text{delta}_i$（$i = 1, 2, 3$）的 OLS 回归残差分别进行增广恩格尔—格兰杰法（AEG）进行协整检验，检验结果见表 6-11。从 OLS 回归残差的 AEG 检验结果来看，innovation_i 与 $\text{factor} - \text{price}_i$、$\text{nenazhishu}_i$、bata、$\text{delta}_i$ 存在着协整关系。

表 6-11　　　　　　　OLS 回归残差的 AEG 检验结果

检验对象			t 统计量
innovation_1 与 $\text{factor} - \text{price}_1$、$\text{nenazhishu}_1$、bata			-6.5610^{***}
innovation_2 与 $\text{factor} - \text{price}_2$、bata、$\text{delta}_2$			-4.2282^{*}
innovation_3 与 $\text{factor} - \text{price}_3$、$\text{nenazhishu}_3$、$\text{delta}_3$			-4.5995^{**}
显著性水平	1%	检验临界值	-5.43
	5%		-4.56
	10%		-4.15

注：$***$、$**$、$*$ 分别表示在 1%、5% 和 10% 的显著性水平上显著。

二 基于 VAR 模型的 Bootstrap 似然比检验

首先分别针对 $innovation_i$ 与 $factor-price_i$、$Nena_i$、$bata$、$delta_i$ 建立两变量 VAR 模型，经过 LR、FPE、AIC、SC 和 HQ 的滞后期标准检验，我们对各 VAR 模型最终选取的滞后期判断，如表 6-12 所示。

表 6-12 基于 VAR 模型的滞后期判断

变量名称	factor – price			Nena			β			Δ		
产业类型	一	二	三	一	二	三	一	二	三	一	二	三
$innovation_1$	1			2			1			3		
$innovation_2$		1			1			1			2	
$innovation_3$			1			4			1			2

含有两个变量的 $innovation_1$ 与 $factor-price_1$ 的 VAR（1）模型是：

$$innovation_1 = a + b_{11} \times innovation_{t-1} + c_{11} \times factor-price_{t-1} + u_{1t} \quad (6-6)$$

$$factor-price_t = a + b_{11} \times factor-price_{t-1} + c_{21} \times innovation_{t-1} + u_{2t} \quad (6-7)$$

原假设 H_0 为：$factor-price_1$ 不是 $innovation_1$ 的原因，于是得到约束模型：

$$innovation_1 = a + b_{11} \times innovation_{t-1} + u_{1t} \quad (6-8)$$

$$factor-price_t = a + b_{21} \times factor-price_{t-1} + c_{21} \times innovation_{t-1} + u_{2t} \quad (6-9)$$

以下步骤为：

第一，对式（6-8）和式（6-9）采用 OLS 进行估计，并获得每个估计系数和相应残差，针对残差使用 Bootstrap 方法，使用估计的系数估计 $factor-price_1$ 和 $innovation_1$ 的 1000 个 Bootstrap 样本，其余变量的处理方法类似。

第二，利用新的 1000 个 Bootstrap 样本进行格兰杰因果关系检验，检验结果见表 6-13。

表 6-13 三次产业全要素生产率增长率与影响因素的格兰杰因果关系检验结果

Null 假设	F 统计量	P 概率
F_1 不是格兰杰 A_1 的原因	0.5253	0.6808
A_1 不是格兰杰 F_1 的原因	1.2537	0.3708
$Nena_1$ 不是格兰杰 A_1 的原因	3.7920	0.0775
A_1 不是格兰杰 $Nena_1$ 的原因	0.3338	0.8019
β 不是格兰杰 A_1 的原因	0.7951	0.5398

续表

Null 假设	F 统计量	P 概率
A_1 不是格兰杰 β 的原因	0.7747	0.5492
Δ 不是格兰杰 A_1 的原因	7.7916	0.0171
A_1 不是格兰杰 Δ_1 的原因	12.3851	0.0056
F_2 不是格兰杰 A_2 的原因	0.2045	0.6592
A_2 不是格兰杰 F_2 的原因	0.7191	0.4130
$Nena_2$ 不是格兰杰 A_2 的原因	1.4580	0.2505
A_2 不是格兰杰 $Nena_2$ 的原因	2.1769	0.1658
β 不是格兰杰 A_2 的原因	0.6706	0.4288
A_2 不是格兰杰 β 的原因	0.7022	0.4184
Δ_2 不是格兰杰 A_2 的原因	0.0422	0.0407
A_2 不是格兰杰 Δ_2 的原因	1.8066	0.2038
F_3 不是格兰杰 A_3 的原因	4.0747	0.0677
A_3 不是格兰杰 F_3 的原因	1.4312	0.3235
$Nena_3$ 不是格兰杰 A_3 的原因	1.3151	0.3535
A_3 不是格兰杰 $Nena_3$ 的原因	1.9154	0.2283
β 不是格兰杰 A_3 的原因	3.9055	0.0733
A_3 不是格兰杰 β 的原因	5.1453	0.0426
Δ_3 不是格兰杰 A_3 的原因	4.4303	0.0576
A_3 不是格兰杰 Δ_3 的原因	5.0931	0.0435

为进一步分析变量间相关性，以下分别针对三次产业全要素生产率增长率（$innovation_i$）与其相应的影响因素［要素实际价格增长率 $factor-price_i$、勒纳指数增量 $Nena_i$、资本市场贴现率增量 β 和技术创新主体资本增长率 $delta_i$（$i=1, 2, 3$）］求相关系数，由于样本量较小（1993—2010年共18个样本），直接求出的相关系数只是一个随机结果，为了弥补这个缺陷，Bootstrap 方法在小样本时重复抽样效果很好，因此本章利用 Persi Diaconis 和 Bradley Efron（1983）的 Bootstrap（自助法）对三次产业全要素生产率增长率与其相应的影响因素进行重复抽样，每次抽样都是进行8000次，最终得到新采样的相关系数（三次产业相关系数散点图与相应的抽样分布参见附图 A1 至附图 A3）。

第一产业全要素生产率增长率与实际要素价格增长率的相关系数为0.1859，经过8000次的有放回抽样，可得相关系数在绝大多数位于［-0.6，0.8］之间，表明相关系数具有不确定的相关性。

　　第一产业全要素生产率增长率与勒纳指数增量相关系数为 0.7851，经过 8000 次的有放回抽样，可得相关系数在绝大多数位于 [0.5，1] 之间，表明相关系数具有确定相关性。第一产业的规模越大，技术创新越明显。

　　第一产业全要素生产率增长率与资本市场贴现率增量相关系数为 0.9741，经过 8000 次的有放回抽样，可得相关系数在绝大多数位于 [0.85，1] 之间，表明相关系数具有确定的相关性。表明第一产业的资本市场贴现率增量越大，技术创新越明显。

　　第一产业全要素生产率增长率与资本增长率的相关系数为 -0.4618，经过 8000 次的有放回抽样，可得相关系数在绝大多数位于 [-1，0.8] 之间，表明相关系数具有不确定的相关性。

　　第二产业全要素生产率增长率与实际要素价格增长率相关系数为 0.8327，经过 8000 次的有放回抽样，可得相关系数在绝大多数位于 [0.5，1] 之间，表明相关系数具有确定的相关性，第二产业实际要素价格增长率越高，第二产业技术创新越明显。

　　第二产业全要素生产率增长率与勒纳指数增量的相关系数为 -0.0184，经过 8000 次的有放回抽样，可得相关系数在绝大多数位于 [-0.6，0.6] 之间，表明相关系数具有不确定的相关性。

　　第二产业全要素生产率增长率与资本市场贴现率增量相关系数为 0.9815，经过 8000 次的有放回抽样，可得相关系数在绝大多数位于 [0.9，1] 之间，表明相关系数具有确定的相关性，第二产业资本市场贴现率增量越大，技术创新越明显。

　　第二产业全要素生产率增长率与资本增长率的相关系数为 0.2426，经过 8000 次的有放回抽样，可得相关系数在绝大多数位于 [-0.6，0.8] 之间，表明相关系数具有不确定的相关性。

　　第三产业全要素生产率增长率与实际要素价格增长率的相关系数为 0.5942，经过 8000 次的有放回抽样，可得相关系数在绝大多数位于 [-0.2，0.8] 之间，表明相关系数具有不确定的相关性。

　　第三产业全要素生产率增长率与勒纳指数增量的相关系数为 0.2685，经过 8000 次的有放回抽样，可得相关系数在绝大多数位于 [0，0.5] 之间，表明相关系数具有确定的相关性，第三产业勒纳指数增量越大，技术创新越明显。

第三产业全要素生产率增长率与资本市场贴现率增量的相关系数为0.9701，经过8000次的有放回抽样，可得相关系数在绝大多数位于[0.8，1]之间，表明相关系数具有确定的相关性，第三产业资本市场贴现率增量越大，技术创新越明显。

第三产业全要素生产率增长率与资本增长率相关系数为0.0810，经过8000次有放回抽样，可得相关系数在绝大多数位于[-0.4，0.6]之间，表明相关系数具有不确定的相关性。

三　三次产业全要素生产率增长率与影响因素的脉冲响应函数

（一）第一产业全要素生产率增长率与影响因素之间的关系

基于格兰杰因果检验结果，因此采用 SVAR 方法分析勒纳指数增量和资本增长率与全要素生产率增长率关系（见表6-14），其中，根据经济理论，施加的两个约束条件是：（1）第一产业全要素生产率增长率不受当期勒纳指数增量变化的影响，即 $a_{12}=0$；（2）第一产业全要素生产率增长率不受当期资本增长率变化的影响，即 $a_{13}=0$。

表6-14　　　　　　　　　　第一产业 SVAR 模型估计结果

	相关系数	标准差	z 统计量	P 概率
C(1)	-7.426529	1.507421	-4.926646	0.0000
C(2)	-5.126020	1.038535	-4.935817	0.0000
C(3)	-39.48247	7.743734	-5.098635	0.0000
C(4)	325.3198	63.79521	5.099440	0.0000
log likelihood	73.85735			
LR test for over-identification				
$\chi^2(2)$	47.34908		概率	0.0000
Estimated A matrix				
1.000000	0.000000	0.000000		
-7.426529	1.000000	325.3198		
-5.126020	-39.48247	1.000000		
Estimated B matrix				
1.000000	0.000000	0.000000		
0.000000	1.000000	0.000000		
0.000000	0.000000	1.000000		

　　表6-14显示的SVAR参数估计结果是基于Cholesky分解的递归形式的短期约束得出的。从估计结果看，系数均在1%显著性水平上显著，对这三个变量系统进行脉冲响应分析（见图6-1）。从图6-1可以看出，当在本期给第一产业勒纳指数增量一个正向冲击以后，在前4期，第一产业全要素生产率增长率的响应较为不稳定，短期内由正向响应波动变为负向响应，随后维持稳定的正向响应，表明第一产业勒纳指数增量的提高在长期内促进了第一产业全要素生产率增长率上升（亦即促进了第一产业的技术进步），说明第一产业规模越大，全要素生产率增长率越显著；当本期给第一产业资本增长率一个正向冲击以后，第一产业全要素生产率增长率维持长期的正向稳定的响应，表明第一产业资本增长率的提高在长期促进了第一产业全要素生产率增长率的增加（亦即促进了第一产业的技术进步）。

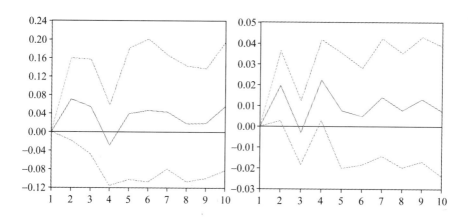

图6-1 第一产业全要素生产率增长率对相关变量冲击的响应

　　由于第一产业实际要素价格增长率和资本市场贴现率增量对第一产业全要素生产率增长率不具有格兰杰因果关系，因此采用OLS方法估计两者对第一产业全要素生产率增长率的影响［见式（6-10）］，从式（6-10）的估计结果来看，第一产业实际要素价格增长率、资本市场贴现率增量的系数均为正，表明第一产业实际要素价格增长率越高，第一产业全要素生产率增长率越快；第一产业资本市场贴现率增量越大，第一产业全要素生产率增长率也越快。

$$A_1 = -0.1730 + 1.9146F_1 + 1.3466\beta \qquad (6-10)$$
$$\quad (-3.5904) \ (2.7435) \ (19.3445)$$

$\overline{R}^2 = 0.9626 \quad DW = 1.1636$

注：括号内为相应估计参数的 t 值。

（二）第二产业全要素生产率增长率与影响因素之间的关系

第二产业资本增长率与全要素生产率增长率之间存在格兰杰因果关系，我们对这两个变量建立具有短期约束条件的 SVAR 模型，根据经济理论，再施加一个约束条件：第二产业全要素生产率增长率不受当期资本增长率的影响，即 $a_{12}=0$。SVAR 模型估计结果见表 6 - 15，从估计结果看，系数均在 10% 的显著性水平上显著，我们对这两个变量系统进行脉冲响应分析（见图 6 - 2）。从图 6 - 2 可以看出，当本期给第二产业资本增长率一个正向冲击后，在前 7 期，第二产业全要素生产率增长率的响应较不稳定，短期内由负向响应波动变为正向响应；在第 7 期以后，第二产业全要素生产率增长率对资本增长率呈现稳定的负向响应，表明第二产业资本增长率的提高在长期内减弱了第二产业全要素生产率增长率（亦即抑制了第二产业的技术进步）。

表 6 - 15　　　　　　　　　　第二产业 SVAR 模型估计结果

	相关系数	标准差	z 统计量	P 概率
C(1)	- 0.019883	0.011742	- 1.693286	0.0904
C(2)	0.693095	0.135927	5.099020	0.0000
C(3)	0.029344	0.005755	5.099020	0.0000
log likelihood	13.74592			
Estimated A matrix				
1.000000	0.000000			
- 0.019883	1.000000			
Estimated B matrix				
0.693095	0.000000			
0.000000	0.029344			

由于第二产业实际要素价格增长率、资本市场贴现率增量、勒纳指数增量对第二产业全要素生产率增长率不具有格兰杰因果关系，因此我们采用 OLS 方法估计了三者对第二产业全要素生产率增长率的影响［估计结果见式(6 - 11) 和式 (6 - 12)］，从式 (6 - 11) 估计结果看，第二产业实

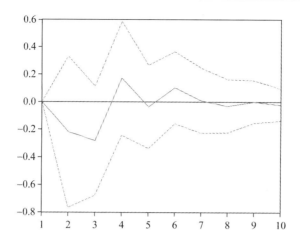

图6-2　第二产业全要素生产率增长率对第二产业资本增长率冲击的响应

际要素价格增长率的系数为正，表明第二产业实际要素价格增长率越高，第二产业技术进步越快；从式（6-12）的估计结果来看，第二产业资本市场贴现率增量越大，第二产业全要素生产率增长率越快，第二产业勒纳指数增量越大，第二产业全要素生产率增长率越快。

$$A_2 = -0.8742 + 21.3515F_2 \qquad\qquad (6-11)$$
$$\quad(-4.9935)\quad(5.6261)$$

$$\overline{R}^2 = 0.6714 \quad DW = 2.4190$$

注：括号内为相应估计参数的 t 值。

$$A_2 = -0.2283 + 2.7491\beta + 2.1098N_2 \qquad\qquad (6-12)$$
$$\quad(-5.0630)\quad(21.1046)\quad(1.9506)$$

$$\overline{R}^2 = 0.9673 \quad DW = 1.5791$$

注：括号内为相应估计参数的 t 值。

（三）第三产业全要素生产率增长率与影响因素之间的关系

第三产业实际要素价格增长率、资本市场贴现率增量、资本增长率与全要素生产率增长率之间存在格兰杰因果关系，对这四个变量建立具有短期约束条件的 SVAR 模型，根据经济理论，再施加以下四个约束条件：（1）第三产业全要素生产率增长率对当期实际要素价格增长率变化没有反应，即 $a_{12} = 0$；（2）第三产业全要素生产率增长率对当期资本市场贴现率增量变化没有反应，即 $a_{13} = 0$；（3）第三产业全要素生产率增长率对当期资本增长率变化没有反应，即 $a_{14}=0$；（4）全要素实际价格增长率对当期资本市场贴现率增量变化没有反应，即 $a_{23}=0$。SVAR 模型估计结果见表6-16，从估计结果看，除C(1)系数不显著以外，其余系数均在1%的显著性水平上显著，我们对这四个变量系统进行脉冲响应分析（见图6-3）。图6-3(a)是第三产业全要素生产率增长率对实际要素价格增长率冲击的响应；图6-3(b)是第三产业全要素生产率增长率对资本增长率冲击的响应；图6-3(c)是第三产业全要素生产率增长率对资本市场贴现率增量冲击的响应。

表6-16　　　　　　　　　第三产业 SVAR 模型估计结果

	相关系数	标准差	z 统计量	P 概率
C(1)	-0.421292	0.268059	-1.571638	0.1160
C(2)	1.818428	0.483915	3.757741	0.0002
C(3)	12.33251	2.296799	5.369433	0.0000
C(4)	-82.19451	14.76014	-5.568680	0.0000
C(5)	48.83741	19.49262	2.505430	0.0122
C(6)	-35.97893	6.567900	-5.477997	0.0000
C(7)	28.20655	5.106953	5.523167	0.0000
C(8)	-18.99393	8.064350	-2.355296	0.0185
log likelihood	86.86753			
LR test for over – identification				
$\chi^2(2)$	7.491455		P 概率	0.0236
Estimated A matrix				
1.000000	0.000000	0.000000	0.000000	
-0.421292	1.000000	0.000000	28.20655	
1.818428	-82.19451	1.000000	-18.99393	
12.33251	48.83741	-35.97893	1.000000	
Estimated B matrix				
1.000000	0.000000	0.000000	0.000000	
0.000000	1.000000	0.000000	0.000000	
0.000000	0.000000	1.000000	0.000000	
0.000000	0.000000	0.000000	1.000000	

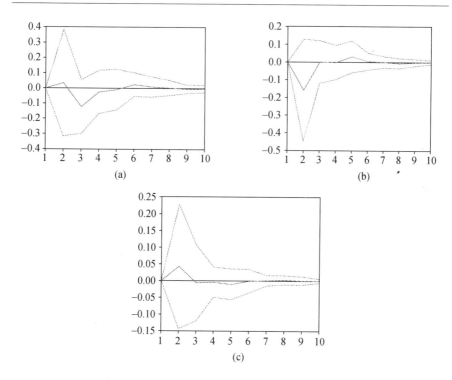

图6-3　第三产业全要素生产率对第三产业相关变量冲击的响应

从图6-3(a) 可以看出，当本期给第三产业实际要素价格增长率一个正向冲击以后，在前5期，第三产业全要素生产率增长率的响应较为不稳定，短期内由正向响应波动变为负向响应；在第5期以后，维持稳定的正向响应，表明第三产业实际要素价格增长率的提高在长期内促进了第三产业全要素生产率增长率的上升（亦即促进了第三产业的技术进步）；从图6-3(b)可以看出，当在本期给第三产业资本增长率一个正向冲击以后，第三产业全要素生产率增长率在前两期的响应为负，之后维持长期的正向稳定的响应，表明第三产业资本增长率的提高在长期促进了第三产业全要素生产率增长率的增加（亦即促进了第三产业的技术进步）；从图6-3(c)可以看出，当本期给第三产业资本市场贴现率增量一个正向冲击以后，第三产业全要素生产率增长率为稳定的负向响应，意味着在长期内第三产业资本市场贴现率增量越大，第三产业全要素生产率增长率越慢。由于第三产业勒纳指数增量对第三产业全要素生产率增长率不具有格兰杰因果关系，经过检验，两者之间的相关系数为0.57，表明第三产业勒纳指数增量越大，第三产业全要素生产率增长率越快。

第四节 本章小结

本章研究的技术创新不区分技术创新的类型（产品创新、过程创新、工艺创新等），而是一般意义上包括技术创新的所有范畴。与以往研究相比，其主要特点是：第一，综合以往研究的多个变量，将企业规模、需求拉动、要素价格波动、劳动者报酬份额、资本存量扩张、产品需求弹性等多个因素纳入技术创新的影响因素范畴，构建了决定技术创新动力内在机制的理论模型。第二，该完全出清的市场模型适用于企业层面和产业层面的实证研究，能够体现出技术创新与各影响因素的相关关系，克服了以往研究只针对某一因素进行分析的局限性，并利用中国三次产业的数据实证检验了中国各产业技术创新动力的差异性。第三，在考察要素价格变动对技术创新动力影响时，剔除了价格变动因素，从而以实际要素价格作为技术创新动力的影响因素。第四，从一个全新的视角构造决定技术创新动力的理论模型，并对其进行实证检验，结果证实了张自然、王宏森、袁富华等（2010）和叶振宇、叶素云（2010）关于技术创新动力的相关论点。

一 研究结论

（一）生产要素价格实际增长率与全要素生产率增长率的关系

第一产业、第二产业实际要素价格增长率越高，第一产业、第二产业全要素生产率增长率越快；当在本期给第三产业实际要素价格增长率一个正向冲击以后，在前5期，第三产业全要素生产率增长率的响应较为不稳定，短期内由正向响应波动变为负向响应；在第5期以后，维持稳定的正向响应，表明第三产业实际要素价格增长率的提高在长期内促进了第三产业全要素生产率增长率的上升。

（二）资本增长率与全要素生产率增长率关系

当本期给第一产业资本增长率一个正向冲击以后，第一产业全要素生产率增长率维持长期的正向稳定的响应，表明第一产业资本增长率的提高在长期促进了第一产业全要素生产率增长率的增长；当在本期给第二产业资本增长率一个正向冲击以后，在前7期，第二产业全要素生产率增长率的响应较为不稳定，短期内由负向响应波动变为正向响应；在第7期以后，第二产业全要素生产率增长率对资本增长率呈现稳定的负向响应，表明第二产业资本增长率的提高在长期内减弱了第二产业全要素生产率增长率。当本期给第三产业资本增长率一个正向冲击后，第三产业全要素生产率增长率在前两期的响应为负，之后维持长期的正向稳定的响应，表明第三产业资本增长率的提高在长期提高了第三产业全要素生产率增长率。

（三）资本市场贴现率增量与全要素生产率增长率关系

第一产业、第二产业资本市场贴现率增量越大，第一产业、第二产业全要素生产率增长率越快；当在本期给第三产业资本市场贴现率增量一个正向冲击后，第三产业全要素生产率增长率为稳定的负向响应，意味着在长期内，第三产业资本市场贴现率增量越大，第三产业全要素生产率增长率越慢。

（四）勒纳指数增量与全要素生产率增长率关系

当在本期给第一产业勒纳指数增量一个正向冲击以后，在前4期，第一产业全要素生产率增长率的响应较为不稳定，短期内由正向响应波动变为负向响应；随后维持稳定的正向响应，表明第一产业勒纳指数增量的提高在长期内促进了第一产业全要素生产率增长率的上升，说明第一产业规模越大，全要素生产率增长率越显著。同样，第二产业、第三产业勒纳指数增量越大，第二产业、第三产业全要素生产率增长率越快。

二　关于培育和发展我国战略性新兴产业的启示

需要说明的是，采用全国产业层面数据进行研究的优势是：能够归纳总结出超越行业、地理等方面特征和企业自身因素影响的一般性及普适性规律。只有这样的规律，才能够对由众多行业类型的、地理特征及个体特征的企业组成的战略性新兴产业的发展起到他山之石的作用。基于上述三次产业技术创新影响因素的相关结论，对于我国发展和培育战略性新兴产业具有一定的启示意义。

第一，在培育发展战略性新兴产业过程中，应当通过市场供求机制合理提高要素实际价格增长率，充分发挥生产要素价格对技术创新的倒逼机制作用，从而为企业的技术创新提供必要的推动力。在职工薪酬分配方面，要构建一个和劳动力市场实行有效接轨的富有弹性的薪酬体系和结构，并借助金融危机的有利时期，以高薪酬和福利进一步加强高素质人才的引进。

第二，对于第一产业的战略性新兴产业而言，要适度加大资本投入力度，解决在投资和融资方面的不足，但对于属于第二产业和第三产业的战略性新兴产业，要适度减少资本投入数量，提升资本应用效率，避免出现单纯追求引进外来技术而不愿进行自主创新状况。必须将引进技术从根本上内化，借此打造出具有自己知识产权的新产品，并形成了专有技术。只有切实提高第二产业和第三产业自主创新能力，才能解决战略性新兴产业技术创新动力不足问题。

第三，鉴于价格控制能力较强的企业全要素生产率增长率更高的结论，我国应当适度培育和发展大型战略性新兴企业，确立以大型战略性新兴企业为核心的产业链发展模式，因为这种企业具有更强的创新动力，能够更好地带动技术创新的发展，在战略性新兴产业发展过程中起到技术领军带头作用。鉴于战略性新兴产业具高成长性、高回报率和高风险性特征，有效的产业激励政策将有助于降低产业风险，促进产业发展。因此，在新兴产业发展初期，政府应鼓励企业较早进入获取先动优势，并帮助企业化解外部风险，尽可能减少竞争，适当提高进入壁垒。

第四，由于战略性新兴产业主要集中于第一产业和第二产业，因此需降低企业的资本使用成本，提高直接融资比重。战略性新兴产业在起步阶段和研发方面需要巨额资金的支持，政府的直接融资和税收方面的优惠会成为战略性新兴产业发展的坚强后盾。在银行信贷上，给予特殊的贷款和利率方面的优惠，可以在很大程度上减轻战略性新兴产业发展所需的资金负担。

第七章　产业结构升级机制：产业协同发展与政府作用

第一节　引言

　　战略性新兴产业的技术带动效应与传统产业转型升级能否实现协同发展，是构建产业结构升级机制的着力点，一直成为学术界与政府产业政策制定持续关注的热点。虽然中国七大领域的战略性新兴产业受到政策的大力支持表现出良好的发展态势，但其与传统产业的协同程度则处于较低水平。自 2009 年以来，我国战略性新兴产业、传统产业发展方面存在较大问题，《中国私营经济年鉴》（2010—2012）披露的数据显示，2011 年中国民营企业 500 强中有 66 家因为传统产业空间小而进入战略性新兴产业，占 500 强比重为 13.20%；由于政府鼓励而进入战略性新兴产业的有 203 家，占 40.60%。从上述统计数据可以看出，产业发展受政府与市场影响程度较大，产业协同发展须全面布局产业体系和优化政府行为。当前中国部分传统产业产能过剩、环境污染加剧与部分新兴产业剧烈震荡形成的产业发展体系要从根源上得到有效控制，就必须从产业协同发展的内在逻辑与政府功能定位上寻找破解思路。

　　由于新兴产业与传统产业的根本区别在于技术差异性，国外文献主要从技术生命周期理论和耗散结构理论等视角研究产业演化发展规律。其中，安德森和图什曼（Anderson and Tushman，1990）指出，技术演化模型被认为是技术生命周期理论的经典模型[①]；随后得到卡普兰和特里普萨

---

　　① Anderson, P., M. L. Tushman, 1990, "Technological Discontinuities and Dominant Designs: A Cyclical Model of Technological Change". *Administrative Science Quarterly*, 35 (4): 604–633.

斯（Kaplan and Tripsas，2008）[1]、默曼和弗伦肯（Murmann and Frenken（2006）[2] 以及 Suarez（2004）[3] 的广泛拓展；麦加恩等（McGahan et al.，2004）[4] 认为，这些文献主要关注的是技术演化、产业内技术进步和产业演化过程；Dosi（1982）认为，主要研究的是宏观层面的技术轨迹。[5] 苏屹（2013）指出，耗散结构理论最早由比利时物理学家 I. Prigogine 在1969 年关于《耗散结构与生命》的国际会议报告中提出，并与汤姆（R. Thom）的"突变论"、哈肯（H. Haken）的"协同论"一起构成系统科学的"新三论"，并在经济学研究中得到广泛应用。[6] 耗散结构理论和耦合系统演化理论通常被应用于产业创新系统和协同发展问题的理论层面研究，正确判断战略性新兴产业与传统产业的耦合程度与阶段是政府政策制定的基础。

国内学者对产业协同发展的研究具有以下特征：第一，从理论层面界定新兴产业与传统产业发展的阶段划分；第二，采用典型案例进行实证研究；第三，从理论层面提出促进产业协同发展的政策建议；第四，现有的文献主要是从评价方法、视角和内容上展开。从研究方法看，国内学者主要利用系统学、协同学与耗散结构理论分析复杂系统或产业协同机制。孟庆松和韩文秀（2000）基于系统学视角首次提出复合因子、协调机制的概念，建立了一类可实际计算的复合系统的协调度模型，并以"教育—经济—科技"的复合系统为例，对该模型的有效性进行了验证。[7] 王宏起和徐玉莲（2012）采用有序度模型和复合系统协同度模型，测度了2000—2010 年中国科技创新和科技金融的复合系统协同度区间为

① Kaplan, S., M. Tripsas, 2008, "Thinking about Technology: Applying a Cognitive lens to Technical Change". *Research Policy*, 37（5），pp. 790 – 805.

② Murmann, J. P., K. Frenken, 2006, "Toward a Systematic Framework for Research on Dominant Designs, Technological Innovations, and Industrial Change". *Research Policy*, 35（7），pp. 925 – 952.

③ Suarez, F. F., 2004, "Battles for Technological Dominance: An Integrative Framework". *Research Policy*, 33（2），pp. 271 – 286.

④ McGahan, A. M., N. Argyres et al., 2004, "Context, Technology and Strategy: Forging New Perspectives on the Industry Life Cycle". *Advances in Strategic Management*，（21），pp. 1 – 21.

⑤ Dosi, G., 1982, "Technological Paradigms and Technological Trajectories: A Suggested Interpretation of the Determinants and Directions of Technical Change". *Research Policy*, 11（3）：147 – 162.

⑥ 苏屹：《耗散结构理论视角下大中型企业技术创新研究》，《管理工程学报》2013 年第 2 期。

⑦ 孟庆松、韩文秀：《复合系统协调度模型研究》，《天津大学学报》2000 年第 4 期。

［-0.2，0.2］，表明我国还未形成科技创新与科技金融的协同发展机制。① 綦良群和孙凯（2007）结合协同学和耗散结构理论，对高新技术产业与传统产业的协同发展机理进行了理论分析，并以东北老工业基地振兴为例，提出促进老工业基地产业的协同发展机制，认为高技术产业与传统产业的子系统兼有竞争和协同的相互作用，最终导致产业涨落，而且这种涨落必须有人参与，只有通过制定合理的产业政策，才能促进形成具有耗散结构特征的产业系统。②

从研究视角看，近年来，部分学者从产业耦合发展模型与博弈模型角度研究了战略性新兴产业与传统产业发展关系。熊勇清和李世才（2010）从产业要素、产业结构和产业布局等视角对战略性新兴产业与传统产业子系统的耦合内容进行了细致的理论分析，并从理论层面阐述了耦合过程：萌芽阶段、成长阶段、发展阶段初期和发展阶段中后期分别对应于无耦合、低度耦合、中度耦合和高度耦合，其中，在成长阶段，需要政府的推动机制，随后依次为传导机制、叠加放大机制、联动机制和融合机制。③ 陆立军和于斌斌（2012）在进化博弈理论框架下，研究了战略性新兴产业与传统产业融合的演化、企业行为和政府的产业政策，结果表明，融合演化分为相互相应、协调发展和分化替代三个阶段，影响融合度的因素主要包括地方政府和龙头企业决策，并认为地方政府在产业融合发展中具有重要作用。④ 苑清敏和赖瑾慕（2013）研究认为，时变演化是战略性新兴产业和传统产业耦合发展过程中的显著特征，通过技术、产品、资金、政策等要素，能够促进两者实现动态耦合式发展，并将动态耦合分成无耦合、协调、发展极限、衰退、重组等阶段，政府作用的发挥应以正确评价两者的耦合程度为基础。⑤ 杨以文等（2012）通过建立结构方程模型，基于昆山新兴产业与传统制造业调研数据，研究了产业升级、增量创新与突

① 王宏起、徐玉莲：《科技创新与科技金融协同度模型及其应用研究》，《中国软科学》2012年第6期。

② 綦良群、孙凯：《高新技术产业与传统产业协同发展机理研究》，《科学学与科学技术管理》2007年第1期。

③ 熊勇清、李世才：《战略性新兴产业与传统产业耦合发展的过程及作用机制探讨》，《科学学与科学技术管理》2010年第11期。

④ 陆立军、于斌斌：《传统产业与战略性新兴产业的融合演化及政府行为：理论与实证》，《中国软科学》2012年第5期。

⑤ 苑清敏、赖瑾慕：《战略性新兴产业与传统产业动态耦合过程分析》，《科技进步与对策》2013年第11期。

破创新的关系，结论表明，传统产业升级达到越高阶段，突破性创新更容易出现；新兴产业升级到越高阶段，更有利于增量创新。[①]

从研究内容看，主要是以政府补贴形式支持战略性新兴产业与传统产业发展，多数文献研究了补贴的动机与效果。王宇和刘志彪（2013）从政府作用角度研究了补贴方式对传统产业和新兴产业的影响，研究认为，不同产业中研发的知识溢出效应决定了研发补贴的效果；产业间具备双向知识溢出的情形下，生产性补贴在短期促进新兴产业增长，而抑制传统产业增长，此时的补贴方式带来的增长在长期来看不具备持续性，甚至会阻碍技术进步。因而，新兴产业与传统产业在发展的不同阶段需要对补贴方式进行动态调整。[②]

从上述文献可以看出，上述研究虽然视角比较全面，但很重要的一点是，现有文献的研究均忽略了战略性新兴产业、技术溢出与传统产业带动效应的内在逻辑与传导机理，而且基本为理论分析和案例研究，缺乏基于新兴产业和传统产业的省际样本数据的实证研究。由于技术扩散、技术生命周期与产业协同存在着密切的经济联系，在中长期的发展过程中，政府如何根据发展阶段选择合理的产业政策标准，值得深入研究。现有研究尚未将政府行为纳入统一的分析框架，而且没有对经济社会发展施加资源环境的双重约束，缺乏大样本数据的经验证据，研究得出的政策建议通常理论性色彩较浓，针对性和可操作性不足。

本章区别于以往研究，将政府行为、资源环境约束纳入产业协同发展的影响因素分析框架，并以高技术产业作为新兴产业代表，各地区的工业总产值与高技术产业总产值的差额作为传统产业的代表，首次为战略性新兴产业与传统产业协同发展问题的研究提供省际面板数据的经验研究，以期为中国战略性新兴产业发展与传统产业改造升级的协同推进提供实证上的支持。

---

① 杨以文、郑江淮、黄永春：《传统产业升级与战略性新兴产业发展——基于昆山制造企业的经验数据分析》，《财经科学》2012 年第 2 期。
② 王宇、刘志彪：《补贴方式与均衡发展：战略性新兴产业成长与传统产业调整》，《中国工业经济》2013 年第 8 期。

第二节 变量选取、数据来源与模型设定

一 变量选取、数据来源与描述统计

由于上市公司数据仅以企业为样本，对资源环境约束和政府行为难以纳入一并考虑。为此，本章利用 1998—2011 年中国 30 个省份的面板数据研究新兴产业与传统产业协同度影响，主要涉及的数据变量有新兴产业与传统产业比重、高技术产业科技活动经费筹集额中政府资金所占比重、环境污染治理强度、能源消耗总量、人力资本、市场化指数、人均 GDP 等，以此全面衡量新兴产业与传统产业协同发展的诸多内外部因素的影响。

（一）新兴产业与传统产业比重

由于传统产业范围较大，概念模糊，本章在衡量时采用余泳泽和刘大勇（2013）的做法，将传统产业界定为食品加工业、食品制造业、饮料制造业、烟草加工业、纺织业、服装及其他纤维制品制造业、皮革毛皮羽绒及其制造业、木材加工及竹藤棕草制品业、家具制造业、造纸及纸制品业、印刷业记录媒介的复制、文教体育用品制造业、化学纤维制造业、橡胶制造业、塑料制造业、石油加工及炼焦业、非金属矿物制造业、黑色金属冶炼及压延加工业、有色金属冶炼及压延加工业、金属制品业、普通机械制造业 21 个行业。[①] 由于缺乏省际传统产业数据，我们近似地将规模以上工业企业总产值减去高技术产业工业总产值作为传统产业工业总产值。

由于尚未披露战略性新兴产业统计数据，高技术产业与新兴产业具有相同的属性，一些学者例如肖兴志和谢理（2011）将高技术产业数据近似作为新兴产业的代表。[②] 本章沿用这一做法，将新兴产业工业总产值与传统产业工业总产值之比作为产业协同度指标（记为 PRO），数据来源于各年的《中国高技术产业统计年鉴》，其中，1998—2008 年数据直接从年鉴获取，2009—2011 年的新兴产业工业总产值数据是将高技术产业的五

---

① 余泳泽、刘大勇：《中国传统产业和新兴产业差异性技术进步路径选择研究》，《财贸研究》2013 年第 1 期。

② 肖兴志、谢理：《中国战略性新兴产业创新效率的实证分析》，《经济管理》2011 年第 11期。

个子行业：医药制造业、航空航天器制造业、电子及通信设备制造业、电子计算机及办公设备和医疗设备及仪器仪表制造业的当年价总产值加总得到。

（二）政府行为变量

新兴产业的技术投资与传统产业的改造升级均离不开政府的大力支持，因此，政府在推动产业协同发展方面具有重要作用，基于数据可得性考虑，本章选取高技术产业科技活动经费筹集额中政府资金所占比重作为政府支持新兴产业发展力度的代理变量（记为FUN），由于2009年以后统计指标发生变化，将研发经费内部支出中政府资金比重作为代理变量，原始数据均来源于各年《中国高技术产业统计年鉴》。

（三）研发经费投入强度

研发投入强度作为影响产业动态的重要变量，对于技术溢出和技术采纳具有重要推动作用，进而对新兴产业与传统产业比重有间接影响（记为RD），本章使用的研发数据是各地区研发经费支出，由于1999年之前指标口径不同，我们采用研发经费内部支出总额代表，1999—2011年数据来源于历年的《中国科技统计年鉴》，1998年数据是由依据1999年和2000年的均值得到，数据的单位均换算为亿元。

（四）资源环境约束指标

本章采用治理工业污染项目投资额占工业增加值比重衡量环境约束指标（记为REG），治理工业污染项目投资额和工业增加值的数据来源于中经网统计数据库，时间跨度为1998—2011年；为了有效地衡量节能降耗对产业协同发展的影响，本章加入能源消耗总量作为控制变量，近似作为资源约束代表（记为ENE），由于电力消费在能源消费中占据的比重较大，且易于衡量，本章借鉴王火根和沈利生（2007）的做法，利用电力消费量作为能源消费量的代理指标。[①] 其数据来源于国研网统计数据库。

（五）控制变量

（1）人力资本（记为HUM）。人力资本对产业效率、产业技术进步有直接影响，借鉴已有文献的做法，本章将各省份每万人高中、专科和本科的在校生数量作为衡量人力资本的指标，原始数据来源于中经网统计数

---

① 王火根、沈利生：《中国经济增长与能源消费空间面板分析》，《数量经济技术经济研究》2007年第12期。

据库。

（2）市场化指数（记为 MAR）。市场化程度的高低直接影响要素在产业间的流动，改变产业规模，进而能够影响产业间的发展程度，所以本章将市场化指数作为影响产业协同发展的控制变量。1998—2010 年市场化指数数据直接来源于樊纲等（2011）《中国市场化指数——各地区市场化相对进程 2011 年报告》①，2011 年数据则依据 2009—2010 年的数据的加权平均得到。

（3）人均 GDP（记为 PGDP）。经济发展水平对产业的协同发展具有重要的宏观影响，为此，本章将人均 GDP 作为新兴产业与传统产业协同发展影响因素实证研究的控制变量，原始数据来源于中经网统计数据库，上述控制变量在实证过程中均取自然对数，数据变量的描述统计（见表 7－1）。

表 7－1　　　　　　　　数据变量的描述统计

变量名称	样本个数	变量含义	均值	标准差	最小值	最大值
PRO	420	新兴产业与传统产业产值的相对比重	0.11	0.11	0.00	0.61
FUN	420	新兴产业科技活动经费筹集额中政府资金比重	0.14	0.24	0.00	4.38
ln(RD)	420	研发经费支出额的对数	0.00	0.00	0.00	0.03
REG	420	治理工业污染项目投资额占工业增加值的比重	6.40	0.85	3.47	8.39
ln(ENE)	420	电力消耗总量的对数	5.48	0.49	3.93	6.29
ln(HUM)	420	每万人高中、专科和本科的在校生数量的对数	3.63	1.56	-0.22	6.97
ln(MAR)	420	市场化指数的对数	1.74	0.37	0.40	2.49
ln(PGDP)	420	人均 GDP 的对数	9.52	0.76	7.77	11.35

二　模型设定

由于创新活动具有显著技术外溢性，各地区产业发展与创新活动的外溢可能具有一定程度的空间相关性，因此，传统的面板模型不能够很好地解决这一问题。为此，本章利用安塞林（Anselin，1998）② 提出的空间面

① 樊纲、王小鲁、朱恒鹏：《中国市场化指数——各地区市场化相对进程 2011 年报告》，经济科学出版社 2011 年版。

② Anselin, L., 1998, *Spatial Econometrics*: *Methods and Models*. Dordrecht: Kluwer Academic Publishers, pp. 42 -51.

板计量模型对新兴产业与传统产业协同发展程度的影响因素进行实证研究。空间计量模型分为空间滞后模型（SAR）和空间误差模型（SEM）两大类。

空间滞后面板模型（SAR – Panal）的形式为：

$$Y_t = \alpha Y_{t-1} + \beta WY_t + X_t\gamma + \phi_t \qquad (7-1)$$

空间误差面板模型（SEM – Panal）的形式为：

$$Y_t = \alpha Y_{t-1} + X_t\gamma + \eta + \phi_t \qquad (7-2)$$

其中，$\phi_t = \tau W\phi_t + \theta_t$，$Y_t$ 是每个省份（$i = 1, 2, \cdots, 30$）的因变量在 t 期（$t = 1, 2, \cdots, 13$）的样本值构成的 $N \times 1$ 向量；X_t（自变量）是 $N \times K$ 的矩阵；α 与 γ（$K \times 1$）表示参数，$\eta = (\eta_1, \cdots, \eta_N)'$，$\phi_t = (\phi_{1T}, \cdots, \phi_{NT})'$；$\theta_t = (\theta_{1T}, \cdots, \theta_{NT})'$，且独立同分布，满足 $E(\theta_t) = 0$，$E(\theta_t\theta'_t) = \sigma^2 I_N$，其中，$I_N$ 表示 N 阶的单位阵，空间权重矩阵（非负）是用 W（$N \times N$）表示，对角线数字为 0，τ 表示空间自相关系数，α 是区分面板数据模型的最核心指标，若 $\alpha = 0$，$\phi_{it} = 0$，表明该模型是普通静态面板模型；若 $\alpha = 0$，$\phi_{it} \neq 0$，表明该模型是静态空间面板模型；若 $\alpha \neq 0$，$\phi_{it} \neq 0$，表明该模型是动态空间面板模型。本章建立的新兴产业与传统产业比重协同度具体模型表达如式（7 – 3）所示：

$$PRO = \alpha_1 + \alpha_2 FUN + \alpha_3 REG + \alpha_4 ENE + \alpha_5 HUM + \alpha_6 RD + \alpha_7 MAR + \alpha_8 PGDP + \phi_{it} + \theta_{it} \qquad (7-3)$$

其中，$\phi_{it} = \tau W\phi_{it} + \theta_t$，$\alpha_1$、$\alpha_2$、$\alpha_3$、$\alpha_4$、$\alpha_5$、$\alpha_6$、$\alpha_7$、$\alpha_8$ 是模型的相应参数，ϕ_{it} 与 θ_{it} 是随机扰动项，$\theta_{it} \sim (0, \sigma^2)$，$\tau$ 和 W 分别表示空间相关系数和空间权重矩阵。

为了考虑经济增长的扩散影响，我们构建了包括经济影响力的空间权重矩阵。包含经济影响力的空间权重矩阵 y_i 为省份 i 的国内生产总值，y_A 为所有省份国内生产总值的平均值，在设定包含经济影响力的空间权重矩阵时，借鉴陈晓玲和李国平（2006）的做法，假设经济实力强的省份对周围省份的经济影响越大，包含经济影响力的空间权重矩阵用地理空间权重矩阵 w 乘以各省份国内生产总值占全国所有省份国内生产总值的比重均值为对角线的对角矩阵来表示。① 各省份国内生产总值的数据来源于中

① 陈晓玲、李国平：《我国地区经济收敛的空间面板数据模型分析》，《经济科学》2006 年第 5 期。

经网统计数据库，经济距离空间权重矩阵的具体表示方法为：

$$W = w \times diag\left(\frac{\bar{y_1}}{\bar{y}}, \frac{\bar{y_2}}{\bar{y}}, \cdots, \frac{\bar{y_n}}{\bar{y}}\right)$$

其中，$\bar{y_i} = \dfrac{1}{t_1 - t_0 + 1}\sum_{t_0}^{t_1} y_{it}, \bar{y} = \dfrac{1}{n(t_1 - t_0 + 1)}\sum_{i=1}^{n}\sum_{t_0}^{t_1} y_{it}$。

计算出包含技术影响力的空间权重矩阵后，利用 Matlab 软件将其标准化，使和等于 1。

第三节　新兴产业与传统产业协同发展实证研究
——产业结构升级视角

空间计量回归过程主要包括空间自相关检验、模型形式选择与估计结果三个部分组成。本部分利用第二部分省际数据进行产业协同度影响因素的空间计量回归分析，以期为新兴产业与传统产业的协同发展提供必要的实证依据。

一　空间自相关检验

在空间面板统计分析中，检验各地区变量是否存在空间自相关的最常用方法是莫兰指数（Moran I），定义为：

$$\begin{aligned}
MoranI &= \frac{n\sum_{i=1}^{n}\sum_{j=1}^{n}\omega_{ij}(x_i - \bar{x})(x_j - \bar{x})}{\sum_{i=1}^{n}\sum_{j=1}^{n}\omega_{ij}\sum_{i=1}^{n}(x_i - \bar{x})^2} \\
&= \frac{\sum_{i=1}^{n}\sum_{j=1}^{n}\omega_{ij}(x_i - \bar{x})(x_j - \bar{x})}{S^2\sum_{i=1}^{n}\sum_{j=1}^{n}\omega_{ij}}
\end{aligned} \tag{7-4}$$

其中，$S^2 = \dfrac{1}{n}\sum_{i=1}^{n}(x_i - \bar{x})^2, \bar{x} = \dfrac{1}{n}\sum_{i=1}^{n}x_i, x_i$ 代表第 i 个省份的观测值，n 表示截面样本量（空间单元数），ω_{ij} 是空间权重矩阵。$MoranI \in [-1, 1]$，当 $MoranI \in (0, 1]$ 时，意味着存在空间正相关；当 $MoranI \in [-1, 0)$ 时，意味着存在空间负相关；当 $MoranI = 0$ 时，表明无空间相关性。为便于对比和确定模型形式准确性，首先估计静态面板，结果如式

（7 - 5）所示。

$$PRO = 0.53 - 0.03FUN + 4.27REG - 0.10\ln(ENE) - 0.09\ln(HUM)$$

$$(6.19) \quad (-1.53) \quad (3.32) \quad (-11.97) \quad (-5.64)$$

$$+ 0.0811\ln(RD) + 0.0163\ln(MAR) + 0.0399\ln(PGDP)$$

$$(12.90) \quad (0.70) \quad (3.21) \quad (7-5)$$

其中，括号内为相应变量的 t 统计量，$\overline{R}^2 = 0.4227$（拟合程度较低）。由表 7 - 2 可以看出，变量之间存在一定的相关性。因此，以下要针对产业协同度影响因素研究建立空间面板模型，以剔除掉变量之间可能存在的空间相关性，使得实证结论更为准确。从表 7 - 2 的 Moran I 计算结果可以看出，我国各省份新兴产业与传统产业的相对比重之间存在高度的空间正自相关，且在 2008—2011 年呈现出递增的趋势，在一定程度上表明，随着经济交往的日益密切，各省份产业协同表现出较高的空间相关性；新兴产业科技活动筹集额中政府资金所占比重指标在 2003 年以前为正数，而近年来的 Moran I 变化为负数，这表明政府支持新兴产业科技活动的力度呈现出负的空间自相关。

表 7 - 2   产业协同度、政府资金比重的 Moran I （0—1 空间权重矩阵）

年份	产业协同度	政府资金比重
1998	0.00	0.27
1999	0.05	0.33
2000	0.09	0.14
2001	0.09	0.09
2002	0.09	0.33
2003	0.08	0.05
2004	0.12	-0.01
2005	0.13	0.11
2006	0.14	0.09
2007	0.12	-0.08
2008	0.11	-0.07
2009	0.11	-0.05
2010	0.15	-0.03
2011	0.15	-0.12

注：Moran I 是笔者根据 Matlab 程序计算得出。

为保证实证模型建立的有效性和便于比较，本章分别建立静态空间面板模型和动态空间面板模型两种形式的计量方程，依据 SAR 模型与 SEM 模型形式选择的判别标准（检验结果见表 7-3），应当选择空间误差模型（SEM）对新兴产业和传统产业协同发展的影响因素进行实证分析。在固定效应和随机效应模型选择上，本章认为，对于中国各省份划分的产业协同程度的计量模型而言，采取固定效应模型更好。

表 7-3　空间面板 SAR 模型与 SEM 模型形式选择（经济距离空间权重矩阵）

检验形式	统计量	P 值
无空间滞后的 LM 检验	9.34 ***	0.00
无空间滞后的稳健 LM 检验	3.75 *	0.05
无空间误差的 LM 检验	16.19 ***	0.00
无空间误差的稳健 LM 检验	10.60 ***	0.00

注：***和*分别表示相应统计量在 1% 和 10% 的显著性水平上显著。

二　实证研究结果

（一）静态空间面板模型估计结果

表 7-4 实现了地区固定效应、时间固定效应和双向固定效应三种静态空间误差固定效应模型估计。[①] 三种估计结果的空间自相关系数均为正，表明新兴产业与传统产业协同发展存在空间上的促进作用。从参数估计的显著性看，时间固定效应模型的各参数显著性较好，因此，我们选择时间固定效应模型估计结果进行解释。从新兴产业科技活动经费筹集额中政府资金所占比重的系数为负且不显著可以看出，我国各地区以资金支持新兴产业发展的做法并未有效促进产业协同发展，可能的原因在于以获取资金支持的新兴企业并没具有足够的创新动力，这与郭晓丹和何文韬（2011）关于政府补贴的"光环效应"并未增加企业的研发支出的结论相印证。[②] 因此，针对新兴产业创新动力不足的问题，政府不应当以增加资金支持为重点，而是应当发挥企业在创新投资上的积极性，并为此创造良好的环境。

---

① 肖兴志、李少林：《中国服务业扩张模式：平推化还是立体化?》，《数量经济技术经济研究》2013 年第 11 期。

② 郭晓丹、何文韬：《战略性新兴产业政府 R&D 补贴信号效应的动态分析》，《经济学动态》2011 年第 9 期。

　　从全社会研发支出系数看，各省份总体研发强度的提高在10%显著性水平上促进了产业协同发展，这与研发支出的技术外溢效应不无关系，各地区研发支出每增长1%，产业协调度提高2.09%，因此，增加研发支出仍然是促进产业协同的重点措施；政府环境规制显著降低了新兴产业与传统产业的相对比重，这表明环境规制在一定程度上促进了传统产业产值的增长，意味着传统高污染的产业在环境规制强度下并未减少生产，从侧面可以看出，环境规制促进了传统产业的生产效率，亦即使得传统产业得到基于技术进步的产能增长好处；电力消费在10%显著性水平上降低了新兴产业相对传统产业的比重，意味着传统产业是以高耗能的形式获得了产值的增长，表明传统产业的节能降耗是实现产业协同发展的重点任务；人力资本在1%的显著性水平上促进了新兴产业相对传统产业的比重，这表明受教育水平的提高对于新兴产业发展具有重要意义；市场化改革对于产业协同的影响效果不显著，在一定程度上说明促进生产要素在传统与新兴产业之间的流动是实现产业可持续发展的重要任务，当前的市场化改革效果仍然还需要加强；人均GDP增长显著促进产业协同发展，这表明随着经济发展程度的提高，新兴产业相对于传统产业的比重将持续走高，意味着随着经济的发展，科技引领经济发展的作用将持续显现。

表7-4　静态空间误差固定效应模型回归结果（0—1地理空间权重矩阵）

固定效应类型	地区固定效应（1）			时间固定效应（2）			双向固定效应（3）		
变量	系数	T值	P值	系数	T值	P值	系数	T值	P值
FUN	-0.00	-0.44	0.66	-0.00	-0.22	0.82	-0.00	-0.35	0.72
ln（RD）	0.74	1.04	0.30	2.09*	1.86	0.06	0.46	0.63	0.53
REG	0.01**	2.06	0.04	-0.07***	-8.43	0.00	0.01**	1.99	0.05
ln（ENE）	-0.00	-0.20	0.84	-0.04*	-1.87	0.06	-0.02	-0.89	0.38
ln（HUM）	0.04***	3.81	0.00	0.07***	11.47	0.00	0.05***	4.68	0.00
ln（MAR）	0.02	1.29	0.20	-0.04	-1.60	0.11	0.03	1.37	0.17
ln（PGDP）	-0.09***	-5.53	0.00	0.10***	7.68	0.00	-0.03	-1.10	0.27
spat. aut.	0.27***	4.54	0.00	0.28***	4.60	0.00	0.22***	3.52	0.00
log likelihood	811.58			512.63			822.76		
$\overline{R}^2$	0.16			0.57			0.09		

　　注：***、**、*分别表示相应系数在1%、5%和10%的显著性水平上显著。

（二）动态空间面板模型估计结果

为甄别产业协同发展过程可能存在的动态性，拟以经济距离空间权重矩阵为基础，引入动态空间误差模型固定效应模型进行重新估计，估计所需要的 Matlab 命令是 Elhorst 提出的 NB 逼近估计法。[①②] 从表7－5的动态空间面板估计系数结果看，在加入新兴产业相对传统产业比重的一阶滞后变量的动态空间计量模型中，NB 逼近估计法显示前期的协同对后期的协同不存在显著的动态关系。值得指出的是，在加入动态因素以后，表7－5的 NB 逼近估计方法的空间相关系数的显著性降低（由表7－5的时间固定效应估计出的负的空间相关系数由在1%的显著性水平上显著变为不显著），进一步说明，静态空间面板模型能够较好地刻画产业协同的特征。为便于对比，从表7－5的 NB 逼近估计方法的估计结果看，政府资金所占比重的系数仍为负数（不显著），表明政府支持新兴产业发展的资金力度越大，产业协同发展的程度将会降低，但降低的效果并不显著；研发支出在1%的显著性水平上促进了新兴产业与传统产业的比重提高，与静态面板的估计结果一致，表明创新投入对于实现产业协同发展至关重要，人力资本在5%的显著性水平上促进了产业的协同发展，与静态空间面板的估计结果一致；市场化改革促进了产业协同发展，效果显著。

表7－5　动态空间误差面板固定效应模型 NB 逼近估计法的估计结果

变量	经济距离空间权重矩阵		
	系数	T 值	P 值
PRO （－1）	0. 00	0. 02	0. 98
FUN	－ 0. 27	－ 0. 83	0. 41
ln （RD）	0. 2850 ***	6. 62	0. 00
REG	0. 24	0. 05	0. 96
ln （ENE）	0. 75	0. 00	1. 00
ln （HUM）	0. 2321 **	2. 22	0. 03

---

① Elhorst, J. P. , 2005, "Unconditional Maximum Likelihood Estimation of Linear and Log - Linear Dynamic Models for Spatial Panels". *Geographical Analysis*, 37 (1), pp. 85 - 106.

② Elhorst, J. P. , 2010, " Dynamic Panels with Endogenous Interaction Effects When T is Small". *Regional Science and Urban Economics*, 40 (5), pp. 272 - 282.

续表

变量	经济距离空间权重矩阵		
	系数	T 值	P 值
ln（MAR）	0.2647 ***	4.72	0.00
ln（PGDP）	0.21	1.42	0.16
spat. aut.	0.22	1.44	0.15
Sigma2	0.04		
logL	0.01		

注：***、**、*分别表示相应系数在1%、5%和10%的显著性水平上显著。NB 估计是动态空间面板的常用近似的逼近方法。详细说明参见 Elhorst。

第四节　本章小结

产业结构升级能够通过发挥产业之间技术溢出与带动效应得以实现。因此，如何促进战略性新兴产业发展并带动传统产业改造升级成为构建产业结构升级机制的重点任务。战略性新兴产业发展与传统产业改造升级形成的"双峰逼近效应"，对资本、技术人才以及产业政策的公平性、适应性提出更高要求，由此决定，探寻产业协同发展机理与政府作用尤为重要。

本章系统地梳理了关于新兴产业与传统产业协同发展的国内研究现状，针对现有研究中仅从理论层面解释和分析协同问题的视角，本章区别于以往关于协同发展的文献研究，利用 1998—2011 年的省际数据对新兴产业与传统产业协调度的影响因素进行了空间面板计量实证研究，研究结果表明，新兴产业科技活动经费筹集额中政府资金所占比重对新兴产业相对传统产业比重无显著影响，环境规制在一定程度上未有效抑制传统高污染行业的增长，传统产业的高能耗特征依然显著，人力资本的增长对于实现产业协同效果显著，市场化改革对新、旧产业协同效果不显著，随着经济的发展，新兴产业相对传统产业比重将持续提高。本书对促进战略性新兴产业与传统产业的协同发展具有重要的理论与政策实践价值。

根据上述实证研究结论，并结合当前中国战略性新兴产业与传统产业发展过程中存在的"双峰逼近效应"，本章拟从以下八个方面对战略性新兴产业与传统产业的协同发展提出相关建议。

第一，政府在推动新兴产业与传统产业协同发展中应避免单纯为促进技术创新而增加政府支持新兴产业的资金，应当注意发挥企业创新主体的作用。应当着重发挥对传统产业改造升级的资金支持，鉴于战略性新兴产业仍处于发展的初期阶段，传统产业仍然占据经济的支柱地位，对传统产业技术改造的投入将能够更大程度地促进产业协同发展。

第二，环境规制在促进传统产业减排方面的作用较为积极，应当适度加强高污染传统行业的环境规制强度，增加治理环境污染的投资对于实现产业协同效果显著。

第三，加强人力资本建设。由于人力资本在实现产业协同方面存在显著的推动作用，因此，在人力资本培育与应用方面，应着重创新人才培育和就业市场流动性，进而实现新兴产业与传统产业的协同发展。

第四，深化市场化改革力度。由于市场化改革的目的在于使生产要素能够以市场机制为作用进行流动，产业间的人才、技术和资源的共享成为实现互利共赢的关键所在。所以，应当着重发挥市场配置资源的决定性作用，努力实现新兴产业与传统产业发展突破"双峰逼近效应"，实现产业向质量和效益的协同发展转变。

第五，实施"双轮驱动"战略，以全球化视野治理行业产能过剩。加快推进技术跨越与技术融合，为"新"、"旧"产业协同发展提供基础性衔接支撑，稳步强化新兴产业引领作用，切忌"一哄而上"的"空中楼阁"式发展。大力推进节能减排工程建设，以市场机制促进节能。尽快建立节能减排公共信息平台，对能源利用和污染排放实施监控和精细化管理。鼓励制造企业"走出去"，对非洲和拉美国家进行直接投资。

第六，发挥国有大中型企业的自主创新引导作用，带动中小企业创新。促进国有企业重视创新机制、创新文化和创新管理，推进制度、研发管理体系、研发流程和研发激励措施建设，营造敢于创新、容忍失败、蓬勃进取的创新文化氛围，带动中小企业创新，推动"新"、"旧"产业"耦合互动式"良性发展。培育国有企业高管创新精神，探索和推进国有企业整体上市。

第七，构建协同互补产业集群，打造现代产业体系。以新兴产业关键技术为突破口，加快重大创新成果产业化。以新兴产业高端技术带动传统产业改造调整向高端、高质、高效升级。延伸装备制造业、冶金等传统产业的产业链，提高产业完整度和关联度，实现传统产业集群式发展。建立现代服务业与先进制造业互动发展机制，形成新兴产业与传统产业集群式发展的现代产业体系。

第八，释放金融支持带动效应，创新金融支持手段。为突破"双峰逼近效应"带来的压力，有关部门应坚持金融政策与财政、产业等政策衔接配合，形成合力，加大金融机构对新兴产业和传统产业改造的资金支持力度，积极引导社会资本参与创新活动。应引导金融机构为企业"走出去"提供便捷高效金融服务，逐步开展个人境外直接投资试点，通过创新外汇储备运用方式，拓展外汇储备委托贷款平台和商业银行转贷款渠道，为企业对外直接投资提供融资支持。

第八章 城镇化质量的核心内涵：
产业结构与人口密度

第一节 引言

《国家新型城镇化规划（2014—2020年）》指出，1978—2013年，中国城镇化率从17.9%增至53.7%，年均增速为1.02个百分点，但城镇空间分布与规模结构不合理等问题，使得新型城镇化与资源环境承载力不匹配，城镇化质量提升成为当务之急。2013年3月，《中国经济周刊》和中国社会科学院城市发展与环境研究所联合发布的《中国城镇化质量报告》认为，城镇化除重点实现人口城镇化以外，还须突出空间、土地、经济、产业以及生活质量的城镇化。城镇化应和资源环境承载力、人口就业能力等相匹配，速度未必越快越好，一定程度显示出追求城镇化质量的深刻内涵。[①] 一个最明显的例子是，近年来，随着中国城镇化的快速推进，雾霾天气频频笼罩在各大城市，2012年冬天，中国25%的国土面积、大约有6亿人遭遇到雾霾天气的影响，2013年平均雾霾天气甚至创下了52年之最。为此，中央财政于2013—2015年安排263亿元资金治理城市大气污染问题，充分凸显出环境约束下城镇化所面临的严峻形势。

城镇化的最显著特征是农业人口市民化带来的城市人口密度变化，加之农业、工业和服务业之间的结构水平随之出现调整，亦即产业结构的变迁，以人为本的新型城镇化不仅需要对人口分布、产业结构调整的经济影

---

① 魏后凯、王业强、苏红健等：《中国城镇化质量报告》，《中国经济周刊》2013年3月。

响进行评估，而且还需考虑能源消耗和环境污染等资源环境约束问题，因此，新型城镇化是在多重约束下推进的，其质量提升依赖要素流动、资源供求和环境治理协同发展，反映在经济与环境指标上，城镇化质量通常体现在收入差距和碳排放等方面。陈明（2012）从内涵、研究对象、评价模型等方面对城镇化质量的相关文献进行了系统梳理，研究认为，对劳动力资源的"二次开发"，农民工市民化能力的提高是解决城镇化引致的深层次矛盾的基础，亦即推动城乡全面统筹协调发展，提高城镇化质量。[1]徐林、曹红华（2014）认为，新型城镇化更应当注重城市生态的可持续性、宜居性等，并提出"星系模型"和构建了一整套评价体系，实现了新型城镇化相关概念的关联分析和可操作性。[2]

在相关文献中，城镇化进程中的城乡收入差距研究成为国内学者重点研究的领域之一，刑春冰（2008）基于2005年人口普查数据，研究了农民工和城镇职工的收入差距原因，结果认为，两者教育水平是最主要的因素。温兴祥（2014）基于2008年城乡劳动力流动数据，并采用无条件分位数回归和RIF回归分解方法，研究了外来居民和本地城市居民之间的收入差距影响因素，结论认为，在整个收入分布上，两者的差距一直存在，且随着收入的增加逐步扩大；人力资本与行业分布的差异是导致收入差距的主要原因。[3]

学术界刻画城市环境一般使用城市碳排放总量指标——"碳足迹"，包括企业机构、产品或者个人通过交通运输、生产消费及各类生产过程所引起的温室气体的总和。在研究城镇化质量影响因素的国内外文献中，通过核算碳足迹来量化城市环境的方法被广泛采用（罗运阔等，2010；张兵等，2011），美国加利福尼亚大学伯克利分校研究人员认为，居住在人口密集城市的家庭碳足迹远小于全美平均值，意味着提高人口密度并不能有效降低碳排放。[4] 在中国这样一个大国推进城镇化过程中，陆铭（2014）认为，重点关注的是要不要限制大城市的发展，就地城镇化

---

① 陈明：《中国城镇化发展质量研究评述》，《规划师》2012年第7期。
② 徐林、曹红华：《从测度到引导：新型城镇化的"星系"模型及其评价体系》，《公共管理学报》2014年第1期。
③ 温兴祥：《城镇化进程中外来居民和本地居民的收入差距问题》，《人口研究》2014年第38卷第2期。
④ http://env.people.com.cn/n/2014/0113/c1010-24100312.html.

还是促进人口进入大城市？其观点认为，中国的大城市人口规模还将进一步提高，而国际经验也基本证实了这一点，需要着力发挥市场配置资源的决定性作用。[①]

人口密度与城市环境治理研究方面，国内外学者主要关注人口密度和碳排放关系。诺曼等（Norman et al.，2006）及 Ishii（2010）的研究结论认为，城市密度对碳排放的影响呈现"U"形，中等密度能够最大限度地利于碳排放。[②][③] 国内学者对此进行了验证。柴志贤（2013）基于1999—2008年中国30个省会城市的面板数据，研究了人口密度、发展水平等变量对人均碳排放影响，结论认为，随着人口密度的上升，人均碳排放先降后升；而收入水平和人均碳排放的关系符合"环境库兹涅茨曲线"的倒"U"形特征，研究发现，上述变量关系还存在着区域差异，因此，在推进城镇化的过程中应区别对待。[④]

通过分析以上文献可以看出现，有文献具有以下某种局限性：一是研究城镇化质量仅单独考虑了经济指标或环境指标；二是对于制度性因素分析不足；三是对于人口、产业的分析未能置于资源和环境的双重约束下。区别于以往研究文献，本章拟将城镇化质量界定为经济质量和环境质量两个方面，前者指的是城镇居民的恩格尔系数，反映城镇居民的生活水平；后者指的是城市建成区绿化覆盖率，反映城市生态环境水平。本章以城市全年用电总量作为能源消耗代表，在资源环境双重约束下，探讨城镇化质量的主要影响因素，着重研究人口密度、产业结构和能耗、市场化改革对城镇化质量的影响，并基于研究结论，提炼推动城镇化质量提升的政策意涵。

---

① 陆铭：《中国的城市化应谨防"欧洲化"》，《东方早报·上海经济评论》，http：//comments. caijing. com. cn/2014－05－06/114155424. html。

② Norman, J., H. L. MacLean et al. , 2006, "Comparing High and Low Residential Density: Life－cycle Analysis of Energy Use and Greenhouse Gas Emissions". *Journal of Urban Planning and Development*, 132 (1), pp. 10－21.

③ Ishii, S., Tabushi, S., Aramaki, T. et al. , 2010, "Impact of Future Urban Form on the Potential to Reduce Greenhouse Gas Emissions from Residential, Commercial and Public Buildings in Utsunomiya, Japan". *Energy Policy*, 38 (9), pp. 4888－4896.

④ 柴志贤：《密度效应、发展水平与中国城市碳排放》，《经济问题》2013年第3期。

第二节　模型设定、变量说明与描述统计

为探讨城镇化质量的影响因素，本章拟从生活质量和环境质量两个方面对其进行计量模型设定，构造城镇化质量的衡量指标和变量说明，并对变量间的相关性进行简单观测，为实证研究奠定理论模型和数据基础。

一　模型设定

本章采用静态面板估计和动态面板估计方法对资源环境约束下的城镇化质量影响因素进行实证研究，以此找出推动城镇化质量提升的政策工具。由于居民生活水平具有一定程度的"棘轮效应"，本章针对恩格尔系数影响因素回归方程设定动态面板回归模型形式，以考察其可能存在的滞后因变量影响；对于建成区绿化覆盖率而言，不存在类似的滞后关系，因此我们就采用普通的面板回归模型，本章需估计的具体计量模型设定如式（8-1）和式（8-2）所示：

$$EC_{i,t} = \alpha_0 + \alpha_1 EC_{i,t-1} + \alpha_2 \ln density_{i,t} + \alpha_3 structure_{i,t} + \alpha_4 \ln energy_{i,t} +$$
$$\alpha_5 \ln marketization_{i,t} + \sigma_i + \varepsilon_{i,t} \qquad (8-1)$$

$$greening_{i,t} = \beta_0 + \beta_1 \ln density_{i,t} + \beta_2 structure_{i,t} + \beta_3 \ln energy_{i,t} +$$
$$\beta_4 \ln marketization_{i,t} + \eta_i + \tau_{i,t} \qquad (8-2)$$

其中，i 表示省会标识，t 表示年份；EC 和 $greening$ 分别是被解释变量，即城镇居民恩格尔系数和建成区绿化覆盖率，用来衡量城镇居民生活水平和城市生态环境，代表城镇化质量；$\ln density$ 和 $structure$ 是本章主要关注的解释变量，分别代表城市市辖区人口密度和第二产业占GDP比重；其他控制变量包括城市市辖区全社会全年用电总量，代表着能源消耗量（$\ln energy$）、市场化改革指数，代表着制度变量（$\ln marketization$）；σ 和 η 分别表示对应回归方程的城际固定效应，ε 和 τ 分别代表随机误差项。

二　变量说明

被解释变量：（1）恩格尔系数。城镇居民恩格尔系数表示城镇居民人均食品支出总额占个人生活性消费支出总额比重。恩格尔系数越大，表明收入水平较低，意味着该城市居民较为贫穷，反映出城镇居民生活水平，从经济层面体现城镇化质量高低。本章的城镇居民恩格尔系数的数据

来源是根据《中国区域经济统计年鉴》中30个省会城市2001—2012年的城镇居民人均食品支出和人均生活消费性支出的数据计算得到，其中，2002年数据是2001年和2003年数据的加权平均，其余年份个别缺失数据是依据前后两年数据的加权平均。（2）城市市辖区的建成区绿化覆盖率。城市绿化率的高低在一定程度上反映了城市的生态环境状况，因此，本章将其作为生态环境指标的代表，数据来源于中经网统计数据库，数据采集区间为2001—2012年。

解释变量：（1）人口密度。随着城镇化推进，转移农民工市民化后将在一定程度上提高城市人口密度，将会对城市的资源环境带来一定程度的压力。因此，将首当其冲影响以人为本的城镇化质量，为突出大城市的典型性，本章选取中国30个省会城市作为研究对象，人口密度数据来源于同花顺iFinD金融数据库，单位是人/平方公里，数据区间为2001—2012年。（2）产业结构。产业结构对于城市经济增长和环境质量具有重要影响，本章采用第二产业占GDP比重表示各城市产业结构变动状况，数据来源于中经网统计数据库。

控制变量：（1）能源消耗。在分析能源消费和经济增长关系时，林伯强（2003）认为，电力消费更能够准确衡量；王火根、沈利生（2007）也采用此方法衡量能源消费量，本章沿用这一做法，将中国30个省会城市全年用电总量作为城市能源消耗的代表，数据来源于中经网统计数据库，单位换算为亿千瓦时。（2）市场化指数。市场化改革有利于促进要素流动，提高资源配置效率，进而有利于提高城镇化质量。由于数据可得性及省会城市在全省的核心地位，本章近似地将各省会城市的市场化指数作为省会城市的市场化指数，并将其视为影响城镇化质量的制度变量。其中，2001—2010年数据直接取自樊纲、王小鲁和朱恒鹏主编的《中国市场化指数——各地区市场化相对进程2011年报告》，2011—2012年市场化指数的数据则依据前两年数据的移动加权平均近似得到。

三　数据的描述性统计

根据上述指标构建和数据来源，为便于回归结果的解释，我们对绝对量指标进行了对数化处理，并从均值、标准误、最小值和最大值等特征对研究数据进行了简单描述统计，样本为2001—2012年中国30个省会城市，共计360个样本的平衡面板数据。

表 8-1　　　　　　　　　　　变量的描述性统计

符号	含义	样本量	均值	标准差	最小值	最大值
density	市辖区人口密度（人/平方公里，取对数）	360	7.1543	0.7241	4.9904	9.3457
structure	第二产业占 GDP 比重（%）	360	42.9466	8.2526	0.0000	60.4900
food	城镇居民人均食品支出（元，取对数）	360	8.2352	0.3829	7.4390	9.2458
consume	城镇居民人均生活消费性支出（元，取对数）	360	9.2368	0.4070	8.3650	10.3252
EC	城镇居民恩格尔系数（%）	360	0.3691	0.0372	0.2882	0.4773
greening	城市市辖区建成区绿化覆盖率（%）	360	0.3606	0.0766	0.0555	0.7030
energy	城市全社会用电量（亿千瓦时，取对数）	360	4.8300	0.9125	2.6299	7.2104
marketization	市场化指数（取对数）	360	1.8500	0.3294	0.8629	2.4882

四　城镇化质量与人口密度和产业结构的散点图

在实证研究之前，有必要对核心变量相关关系进行简单透视，分别画出城镇居民恩格尔系数、建成区绿化覆盖率与人口密度、产业结构的散点图，如图 8-1（a）、图 8-1（b）、图 8-2（a）和图 8-2（b）所示。从图 8-1（a）的城镇居民恩格尔系数与人口密度的散点图可以看出，随着人口密度的增大，恩格尔系数呈现出一定程度的上升，表明人口密度与城镇居民恩格尔系数具有显著的正相关关系；从图 8-1（b）的城镇居民恩格尔系数与第二产业比重的散点图可以看出，随着第二产业比重的提高，城镇居民的生活水平也随之上升，意味着两者之间存在着较为明显的正相关关系；从图 8-2（a）可以看出，人口密度与建成区绿化覆盖率无明显的相关性；而图 8-2（b）则表明，随着第二产业比重的提高，建成区绿化覆盖率呈下降趋势，意味着两者存在较为明显的负相关关系，表明随着工业在产业结构中比重的上升，对城市生态环境造成了负面影响。

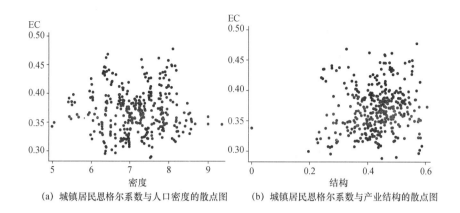

(a) 城镇居民恩格尔系数与人口密度的散点图　　(b) 城镇居民恩格尔系数与产业结构的散点图

图 8 - 1　城镇居民恩格尔系数与人口密度、产业结构

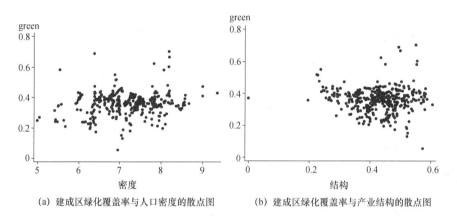

(a) 建成区绿化覆盖率与人口密度的散点图　　(b) 建成区绿化覆盖率与产业结构的散点图

图 8 - 2　建成区绿化覆盖率与人口密度、产业结构的数点图

第三节　计量回归结果与分析

根据本章关于城镇化质量的界定，由于居民消费水平可能存在一定程度的"棘轮效应"，因此，本章将采用动态面板估计与静态面板估计两种方法分别对城镇化的经济质量和生态环境质量影响因素进行实证研究，为城镇化质量提升的政策制定和实施提供经验证据。

一　动态面板系统 GMM 估计方法

由于非观测的城市区域固定效应或者存在联立内生性等问题，本章主要解释变量——人口密度和产业结构很可能是内生的，除此之外，诸如能源消费量、市场化指数等变量也有可能与被解释变量存在着联立内生性问题，表8-2和表8-3给出了待估计模型的各变量的皮尔逊积差相关系数矩阵，从中可以看出，各个变量之间确实存在一定的相关性。Arellano 和 Bover（1995）①、布伦德尔和邦德（Blundell and Bond，1998）② 提出的系统 GMM 方法，可以克服模型（8-1）和模型（8-2）中解释变量的内生性问题，能够获得解释变量的一致性估计结果。

表8-2　　　　恩格尔系数回归方程变量的皮尔逊积差相关系数矩阵

	EC	ECt-1	lndensity	structure	lnenergy	marketization
EC	1.0000					
ECt-1	0.8890 (0.0000)	1.0000				
lndensity	-0.0103 (0.8457)	-0.0174 (0.7530)	1.0000			
structure	0.1581 (0.0026)	0.1588 (0.0038)	0.1050 (0.0464)	1.0000		
lnenergy	-0.2742 (0.0000)	-0.2685 (0.0000)	0.1493 (0.0045)	0.1292 (0.0142)	1.0000	
marketization	-0.1855 (0.0004)	-0.1730 (0.0016)	0.1623 (0.0020)	0.0098 (0.8527)	0.6626 (0.0000)	1.0000

注：小括号内数字为 P 值。

表8-3　　建成区绿化覆盖率回归方程变量的皮尔逊积差相关系数矩阵

	greening	greening$_{t-1}$	lndensity	structure	lnenergy	marketization
greening	1.0000					
greening$_{t-1}$	0.6664 (0.0000)	1.0000				
lndensity	0.1665 (0.0015)	0.1729 (0.0016)	1.0000			
structure	-0.0585 (0.2681)	-0.0414 (0.4539)	0.1050 (0.0464)	1.0000		
lnenergy	0.2318 (0.0000)	0.2056 (0.0002)	0.1493 (0.0045)	0.1292 (0.0142)	1.0000	
marketization	0.4442 (0.0000)	0.4178 (0.0000)	0.1623 (0.0020)	0.0098 (0.8527)	0.6626 (0.0000)	1.0000

注：小括号内数字为 P 值。

---

① Arellano, M. and O. Bover, 1995, "Another Look at the Instrumental Variable Estimation of Error-components Models". *Journal of Econometrics*, 68（1），pp. 29-51.

② Blundell, R. and S. Bond, 1998, "Initial Conditions and Moment Restrictions in Dynamic Panel Data Models". *Journal of Econometrics*, 87（1），pp. 115-143.

二　恩格尔系数影响因素的动态面板系统 GMM 估计

为便于对动态面板估计方法进行对比，还对计量模型（1）进行了混合 OLS 与固定效应的估计，估计结果参见表 8 - 4 第 2 列和第 3 列。由系统 GMM 估计结果的 α_1（0.8015、0.7825）恰好在混合 OLS 估计值（0.8805）与固定效应估计值（0.6441）的区间内。根据表 8 - 4 的动态面板系统 GMM 具体估计结果，有理由认为，第 5 列估计结果较为稳健，因此将按照该回归结果进行分析和解释。

首先，从系统 GMM 估计结果可以看出，当期城市市辖区人口密度提高 10%，会使城镇居民恩格尔系数提高 2%，意味着当期人口越密集的城市，城镇居民人均生活水平将出现一定程度的下降，这表明城市规模并非越大越好，当城市人口超越了城市承载力，将导致城镇化质量下降；而上一期城市人口密度增大 10%，将导致恩格尔系数下降 1.69%，表明随着上期农民工流入城市，将对当期城镇居民生活水平产生促进作用，在一定程度上表明了城镇化使进程农民工能够在短期内获得比农村更高的收入和生活水平，可获得"规模报酬递增"效应；但是，随着当期人口密度的增大，可能由于人才、资源和房价的竞争性压力，导致部分城市居民的生活质量出现一定程度的下降，导致规模报酬递减效应。总体来看，人口密度并非越大越好，应当适度控制城市人口密度，切实降低城镇居民恩格尔系数，该结论印证了城市具有最优规模的结论（王俊，2014）。[①]

其次，第二产业占 GDP 比重与恩格尔系数呈现出正相关关系，但是，这种影响并不显著，可能的原因在于欠发达城市的第二产业对经济增长和居民生活质量提高贡献较大，而发达城市则是以第三产业为主，恩格尔系数可能较低，比如上海等大城市，金融业较为发达，居民人均可支配收入较高，引起恩格尔系数较低。因此，各地区第二产业比重对城镇居民的生活水平没有显著影响。

最后，在控制变量方面，能源消耗对城镇居民生活水平的影响为负，但在统计上并不显著，表明高能耗的发展方式并不能够提高城镇化质量；市场化改革对城镇居民恩格尔系数的影响同样不显著，意味着进一步推进市场化改革，对于促进人口和生产要素流动、提升资源配置效率、提升城

---

① 王俊：《拥挤效应、经济增长与城市规模》，《湖北经济学院学报》2014 年第 12 卷第 1 期。

镇化质量具有重要作用。

表 8-4　　　　　　　　　　　　模型（1）的回归结果

被解释变量	城镇居民恩格尔系数（EC）			
解释变量	Pooled OLS	FE	GMM - SYSt - 2	GMM - SYSt - 3
ECt - 1	0.8805	0.6441*	0.8015***	0.7825***
	(0.0244)	(0.0526)	(0.1020)	(0.0608)
lndensity	-0.0002	0.0039	0.0153**	0.0200*
	(0.0010)	(0.0036)	(0.0060)	(0.0112)
lndensityt - 1			-0.0125**	-0.0169*
			(0.0052)	(0.0097)
structure	-0.0003	0.0296	0.0055	0.0201
	(0.0141)	(0.0233)	(0.0503)	(0.0744)
structuret - 1			0.0066	-0.0128
			(0.0361)	(0.0618)
lnenergy	-0.0008	-0.0006	-0.0030	-0.0037
	(0.0015)	(0.0051)	(0.0044)	(0.0034)
marketization	-0.0049*	-0.0260	-0.0175	0.0001
	(0.0028)	(0.0206)	(0.0114)	(0.0097)
cons	0.0565***	0.1366***	0.0935*	0.0683*
	(0.0146)	(0.0441)	(0.0490)	(0.0414)
年份虚拟变量	是	是	是	是
观测值	360	360	360	360
检验量的 P 值				
AR（1）			0.0000	0.0000
AR（2）			0.7180	0.8030
Sargan 检验			0.0620	0.758

注：括号内的数值是标准差，***、**和*分别表示相应系数在1%、5%和10%的显著性水平上显著。

三　建成区绿化覆盖率影响因素的静态面板估计

由于建成区绿化覆盖率不具有动态特征，而且研究对象为中国 30 个省会城市，因此，本章采用基于固定效应面板回归模型估计人口密度、产业结构等因素对建成区绿化覆盖率影响，使用 Eviews 6.0 软件，估计结果见表 8-3，括号内数字为相应估计系数的标准差。从表 8-3 的估计结果可以看出，人口密度和产业结构对建成区绿化覆盖率均具有负向影响，但这种影响并不显著；全社会用电总量对建成区绿化覆盖率具有正向影响，意味着能耗越大，城市更注重保护生态环境，市场化改革对生态环境的影响显著为正，表明省会城市的生态环境保护的市场化机制运行已初步显现效果。

$$greening_{i,t} = 0.0606 - 0.0058 \mathrm{ln} density_{i,t} - 0.0962 structure_{i,t} + 0.0352 \mathrm{ln} energy +$$
$$\qquad (0.1176) \qquad (0.0137) \qquad\qquad (0.0746) \qquad\qquad (0.0128)$$
$$0.1150 \mathrm{ln} marketization$$
$$(0.0286) \hspace{10cm} (8-3)$$

第四节　本章小结

突破资源环境的双重约束，是推动以人为本的新型城镇化质量提升的当务之急。本章在资源环境双重约束的分析框架下，将人口密度、产业结构、能源消耗、市场化改革等变量纳入城镇化质量的影响因素体系，并将城镇化质量界定为居民生活水平和生态环境质量两个层面，分别构建城镇居民恩格尔系数和建成区绿化覆盖率变量作为城镇化质量的衡量指标，通过对 2001—2012 年中国 30 个省会城市的数据面板进行实证研究，研究结果表明，城镇居民消费水平具有"棘轮效应"，总体来看，恩格尔系数呈现出逐年下降的趋势，亦即食品支出在生活性消费支出中的比重逐年降低，且城市人口密度与城镇居民恩格尔系数呈现"U"形关系，上一期城市人口密度降低了本期恩格尔系数，而本期人口密度则提高了恩格尔系数，表明为达到理想的城镇化质量，人口密度过小或过大都是不可取的，适中的人口密度可使城镇居民具有较高的生活水平。

产业结构对城镇化质量影响不显著，表明不同地区的城镇化质量内生于该地区产业结构，主导产业的不同是引起居民生活水平差异的重要原因；市场化改革对建成区绿化覆盖率的影响显著为正，显示出城市环保产业的市场机制运行已初见成效。

根据上述实证研究结论，为促进以恩格尔系数为代表的城镇居民生活水平提高和以建成区绿化覆盖率为代表的城市生态环境质量提升，本章给出如下推动城镇化质量提升建议。

（1）发挥市场配置资源的决定性作用。当城市人口密度达到最优水平时，居民生活水平和生态环境达到最佳，若超过该临界值，城镇化质量下降，将由于市场机制作用的发挥，促进人口的自由流动，使人口密度恢复至最优水平。

（2）根据不同区域的产业结构特征推行差异化的城镇化发展战略，推行高效节能的经济发展模式。

（3）深入推进市场化改革，大力推动环保产业发展和城市生态环境质量提升工作，构建环境宜居城市。

（4）着力推行以人为本、资源节约环境友好型的城镇化思路，避免盲目追求速度的城镇化战略，优化人口密度和产业结构布局，稳步提高城镇化质量，使城镇化不仅成为拉动内需的重要阵地，更成为破解资源环境"瓶颈"的有力抓手，进而实现人类生存与自然的和谐统一。

本章研究还存在一定不足：首先，从样本选择看，均选择相对规模较大的省会城市，对地级市层面的研究有待进一步完善；其次，尚未触及城市最优人口密度的定量测算；最后，在市场机制充分发挥作用的前提下，如何有效协调人口城镇化和产业结构优化，是确保城镇居民生活水平与生态环境质量稳步提高的关键，这些相关研究将是进一步深入挖掘的方向。

第九章 城镇化质量的提升路径：人口有序转移与建筑业布局优化

第一节 引言

中国现代化进程中的一个基本问题是大力推进城镇化，城镇化是中国最大的内需潜力之所在。2012 年 9 月 7 日，国务院副总理李克强关于《协调推进城镇化是实现现代化的重大战略选择》的重要讲话强调，城镇化的核心是人的城镇化，真正的城镇化率是户籍人口的城镇化率。[①] 中国的城镇化率从 1992 年的 27.46% 上升到 2012 年的 52.57%[②]，20 年翻了接近一番，然而实际户籍城镇化率在 2012 年仅为 35.3%，随着大批农民向城镇转移，为建筑业提供了长足的发展机遇，2012 年中国建筑业实现增加值 35459 亿元，比 2011 年增长 9.3%，全国具有资质等级的总承包和专业承包建筑企业实现利润 4818 亿元，增长 15.6%，其中，国有及国有控股企业为 1236 亿元，增长率为 21.9%。[③] 然而，由于部分地区建筑业过度盲目投资，诸如内蒙古鄂尔多斯、郑州郑东新区等中国 12 座"鬼城"的出现，使城镇化进程引致的庞大的建筑需求与建筑业空间布局不匹配形成强烈的反差，户籍人口城镇化率与建筑业空间布局能否形成良性联动，以使城镇化质量提升与建筑业空间布局优化取得协同性互动发展。

实际上，城镇化推进模式受到资源环境的双重约束，尤其是土地城镇化所面临的资源短缺，而人口城镇化率跟不上土地城镇化的速度，造成诸

---

① 李克强：《协调推进城镇化是实现现代化重大战略选择》，《行政管理改革》2012 年第 11 期。

② 中经网统计数据库。

③ 《中华人民共和国 2012 年国民经济和社会发展统计公报》。

多社会问题。土地城镇化类似于资源约束，而人口城镇化则类似于要素流动，相互之间须保持协调发展。基于此，本章首先分析了人口城镇化率落后于土地城镇化、建筑业空间布局不合理等突出问题；随后对两者间的关联性进行皮尔森相关系数和格兰杰因果关系检验；最后提出了构建层级化建筑业空间竞争格局、提高进入壁垒、重视户籍城镇化和调控建筑业供需平衡等加强两者联动有效性的政策建议。

第二节　人口转移与建筑业空间布局存在的问题与联动的迫切性

一　城镇化进程中人口转移存在的主要问题

（一）城镇化速度偏快、质量偏低

城镇化速度的国际比较方面，将城镇化率由 30% 扩张到 60%，英国、美国、日本分别用了 180 年、90 年、60 年时间，而中国是用了 30 年时间，从以上数据对比和分析角度可以看出，中国城镇化速度过快，极易引发诸多难题，比如粮食安全和新进城农民工的收入偏低问题；在城镇化质量方面，2012 年中国城镇化率为 52.57%，然而实际上户籍城镇化率只有 35.3%，在 7 亿城镇人口中，农民工和流动人口占 39.3%，城镇化质量较差，新进城农民大部分享受不到城市居民应有的教育、医疗和社会保障等公共服务和福利。

关于城镇化速度与城镇化质量关系的研究方面，国内学者张占斌等（2013）研究了城镇化快速发展与城市病发作叠加期、城镇化速度与质量协调发展问题，他认为，须在实现城镇化质量提升的前提下兼顾一定的发展速度，并从降低城镇化门槛、包容性城镇建设等方面提出相关建议。[①]

谢天成等（2015）认为，城镇化率的目标须符合一个国家的基本国情，不能够陷入盲目追求速度的误区，通过分析全球城镇化速度的规律来看，大致可以呈现出"S"形曲线：城镇人口比重超过 10%，属于初期阶段，速度相对缓慢；当超过 30% 时，属于加速阶段，速度相对提高；当

---

① 张占斌、黄锟：《叠加期城镇化速度与质量协调发展研究》，《理论研究》2013 年第 5 期。

超过 70% 时，进入后期阶段，呈现出停滞或者下降态势。对于中国而言，要分区域对城镇化速度进行控制和布局：东部地区城镇化率在稳步上升的同时须提高城镇化质量；中西部地区须根据资源环境、财力等基本条件，在城镇化速度上应有所提高，因地制宜，分类指导，将城镇化规划与可操作性落到实处。①

（二）土地城镇化快于人口城镇化

在城镇化进程中，城乡二元体制的深层次问题迫切要求户籍、养老问题与人口的区域流动性和未来分布格局相匹配。在城镇资源环境压力较大的背景下，城镇化进程的加快使城镇的建设很大程度上依赖土地的过度开采和使用，进而导致人口城镇化落后于土地城镇化。1990—2010 年，中国城市建成区面积从 1.22 万平方公里扩大到 4.05 万平方公里②，20 年间城市建成区总面积增长了 231.97%，年均增速为 6.18%；然而同期年底城镇总人口数从 3.02 亿人增加到 6.70 亿人，20 年间城镇总人口增长了 121.85%③，年均增速为 4.06%。由此可以看出，无论是从总量上还是年均增速上，中国的土地城镇化均快于人口城镇化。进一步看，由于我国城镇人口统计口径较为宽松（在城市居住满 6 个月的居民算作城市人口），2010 年，中国户籍非农人口占全国户籍总人口的比重仅为 34.17%，大约 2 亿城镇人口没有城市户籍④，因此还必须引起对"伪城镇化"的警惕。

人口城镇化滞后将带来很多现实问题。比如很多"80 后"、"90 后"农民工在城市打工攒钱，然后回到农村盖房和结婚，随后又回到城里打工，造成了大量的农村房屋闲置，而却在城里居住在狭小的租住房，还将产生诸如留守儿童等社会问题。因此，城镇化的发展方向应当面向集约、绿色、智能、以人为本转变，须尽早解决农村转移人口市民化进程中的就业、住房、看病等民生问题。

国家统计局和清华大学中国经济社会数据中心等机构调研数据表明，20 世纪 90 年代以来，农转非的比重增长不到 8%，户籍转变基本上处于停滞的状态，所以，在工业化和城镇化加速发展的现实背景下，由于城市

---

① 谢天成、施祖麟：《中国特色新型城镇化概念、目标与速度研究》，《经济问题探索》2015 年第 6 期。

② 《中国 1990—2010 年城市扩张卫星遥感制图》。

③ 根据中经网统计数据库相关数据整理得到。

④ http://www.chinanews.com/gn/2013/07-05/5010062.shtml.

用地面积扩张所导致的农地拆迁和占用不可避免地产生，实地农民无法转变自身身份，享受不到城镇化所带来的相应福利待遇，这也是土地城镇化快于人口城镇化所引起的重要问题。

（三）农村务农人口向城镇集聚难度大

第一，城镇化进程的加快将抬高人口向城镇集聚成本。城镇化后的农民工消费水平提高以后，将致使工资上涨的可能性面临较大的压力，传统上农民工进城的动机很大程度上取决于预期城乡收入差距，中国农村与城镇家庭居民人均年收入对比情况见图9-1。从图9-1可以看出，农村与城镇家庭人均年收入差距呈现出逐步扩大的趋势，差距由1992年的1242.6元上升至2012年的16648元，20年间收入差距扩大了13倍之多。然而，以农村家庭为单位的进城新模式，必将受到来自经济、社会、教育和文化等方面的制约，使新型城镇化背景下农村剩余劳动力向城镇集聚的

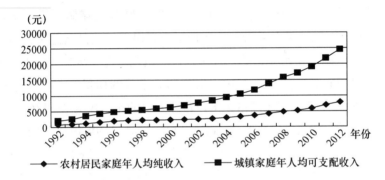

图9-1 中国农村与城镇家庭人均年收入对比

成本更高，转移更加困难。[①]

第二，城市产业支撑不足，将影响农村人口转移到城市，特别是能够具有较强就业吸附能力的第三产业发展滞后，直接制约农村人口往城镇集中。

第三，传统思想观念依然在很大程度上阻碍了农村人口向城市转移，农村人口不愿意搬离长期居住的农村环境，对城市的适应性较差。

第四，迁移成本高也能够导致农民不愿意向城市转移，原因可能在于搬迁导致失地，而在城市又可能找不到合适的工作。

第五，户籍等各项制度是阻碍人口流向的重要因素，导致城乡二元化

① 相伟：《中国城镇化的难点与对策》，《中国投资》2012年第3期。

特征依然明显。

综上所述，使得农民有序转移到城市面临着重重困难和挑战。

二　建筑业空间布局存在的问题

（一）区域分布不合理、过度竞争现象明显

中国建筑业企业规模之间差距不大，平均规模偏大，大多数建筑企业呈现"大而全、中形而全"的特征，小型专业化建筑企业比重较小，尚未形成"金字塔"形的建筑业产业结构体系。2010年，中国建筑业500强上榜企业分布在25个省份，北京21家，山东和江苏各28家，浙江31家。建筑业过度竞争的根本原因是产业结构集中度的较低，同时进入壁垒较低，退出壁垒相对较高，表现为产能相对过剩和产品无差异，同质化竞争最终导致整体行业利润率下降。诸如中国当前12座"鬼城"的出现深刻地揭示了中国建筑业区域分布不合理、布局缺乏整体和系统性规划等突出问题。

刘光忱等（2014）基于辽宁与江苏、浙江和全国建筑业产业集中度的比较分析发现，辽宁省建筑业集中度远低于江苏、浙江和全国平均水平，缺少龙头企业，且同质化严重，竞争力弱。针对以上问题，提出通过兼并重组建造大型企业集团，并形成以中小型企业向装饰和设备安装等特色专业化多元发展格局，并拓展辽宁省建筑企业的海外市场份额，以此构筑和实现合理的建筑业产业结构。[1]

（二）人才质量低下、国际竞争力不强

人力资本在建筑业布局优化过程中起着重要的基础性作用，中国建筑业企业职工大多为农村工匠，系统性培训不足，整体素质偏低，结构性短缺现象严重，与国外发达国家相比，廉价的建筑业劳动力很难与现代建筑业发展相适应，国际竞争力有待通过整合优质人才、提升龙头企业创新型人力资本建设。

国家统计局调查监测数据显示，2011年，中国农民工总数量达2.53亿人，其中建筑业为17.7%，达到4500万人。从受教育程度看，农民工以初中毕业文化程度为主，68.8%的农民工没有接受过任何专业性培训，由此可见，建筑业人才质量水平处于较低的水平。此外，从事建筑业的农民工年龄出现断档现象，年轻农民工越来越少。总体来看，建筑业从业人

---

① 刘光忱、费腾、李子博等：《辽宁省建筑业产业结构分析与对策研究——基于产业集中度视角》，《建筑经济》2014年第12期。

员呈现出文化水平低、薪酬待遇低和技能培训缺乏等特征，须从国家、企业层面出发，对建筑业高技能人才的培育给予重视。

（三）产权制度改革滞后、管理体制不完善

中国建筑业国企业有投资行为不规范导致生产秩序紊乱现象时有发生，地方和行业保护、拖欠工程款等顽疾依然严重，需要进一步厘清不同层次资质的建筑总承包商、专业承包商和劳务分包商之间的产权关系；另外，政出多门的问题还未得到根本解决，阻碍了全国性建筑产业结构的形成，行业内部结构调整也易受到约束，政府投资工程管理方式大多采取"投资、建设、监管、使用"的多位一体，市场化手段应用程度低，专业化的项目管理力量还不够充分。[①]

此外，信息化技术比较落后，比如电子商务在建筑业发展中的应用相对滞后，须利用电子商务方式对建筑业项目实施全方位的运作管理，提高建筑业经营管理手段，创新建筑业的管理流程。

三　人口转移与建筑业空间布局联动的迫切性

一方面，随着城镇化进程加快，大批农村人口进入城市；另一方面，建筑业长足发展，两者的有效联动可以提高城镇化质量，促进建筑业良性发展，实现建筑业资源优化配置。城镇化的本质是产业、要素和人口在空间上的聚集，城镇化最直接的体现是城镇数量和规模的增大，由此引发建筑业的需求增加，城镇化引起的建筑业布局优化能够降低城镇化成本，拓

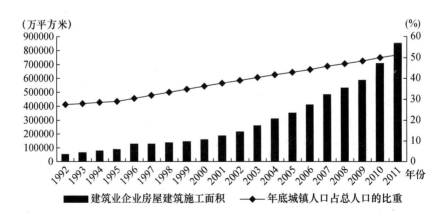

图9-2　中国城镇化率与建筑业企业房屋施工面积

① 廖玉平：《建筑业产业结构调整战略研究》，《建筑经济》2005年第3期。

展城镇化地域空间；建筑业布局优化能够带动并引导农村人口有序进入城市，为进城人口提供住房需求，两者能否形成互相促进的联动关系，关乎城镇化质量和建筑业资源优化配置，有效调节户籍人口城镇化和建筑业空间布局合理性显得尤为迫切。

如果建筑业空间布局和人口转移不能够实现联动，那么将会出现更加严重的"鬼城"现象，可能的原因是：一方面，投机性资本投向房地产等行业，催生建筑业规模继续盲目扩张；另一方面，人口城镇化滞后导致新建楼盘无人居住，引起资源配置效率极其低下。因此，推动建筑业产业结构与人口城镇化协同发展，是新型城镇化面临的重要任务，也是建筑业和城镇化发展的客观要求。

第三节　人口转移与建筑业空间布局的关系

一　中国建筑业空间布局现状

一般来说，建筑业的产业结构主要可以分为规模结构、资质等级结构、所有制结构和区域结构等。[①] 表 9 – 1 显示的是近年来中国建筑业规模发展情况，其中，企业个数由 2005 年的 58750 个增加到 2011 年的 72280 个，增长了 23.03%；从业人员从 2005 年的 2699.9 万人增加到 2011 年的 3852.5 万人，增长 42.69%；与此同时，建筑业总产值增长了 238.79%。

表 9 – 1　　　　　　　2005—2011 年中国建筑业规模情况

年份	建筑业企业（个）	从业人员（万人）	总产值（亿元）
2005	58750	2699.9	34552.10
2006	60166	2878.2	41557.16
2007	62074	3133.7	51043.71
2008	71095	3315.0	62036.81
2009	70817	3672.6	76807.74
2010	71863	4160.4	96031.13
2011	72280	3852.5	117059.65

资料来源：根据 2006—2012 年《中国统计年鉴》相关数据整理。

---

① 顾庆福：《中国建筑业产业结构优化思考》，《建筑经济》2013 年第 2 期。

在企业内部结构方面，建筑业按照资质等级和承包形式进行划分，表 9-2 显示了 2011 年，按资质等级分总产值相对集中度情况，无论总承包还是专业承包，一级资质建筑企业比重大，约占一半。另外，2005—2011，年中国建筑业按承包形式划分的从业人员情况是：总承包建筑业企业从业人员比重占 84% 左右，专业承包建筑业企业从业人员比重由 2005 年的 12.71% 下降至 2011 年的 9.99%，与此对应的是，劳务分包建筑业企业从业人员比重由 2005 年的 3.12% 上升至 2011 年的 5.97%。

表 9-2　　　　2011 年中国建筑业产业按资质等级分总产值相对集中度

资质等级分总承包（万亿元）			资质等级分专业承包（万亿元）		
合计	10.44	比重（%）	合计	1.27	比重（%）
特级	2.02	19.40	特级	—	—
一级	4.73	45.31	一级	0.61	48.16
二级	2.33	22.37	二级	0.32	25.29
三级及以下	1.35	12.93	三级及以下	0.34	26.55

资料来源：根据《中国统计年鉴》（2012）相关数据整理。

从表 9-3 可以看出，2011 年中国 30 个省份的建筑业空间布局存在较大的差异性，其中，江苏、浙江两省的建筑业增加值占全国比重均高于 10%，分别为 15.5% 和 12.75%，两省之和约占全国建筑业增加值的 1/3；

表 9-3　　　　2011 年中国 30 个省份（西藏除外）建筑业增加值比重　　　　单位:%

地区	增加值比重	地区	增加值比重	地区	增加值比重
北京	3.48	浙江	12.75	海南	0.13
天津	1.73	安徽	3.67	重庆	3.13
河北	2.97	福建	4.72	四川	4.28
山西	1.62	江西	1.58	贵州	0.7
内蒙古	1.7	山东	5.9	云南	1.23
辽宁	5.08	河南	4.68	陕西	2.76
吉林	1.46	湖北	4.42	甘肃	0.82
黑龙江	1.48	湖南	2.96	青海	0.27
上海	3.07	广东	5.03	宁夏	0.43
江苏	15.5	广西	1.18	新疆	1.17

资料来源：根据《中国统计年鉴》（2012）相关数据计算整理。

其次，辽宁、山东、广东比重在5%左右；其余省份比重均低于5%，尤其是海南、贵州、甘肃、青海等省份的增加值比重不到1%。这说明，建筑业的发展存在区域不均衡的情况十分突出。

二 人口转移与建筑业空间布局相关性检验

在进行相关性检验之前，需要构造城镇化率和衡量建筑业空间布局的变量。本章城镇化率用年底城镇人口占总人口比重表示，数据来源于中经网统计数据库，为确保数据的准确性，其中，缺失的2010年数据是由2009年和2011年数据的均值代替；建筑业区域集中度采用的是各省份建筑业增加值占全国增加值比重，数据来源是2012年和2006年《中国统计年鉴》，两变量的描述性统计见表9-4，城镇化率最大为89.30%，最小为15.93；建筑业区域集中度最大为15.50%，最小为0.11%。熊华平等（2013）有关城镇化与房地产发展关系的研究采用的是时间序列数据[1]，且城市化水平采用的是城市人口绝对数量，本章为进一步体现建筑业区域布局特征，选取各省份年末城镇人口占总人口比重，以体现各省份城镇化相对质量（未考虑户籍人口城镇化）。因此，根据上述数据，构造了2000—2011年中国省际城镇化率和建筑业集中度两个变量的平衡面板数据，采用SPSS18.0软件对两者之间的相关性进行了双尾皮尔森相关系数检验，其检验结果见表9-5。

表9-4 变量的描述性统计

变量	样本数	最小值	最大值	均值	标准差
城镇化率（%）	372	15.93	89.30	45.08	15.67
产业结构集中度	372	0.0011	0.1550	0.0323	0.0312

资料来源：笔者整理得到。

表9-5 中国省际城镇化率与建筑业区域集中度的面板皮尔森相关系数

变量	指标	城镇化率	产业结构集中度
城镇化率	皮尔森相关系数	1	0.223**
	双尾检验	—	0.000
	变量个数	372	372

---

[1] 熊华平、张丽霞、陈凤丽：《中国房地产业发展与城市化》，《建筑经济》2013年第2期。

续表

变量	指标	城镇化率	产业结构集中度
区域集中度	皮尔森相关系数	0.223**	1
	双尾检验	0.000	——
	变量个数	372	372

注：**表示两变量间的皮尔森相关系数在1%的显著性水平上显著（双尾检验）。

从表9－5可以看出，中国省际城镇化率与建筑业区域集中度之间的皮尔森相关系数为0.223，且在1%显著性水平上显著，这表明，城镇化进程的加快与建筑业产业结构集中度的提高是同向变动关系。虽然表9－4的结果说明了中国城镇化率与建筑业区域布局具有正相关性，但并未指明两者间的因果关系，为了更具体研究两者间究竟谁是因、谁是果，还需要对它们之间的关系进行格兰杰因果关系检验。

三 人口转移与建筑业空间布局的格兰杰因果关系

在统计学检验中，两变量间的格兰杰因果关系检验的基本思路是：若 X 的变化先于 Y 变化，当将 Y 作为被解释变量对其他解释变量进行回归时，若能把 X 的滞后项纳入进来能显著改善 Y 的预测值，在这种情况下，就说明 X 是 Y 的格兰杰原因，亦即 X 引致 Y 变化。本章引入 1978—2012 年全国城镇化率和建筑业占第二产业增加值比重时间序列作为研究样本，其中 1978—2011 年数据来源于 2011 年《中国统计年鉴》，2012 年数据来源于《中华人民共和国 2012 年国民经济和社会发展统计公报》。考虑每年城镇化的人口数量巨大，且建筑业生产周期较短（一般低于 1 年），在进行格兰杰因果关系检验时选取的滞后阶数为 1，检验结果如表 9－6 所示。从表 9－6 可以看出，城镇化率在 15% 的显著性水平上是建筑业布局变化的格兰杰原因，这表明城镇化率的推进引起建筑业空间布局变迁，基

表9－6　　　城镇化率与建筑业区域集中度的格兰杰因果关系

原假设	样本量	F 统计量	拒绝原假设概率
建筑业区域集中度不是城镇化率的格兰杰原因	34	0.0362	0.8503
城镇化率不是建筑业区域集中度的格兰杰原因	34	2.6475	0.1138

资料来源：笔者计算得到。

于两者间皮尔森相关性检验为正的结果，可以得出城镇化率的加快促进了建筑业空间布局的变迁，但是，这种因果关系的显著性不高（仅在15%的显著性水平上显著）。这一结论印证了熊华平等（2013）关于城市化水平的提高对房地产业促进作用不明显的结论。

第四节　本章小结

随着中国新型城镇化进程的加快，建筑业进入发展战略机遇期。本章系统地分析人口城镇化率偏低与建筑业空间布局不匹配的突出问题，指出城镇化与建筑业空间布局联动的迫切性，在计算中国建筑业空间集聚度的基础上，探讨了城镇化与建筑业空间布局的关系，并从以下三个方面提出了促进两者良性联动的政策建议。

一　调整和优化建筑业区域分布和企业结构

由于中国当前建筑业企业规模相差不大，而且大部分省份产业集中度区分不明显，应当吸取西方发达国家经验法，构建层次化的建筑业空间竞争格局，鼓励大型建筑企业跨区域多元化发展，对建筑业人才、资金、技术等方面重组，在以总包—专业化分包—劳务分包的运作模式下协同发展，并着重形成具有国际竞争力的大企业，并培育中小企业精细化运作，以此实现整个建筑业向垄断竞争的市场格局推进。①

具体而言，建筑企业需要找准自身位置进行转型，一方面，建筑企业需要开拓市场和规模扩张，提高资质；另一方面，具有较高资质的总承包企业应当退出低端的市场，形成"有进有退"的格局，在新兴产业领域投入较多的注意力，亦可通过 BOT、PPP 等方式跨入国际建筑市场，这样，就能够使得建筑业空间布局在低端与高端之间趋于合理分布。

二　提高建筑业企业进入壁垒、推动深层次产权制度改革

以提高建筑业空间集聚程度为核心，提高新建筑企业进入成本，以限制建筑业产业内的低层次过度竞争，在建筑业的行业关键技术上加大自主创新力度，完善招投标制度，针对不同资质建筑业企业制定不同的市场定位目标。并加强区域间的合作，实施发达地区"富邻"的政策，鼓励欠

---

① 杨嫚、李启明：《中国建筑业产业集中度分析》，《重庆建筑大学学报》2008 年第 5 期。

发达地区建筑业以集聚形式发展，带动周边地区建筑业空间布局与城镇化进程的协同发展。加快建筑业所有制结构深层次的产权制度改革，以实现企业产权主体多元化和公司制实现形式的多样性。

具体而言，须加强地方政府对建筑业发展的宏观政策指导，对高等级资质的建筑业企业加以扶持，严格控制低等级建筑企业数量，打造总承包、专业承包和劳务分包相协调互补的建筑业产业格局，最终达到提高建筑业产业集中度目标，避免同质化发展带来的建筑企业核心竞争力不足等问题。

三　重视户籍人口城镇化、调控建筑业产品供需平衡

建筑业生产的最终产品是为人的生产生活服务的，城镇化的根本标志是人口城镇化，因此，农村人口进城后，能否实现与城市人口同等的教育医疗和社会保障福利等是城镇化的核心，应当有效破解农村转移人口的经济、社会、文化等方面的约束，实现建筑供给与户籍城镇人口的需求相匹配；坚持人口城镇化与土地城镇化，城镇化后的各项公共服务和保障配套措施要全面推进和完善，最终实现建筑业供需平衡，城镇化质量和建筑业资源优化配置得到良性联动发展。

中国政府正大力推进城镇化进程，而部分地区建筑业可能出现产能过剩现象，迫切需要将人口城镇化引致的住房需求与建筑业供给相匹配。通过对城镇化率与建筑业空间布局关系的统计检验可以得出如下结论：城镇化率的提高促进建筑业空间布局优化的效果不显著，意味着我国实际的城镇化率（户籍城镇化率）偏低，可能与中国城乡户籍制度和收入水平有关，导致户籍城镇化率不能有效促进建筑业的良性互动，存在着联动性脱节的现象。因此，有必要深化改革户籍制度，将两者的供需统筹起来，并合理规划建筑业空间布局，最大限度地减少建筑空置率；加快城乡一体化进程，为城乡居民提供均等的教育、医疗等公共服务和社会保障体系，逐步提高进城农民工的购房能力，从而尽可能地将人的建筑需求与建筑的实际供给达到均衡状态，优化建筑业资源配置，真正实现户籍人口城镇化的稳步提高与建筑业产品供给的有效联动。

第十章 研究结论、政策启示与研究展望

第一节 研究结论

第三章对环境规制通过需求、技术创新和外商直接投资三种途径影响产业升级传导机制以及对产业升级路径影响进行了理论分析，并采用1998—2010年我国30个省份的动态面板数据实证研究了环境规制强度对产业升级路径的影响。研究结果显示，环境规制强度促进了生产技术进步，但却对需求和FDI流入量起到了抑制作用。动态面板模型估计结果表明，我国总体环境规制强度对产业升级的方向和路径产生了积极的促进作用；而分区域的研究结果则表明，中西部地区环境规制强度与产业升级关系不显著，东部地区环境规制强度的提高能够促进产业升级的加快。

第四章通过构建包含要素禀赋、技术采纳的最优产业结构理论模型，在遵循比较优势的假设下，认为最优服务业比重应当随着要素禀赋的上升而单调下降。并通过建立0—1地理空间权重矩阵和经济距离空间权重矩阵以表示我国各省份的经济相关性，采用静态和动态空间面板计量方法实证检验1998—2010年我国各地区要素禀赋、技术采纳与产业结构服务化趋势的关系，研究结果证实了省际要素禀赋、技术采纳和产业结构变动均存在显著的空间正相关性，各地区产业结构服务化趋势不是无规律的随机分布，而是依赖与其具有相似地理特征地区的要素禀赋和技术采纳战略。要素禀赋越高的地区立体化扩张越显著，技术采纳策略促进了服务业的平推化扩张；中国服务业立体化扩张模式滞后。从结构优化维度来看，服务业立体化扩张模式显著优于平推化模式。

第五章通过对生产者和要素供给者双重优化动机分析，开发出一个能够付诸定量测算的最优名义产出增长率模型。基于该模型对1992—2009

年中国最优产业结构的测算结果显示，我国三次产业实际产业结构与最优产业结构之间大致保持着同向变动关系，二者在不同时期存在不同程度的差距，研究结论与我国 1992—2009 年经济运行情况高度一致，最优名义产出增长率模型在我国具有很高的应用价值。本章克服了现有文献关于产业结构研究领域的三个局限性：其一，探讨产业结构内生性问题的模型基本止于理论层面，难以进行实证；其二，与产业结构相关的实证研究基本止于揭示现实产业结构同其他经济变量之间的关系；其三，通过构造统计学指标刻画产业结构优化程度的研究基本都以某些主观认识（比如认为服务业和高附加值加工业产出所占比重越高越好等）作为隐含前提。本章从生产者和要素供给者的优化动机出发，探讨了各产业最优产出的决定机制，开发出一个能够付诸定量测算和应用，且能够很好地刻画我国各产业最优增长水平和最优产业结构的理论模型，开创了最优产业结构内生性的实证先河。

第六章从生产者利润最大化的优化动机出发，利用要素实际价格增长率、资本增长率、生产者价格控制能力或规模增长（以勒纳指数增量表示）和创新成本增加（用资本市场贴现率增量代表）等多个指标构建出一个企业技术创新动力机制模型；随后采用 1992—2010 年我国三次产业的相关数据估计了各产业的全要素生产率增长率，继而运用 SVAR 模型研究了三次产业各影响因素对企业技术创新的长期影响。实证研究结果表明，生产要素实际价格增长率的提高对于三个产业均构成技术进步推动因素；资本增长率对技术创新的影响则因产业而异：从长期看，第一产业和第三产业资本增长率的增加都能够显著促进了各自产业全要素生产率增长率的提升，而第二产业资本增长率的增加则会在长期内抑制该产业的技术进步；三次产业价格控制能力增加（勒纳指数增量越大），都会伴随全要素生产率增长率的提升，也就是说，本章的实证研究结果支持了"熊彼特"假说；资本市场贴现率增量对全要素生产率增长率的影响也因产业而异：资本市场贴现率增量的增加能够促进第一、第二产业全要素生产率增长率的提高，但会妨碍第三产业的技术进步，研究结论还支持了"熊彼特"假说。最后，基于三次产业的技术创新增长规律提出了培养我国战略性新兴产业技术创新动力的合理化政策建议。

第七章在评述产业协同发展文献基础上，采用 1998—2011 年中国省际数据对产业协同度影响因素进行空间面板计量分析。结果表明，新兴产业科技活动经费筹集额中政府资金比重对协同度无显著影响；环境规制未能抑制高污染行业增长，传统产业高能耗特征显著；人力资本增长提升了协同水平，而市场化改革效果不显著。

第八章将衡量城镇居民生活水平的恩格尔系数和衡量生态环境指标的城市建成区绿化覆盖率作为城镇化质量的反映，基于2001—2012年中国30个省会城市的面板数据，利用静态和动态面板计量回归模型实证研究城市人口密度、产业结构对城镇化质量的影响，控制变量还加入了反映能源消耗的电力消费量和制度环境的市场化改革指数等指标。研究结果表明，从总体上看，城市人口密度与城镇居民恩格尔系数呈"U"形关系；城镇化质量内生于地区产业结构；市场化改革对城市生态环境的影响显著为正。本章认为，发挥市场机制配置资源的决定性作用是提高城镇化质量的关键。

第九章系统分析了人口城镇化率偏低与建筑业产业结构空间集聚不相匹配的突出问题，指出城镇化与建筑业产业结构空间集聚联动的迫切性，在计算中国建筑业区位产业结构空间集聚度的基础上，探讨了城镇化与建筑业产业结构空间集聚的关系，并提出了促进两者良性联动的政策建议。

第二节　政策启示

一　环境规制政策工具和强度选择

基于第三章研究结论，我国在环境规制强度的选择上应考虑区域差异性，根据规制效果的不同，采用不同的环境规制工具，并适度放缓经济增长速度，加强人力资本建设，推进市场化改革，厘清中西部地区产业升级的环境规制倒逼机制，从而为环境规制与产业升级的协同"双赢"提供必要的政策思路和配套措施。

二　提高服务业比重原则

第四章认为，不能盲目追求服务业比重的持续扩大，而应将服务业比重提高与服务业效率改善同步，本章对我国各级政府根据本地区要素禀赋制定发展战略和调整产业结构目标、促进现代服务业健康发展具有重要的参考价值。实际上，这与林毅夫的新结构经济学主张的要素禀赋理论的本质是一致的。

三　优化产业结构的政策工具选择

对于在我国各地区大力发展和提高服务业比重的形势下如何协调转型期三次产业比重问题上，第五章的最优名义产出增长率模型澄清了"未必服务业比重越高越好"的主观认识，其中涉及的定量分析指标，能为我国各级政府在制定和调整产业结构目标、优化资源配置、推动产业结构优化升级方面提供切实可操作的产业政策工具。

四　技术创新动力差异对发展战略性新兴产业的启示

在培育和发展战略性新兴产业过程中，一是应当通过市场供求机制合理提高要素实际价格增长率，以充分发挥生产要素价格对技术创新的倒逼机制作用，从而为企业的技术创新提供必要的推动力。对于第一产业和第三产业的战略性新兴产业而言，要适度加大资本投入力度，解决在投资和融资方面的不足问题；但对于属于第二产业的战略性新兴产业，要适度减少资本投入数量，提升资本应用效率，避免出现单纯追求引进外来技术而不愿进行自主创新的状况。二是我国应当适度培育和发展大型战略性新兴企业，以使其在战略性新兴产业的发展过程中起到技术领军带头作用。三是降低战略性新兴产业企业的资本使用成本，提高直接融资比重。战略性新兴产业在起步阶段和研发方面一般都需要巨额资金的支持，政府的直接融资和税收方面的优惠会成为战略性新兴产业发展的坚强后盾。在银行信贷上给予战略性新兴产业特殊的贷款和利率方面的优惠，将在很大程度上减轻战略性新兴产业发展所需的资金负担。

五　产业结构升级机制构建新路径

政府在构建产业结构升级新机制时可以通过促进新兴产业与传统产业协同发展来实现，具体而言，可以发挥企业创新主体的作用，加大对传统产业改造升级的资金支持，增加对环境污染治理的投入强度对于实现新兴产业与传统产业协同发展效果显著；加强人力资本建设和深化市场化改革力度、发挥国有企业自主创新引导作用、构建现代产业体系和释放金融支持带动效应等措施，是促进新兴产业与传统产业协同发展的有力手段，同时构成产业结构升级机制的重要实现路径。

六　合理控制人口密度，提升城镇化质量

发挥市场配置资源的决定性作用，当城市人口密度达到最优水平时居民生活水平和生态环境达到最佳，若超过该临界值，城镇化质量下降，将由于市场机制作用的发挥，促进人口的自由流动，使人口密度恢复至最优

水平。根据不同区域的产业结构特征，推行差异化的城镇化发展战略，推行高效节能的经济发展模式，深入推进市场化改革，大力推动环保产业发展和城市生态环境质量提升工作，构建环境宜居城市。着力推行以人为本、资源节约、环境友好型的城镇化思路，避免盲目追求速度的城镇化战略，优化人口密度和产业结构布局，稳步提高城镇化质量，使得城镇化不仅成为拉动内需的重要阵地，更成为破解资源环境"瓶颈"的有力抓手，进而实现人类生存与自然的和谐统一。

七　城镇化质量与建筑产业结构空间联动建议

第一，调整和优化建筑业产业和企业结构。建筑企业需要找准位置进行转型，一方面，建筑企业需要开拓市场和规模扩张，提高资质；另一方面，具有较高资质的总承包企业应当退出低端的市场，形成"有进有退"的格局，在新兴产业领域投入较多的注意力，亦可通过 BOT、PPP 等方式跨入国际建筑市场，这样，就能够使得建筑业产业结构在低端与高端之间趋于合理分布。

第二，提高建筑业企业进入壁垒、推动深层次产权制度改革，须加强地方政府对建筑业发展的宏观政策指导，对高等级资质的建筑业企业加以扶持，严格控制低等级建筑企业的数量，打造总承包、专业承包和劳务分包相协调互补的建筑业产业格局，最终达到提高建筑业产业集中度的目标，避免同质化发展所带来的建筑企业核心竞争力不足等问题。

第三，重视户籍人口城镇化、调控建筑业产品的供需平衡。在企业层面，建筑业生产的最终产品是为人的生产生活服务的，城镇化的根本标志是人口的城镇化，因此，农村人口进城后，能否实现与城市人口同等的教育医疗和社会保障福利等是城镇化的核心，应当有效破解农村转移人口的经济、社会、文化等方面的约束，实现建筑供给与户籍城镇人口的需求相匹配；在政府层面，应当坚持人口城镇化同步于土地城镇化，城镇化后的各项公共服务和保障配套措施要全面推进和完善，最终实现建筑业供需平衡，城镇化质量和建筑业资源优化配置得到良性联动发展。

第三节　研究展望

本书通过对资源环境约束下的产业结构变迁原因、最优产业结构形成机理和三次产业全要素生产率影响因素研究，得出我国各地区应当选择合适的环境规制政策工具和规制强度，依据要素禀赋特征，采取适宜的经济发展战略，进而达到促进产业结构优化的目标，在定量测算最优产业结构的基础上所涉及的一系列定量指标，为我国各级政府优化产业结构提供了可操作的产业政策工具。由于笔者研究水平有限，本书还存在一些局限性，有待后续研究进一步挖掘和研究。总结起来，大致有以下几点。

一 各环境规制政策工具具有促进产业结构升级的效果

通过研究环境规制强度对不同地区产业升级的影响程度，得出因地区差异导致环境规制效果不同，应选择合适的环境规制政策工具，比如环境污染税等。市场的三类环境规制工具包括根据排污量征收税费的排污费、削减政府补贴和可交易排污许可，这三类工具在减少污染效率、激励排污技术革新、规制成本分摊等方面，初始免费可交易的排污许可证和补贴（尤其是差额补贴）的规制政策工具组合可以降低规制的成本，并刺激中小企业的技术创新，而且，能够在长期以创新收益弥补环境规制带来的成本。对于这三种工具选择，需要考虑可能存在的潜在游说集团，排污企业最不欢迎排污费和拍卖许可。在选择环境规制政策工具时，也不是简单地在"命令—控制"型和市场型之间选择，需要组合使用。

二 工业与服务业互动机理与最优协调发展

通过要素禀赋、技术采纳对产业结构变动的分析，得出服务业比重未必越高越好的结论，应当在提高服务业比重效率的基础上大力发展现代服务业，从而有效促进产业结构的优化升级。然而，针对西方国家近年来兴起的"再工业化政策"，深入探讨工业与服务业互动机理和最优协调发展，我国应当如何权衡二者之间的关系，是值得进一步研究的方向。

三 实际产业结构偏离最优产业结构的效率评价

通过经济活动参与者的双重优化动机开发出的最优名义增长率模型，测算了我国1992—2009年最优产业结构，得出不同时期我国实际产业结构与最优产业结构之间存在同向变动关系，不同时期存在不同程度的差距，这种差距导致资源配置的非最优状态。因此，对这种偏离程度所造成多大的效率损失评价则是未来值得研究的问题。

四 采用适当政策工具促进不同企业内在创新驱动力

通过对生产者利润最大化推导得出三次产业技术创新动力影响因素，并探讨了影响因素长期促进全要素生产率增长的不同影响，不同产业的技术创新动力不同，如何采取合适的政策工具，促进各产业的技术创新动力，是优化产业结构最直接最有效手段之一，也是未来研究的热点问题。

五　相关政策措施推动新兴产业与传统产业协同发展的效果评估

虽然本书针对新兴产业与传统产业协同发展进行了基于产业结构升级视角的实证研究，并提出了相关政策建议，但是，如何评估相关政策措施促进协同发展的效果是未来值得进一步研究的方向。

六　城镇化质量研究样本有待扩展和最优人口密度

本书在城镇化质量影响因素研究部分，均选择规模相对较大的省会城市，对地级市层面的研究有待进一步完善；尚未触及城市最优人口密度的定量测算。这些内容的研究将是未来重点考虑的方向。

附　录

附表 A1：第三章部分数据

1998—2010 年我国各地区产业升级系数

地区＼年份	1998	1999	2000	2001	2002	2003	2004	2005	2006	2007	2008	2009	2010
北京	0.3063	0.3335	0.3792	0.3768	0.3437	0.3119	0.2863	0.3073	0.3240	0.3303	0.2836	0.2498	0.2184
天津	0.1957	0.2204	0.2592	0.2593	0.2811	0.2524	0.2808	0.2647	0.2649	0.2195	0.1555	0.1453	0.1339
河北	0.0447	0.0487	0.0464	0.0523	0.0523	0.0440	0.0300	0.0274	0.0251	0.0256	0.0242	0.0261	0.0271
山西	0.0203	0.0241	0.0320	0.0307	0.0305	0.0222	0.0167	0.0154	0.0186	0.0199	0.0188	0.0212	0.0200
内蒙古	0.0224	0.0226	0.0275	0.0353	0.0530	0.0475	0.0377	0.0376	0.0334	0.0295	0.0215	0.0221	0.0175
辽宁	0.0728	0.0836	0.0843	0.0851	0.0924	0.0858	0.0722	0.0593	0.0531	0.0558	0.0475	0.0467	0.0473
吉林	0.0677	0.0645	0.0606	0.0629	0.0598	0.0531	0.0482	0.0490	0.0487	0.0485	0.0507	0.0536	0.0555
黑龙江	0.0637	0.0729	0.0718	0.0734	0.0815	0.0875	0.0408	0.0645	0.0389	0.0401	0.0373	0.0426	0.0369
上海	0.1318	0.1435	0.1618	0.1763	0.1845	0.2177	0.2497	0.2477	0.2409	0.2530	0.2349	0.2307	0.2291
江苏	0.0972	0.1073	0.1210	0.1212	0.1331	0.1731	0.1982	0.1889	0.1825	0.1812	0.1757	0.1778	0.1768
浙江	0.0791	0.0710	0.0800	0.0768	0.0778	0.0820	0.0767	0.0751	0.0836	0.0789	0.0661	0.0651	0.0664
安徽	0.0354	0.0415	0.0493	0.0493	0.0508	0.0468	0.0411	0.0379	0.0372	0.0355	0.0305	0.0346	0.0364
福建	0.1483	0.1750	0.1719	0.1786	0.2035	0.2023	0.1975	0.1768	0.1654	0.1436	0.1302	0.1176	0.1197
江西	0.1278	0.1208	0.1275	0.1234	0.1310	0.0962	0.0743	0.0786	0.0781	0.0719	0.0689	0.0772	0.0747
山东	0.0409	0.0419	0.0444	0.0528	0.0570	0.0580	0.0524	0.0585	0.0612	0.0629	0.0623	0.0640	0.0617
河南	0.0387	0.0385	0.0396	0.0371	0.0373	0.0363	0.0326	0.0314	0.0333	0.0314	0.0311	0.0344	0.0351
湖北	0.0585	0.0670	0.0713	0.0829	0.0797	0.0759	0.0543	0.0738	0.0784	0.0725	0.0630	0.0668	0.0607
湖南	0.0602	0.0646	0.0664	0.0643	0.0645	0.0594	0.0486	0.0461	0.0416	0.0388	0.0452	0.0480	0.0490
广东	0.1894	0.2070	0.2174	0.2446	0.2767	0.3060	0.3077	0.2980	0.2904	0.2661	0.2560	0.2514	0.2453

续表

年份 地区	1998	1999	2000	2001	2002	2003	2004	2005	2006	2007	2008	2009	2010
广西	0.0437	0.0486	0.0500	0.0543	0.0498	0.0494	0.0424	0.0450	0.0414	0.0379	0.0399	0.0398	0.0448
海南	0.1006	0.1042	0.1098	0.1118	0.1070	0.0821	0.0761	0.0742	0.0587	0.0388	0.0438	0.0518	0.0621
重庆	0.0658	0.0681	0.0741	0.0752	0.0666	0.0633	0.0629	0.0576	0.0522	0.0502	0.0491	0.0521	0.0581
四川	0.1766	0.1629	0.1607	0.1547	0.1574	0.1321	0.0972	0.1000	0.0972	0.1002	0.0951	0.0978	0.0931
贵州	0.1132	0.1154	0.1236	0.1188	0.1269	0.1180	0.0939	0.0924	0.0848	0.0810	0.0706	0.0857	0.0767
云南	0.0284	0.0322	0.0338	0.0363	0.0381	0.0307	0.0271	0.0250	0.0232	0.0234	0.0241	0.0283	0.0262
陕西	0.2712	0.2494	0.2214	0.2258	0.2210	0.1879	0.1539	0.1307	0.1138	0.1038	0.0869	0.0847	0.0766
甘肃	0.0188	0.0341	0.0507	0.0381	0.0369	0.0376	0.0227	0.0219	0.0211	0.0170	0.0162	0.0179	0.0166
青海	0.0125	0.0115	0.0152	0.0220	0.0246	0.0236	0.0182	0.0170	0.0160	0.0172	0.0135	0.0178	0.0157
宁夏	0.0248	0.0278	0.0271	0.0259	0.0367	0.0302	0.0273	0.0285	0.0190	0.0211	0.0182	0.0225	0.0187
新疆	0.0084	0.0092	0.0061	0.0055	0.0049	0.0041	0.0061	0.0054	0.0053	0.0062	0.0046	0.0059	0.0053

附表 A2：第三章部分数据

1998—2010 年我国各地区环境规制强度

年份 地区	1998	1999	2000	2001	2002	2003	2004	2005	2006	2007	2008	2009	2010
北京	0.0053	0.0190	0.0069	0.0051	0.0052	0.0052	0.0031	0.0064	0.0056	0.0049	0.0036	0.0015	0.0007
天津	0.0041	0.0051	0.0098	0.0030	0.0102	0.0072	0.0047	0.0099	0.0065	0.0056	0.0048	0.0050	0.0037
河北	0.0027	0.0031	0.0034	0.0027	0.0038	0.0033	0.0034	0.0054	0.0035	0.0029	0.0026	0.0017	0.0011
山西	0.0052	0.0061	0.0131	0.0077	0.0082	0.0050	0.0103	0.0093	0.0148	0.0117	0.0135	0.0110	0.0060
内蒙古	0.0048	0.0048	0.0116	0.0049	0.0034	0.0036	0.0042	0.0017	0.0090	0.0065	0.0058	0.0040	0.0024
辽宁	0.0034	0.0038	0.0057	0.0052	0.0044	0.0060	0.0085	0.0106	0.0125	0.0100	0.0030	0.0028	0.0017
吉林	0.0030	0.0062	0.0170	0.0050	0.0061	0.0028	0.0037	0.0038	0.0024	0.0018	0.0035	0.0026	0.0016
黑龙江	0.0045	0.0036	0.0071	0.0064	0.0092	0.0026	0.0024	0.0017	0.0019	0.0017	0.0024	0.0028	0.0011
上海	0.0038	0.0033	0.0055	0.0012	0.0006	0.0010	0.0013	0.0021	0.0013	0.0011	0.0018	0.0013	0.0014
江苏	0.0074	0.0035	0.0034	0.0024	0.0015	0.0025	0.0029	0.0042	0.0025	0.0022	0.0026	0.0016	0.0010
浙江	0.0028	0.0050	0.0076	0.0035	0.0029	0.0023	0.0020	0.0031	0.0033	0.0028	0.0014	0.0018	0.0009

续表

年份 地区	1998	1999	2000	2001	2002	2003	2004	2005	2006	2007	2008	2009	2010
安徽	0.0041	0.0053	0.0064	0.0034	0.0040	0.0046	0.0041	0.0025	0.0025	0.0020	0.0033	0.0027	0.0011
福建	0.0025	0.0037	0.0040	0.0029	0.0035	0.0063	0.0092	0.0122	0.0059	0.0049	0.0033	0.0025	0.0024
江西	0.0019	0.0018	0.0048	0.0028	0.0015	0.0011	0.0052	0.0050	0.0038	0.0030	0.0018	0.0012	0.0015
山东	0.0057	0.0072	0.0069	0.0070	0.0074	0.0062	0.0053	0.0063	0.0052	0.0044	0.0052	0.0031	0.0024
河南	0.0032	0.0034	0.0040	0.0026	0.0030	0.0033	0.0039	0.0042	0.0041	0.0033	0.0026	0.0016	0.0010
湖北	0.0034	0.0028	0.0069	0.0042	0.0048	0.0056	0.0049	0.0061	0.0051	0.0043	0.0037	0.0054	0.0041
湖南	0.0017	0.0033	0.0050	0.0051	0.0036	0.0023	0.0043	0.0064	0.0064	0.0051	0.0034	0.0028	0.0022
广东	0.0013	0.0021	0.0037	0.0044	0.0020	0.0036	0.0031	0.0035	0.0025	0.0021	0.0023	0.0013	0.0014
广西	0.0031	0.0064	0.0120	0.0039	0.0023	0.0030	0.0034	0.0082	0.0054	0.0041	0.0057	0.0041	0.0024
海南	0.0024	0.0038	0.0101	0.0022	0.0011	0.0024	0.0015	0.0024	0.0098	0.0077	0.0012	0.0012	0.0011
重庆	0.0021	0.0022	0.0065	0.0047	0.0026	0.0019	0.0032	0.0038	0.0030	0.0023	0.0048	0.0024	0.0021
四川	0.0024	0.0034	0.0073	0.0028	0.0049	0.0062	0.0110	0.0079	0.0065	0.0052	0.0039	0.0017	0.0010
贵州	0.0048	0.0073	0.0072	0.0044	0.0047	0.0054	0.0070	0.0083	0.0118	0.0100	0.0082	0.0071	0.0045
云南	0.0029	0.0038	0.0097	0.0047	0.0045	0.0051	0.0043	0.0057	0.0067	0.0055	0.0050	0.0045	0.0041
陕西	0.0048	0.0059	0.0070	0.0038	0.0040	0.0055	0.0041	0.0082	0.0035	0.0029	0.0032	0.0059	0.0074
甘肃	0.0069	0.0140	0.0196	0.0058	0.0132	0.0080	0.0104	0.0097	0.0157	0.0128	0.0097	0.0102	0.0091
青海	0.0013	0.0057	0.0052	0.0044	0.0029	0.0021	0.0017	0.0023	0.0029	0.0023	0.0025	0.0063	0.0016
宁夏	0.0076	0.0130	0.0192	0.0273	0.0190	0.0078	0.0269	0.0077	0.0138	0.0105	0.0185	0.0084	0.0064
新疆	0.0086	0.0043	0.0053	0.0072	0.0037	0.0047	0.0052	0.0046	0.0036	0.0032	0.0050	0.0092	0.0031

附表 A3：第四章部分数据

1998—2010 年我国各地区市场化指数

年份 地区	1998	1999	2000	2001	2002	2003	2004	2005	2006	2007	2008	2009	2010
北京	4.89	3.95	4.64	6.17	6.92	7.5	8.19	8.2	8.54	9.02	9.58	9.87	10.43
天津	4.92	4.71	5.36	6.59	6.73	7.03	7.86	8.65	8.28	8.59	9.19	9.43	10.03
河北	5.21	4.66	4.81	4.93	5.29	5.59	6.05	6.51	6.84	6.94	7.16	7.27	7.49

年份 地区	1998	1999	2000	2001	2002	2003	2004	2005	2006	2007	2008	2009	2010
山西	3.61	3.32	3.39	3.4	3.93	4.63	5.13	5.06	5.56	5.91	6.18	6.11	6.38
内蒙古	2.93	3.41	3.59	3.53	4	4.39	5.12	5.26	5.89	5.91	6.15	6.27	6.51
辽宁	4.64	4.47	4.76	5.47	6.06	6.61	7.36	6.97	7.56	7.97	8.31	8.76	9.1
吉林	3.57	3.97	3.96	4	4.58	4.69	5.49	5.76	6.2	6.55	6.99	7.09	7.53
黑龙江	3.31	3.57	3.7	3.73	4.09	4.45	5.05	5.33	5.61	5.76	6.07	6.11	6.42
上海	5.04	4.7	5.75	7.62	8.34	9.35	9.81	8.97	9.63	10.27	10.42	10.96	11.11
江苏	5.38	5.73	6.08	6.83	7.4	7.97	8.63	8.6	9.39	10.14	10.58	11.54	11.98
浙江	6.41	5.87	6.57	7.64	8.37	9.1	9.77	9.57	10.37	10.92	11.16	11.8	12.04
安徽	4.39	4.67	4.7	4.75	4.95	5.37	5.99	6.56	7.15	7.48	7.64	7.88	8.04
福建	5.7	5.79	6.53	7.39	7.63	7.97	8.33	7.94	8.42	8.59	8.78	9.02	9.21
江西	4.41	3.9	4.04	4	4.63	5.06	5.76	6.26	6.64	7.1	7.48	7.65	8.03
山东	5.19	5.15	5.3	5.66	6.23	6.81	7.52	7.87	8.24	8.47	8.77	8.93	9.23
河南	5.09	4.05	4.24	4.14	4.3	4.89	5.64	6.58	7.11	7.38	7.78	8.04	8.44
湖北	4.69	4.01	3.99	4.25	4.65	5.47	6.11	6.42	6.85	7.05	7.33	7.65	7.93
湖南	5.09	3.98	3.86	3.94	4.41	5.03	6.11	6.25	6.74	6.86	7.18	7.39	7.71
广东	6.47	5.96	7.23	8.18	8.63	8.99	9.36	9.04	9.72	10.1	10.25	10.42	10.57
广西	4.29	4.39	4.29	3.93	4.75	5	5.42	5.4	5.71	5.9	6.2	6.17	6.47
海南	4.51	4.7	4.75	5.66	5.09	5.03	5.41	5.36	5.66	6.36	6.44	6.4	6.48
重庆	4.39	4.57	4.59	5.2	5.71	6.47	7.2	6.64	7.26	7.4	7.87	8.14	8.61
四川	4.37	4.07	4.41	5	5.35	5.85	6.38	6.63	6.95	7.3	7.23	7.56	7.49
贵州	3.2	3.29	3.31	2.95	3.04	3.67	4.17	4.61	4.94	5.4	5.56	5.56	5.72
云南	2.89	3.47	4.08	3.82	3.8	4.23	4.81	4.88	5.57	5.82	6.04	6.06	6.28
陕西	3.45	2.94	3.41	3.37	3.9	4.11	4.46	4.37	4.71	4.82	5.66	5.65	6.49
甘肃	3.36	3.61	3.31	3.04	3.05	3.32	3.95	4.32	4.58	4.82	4.88	4.98	5.04
青海	1.49	2.15	2.49	2.37	2.45	2.6	3.1	3.09	3.29	3.54	3.45	3.25	3.16
宁夏	2.01	2.86	2.82	2.7	3.24	4.24	4.56	4.47	5.1	5.44	5.78	5.94	6.28
新疆	2	1.72	2.67	3.18	3.41	4.26	4.76	4.86	4.87	5.04	5.23	5.12	5.31

附图 A1：第六章部分图

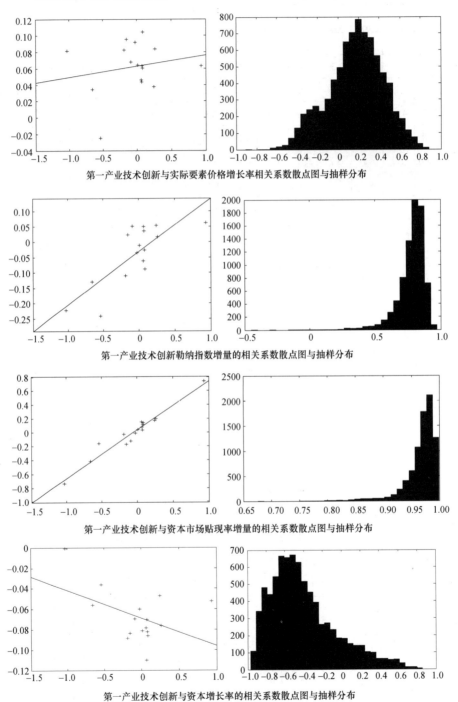

第一产业技术创新与实际要素价格增长率相关系数散点图与抽样分布

第一产业技术创新勒纳指数增量的相关系数散点图与抽样分布

第一产业技术创新与资本市场贴现率增量的相关系数散点图与抽样分布

第一产业技术创新与资本增长率的相关系数散点图与抽样分布

附图 A2：第六章部分图

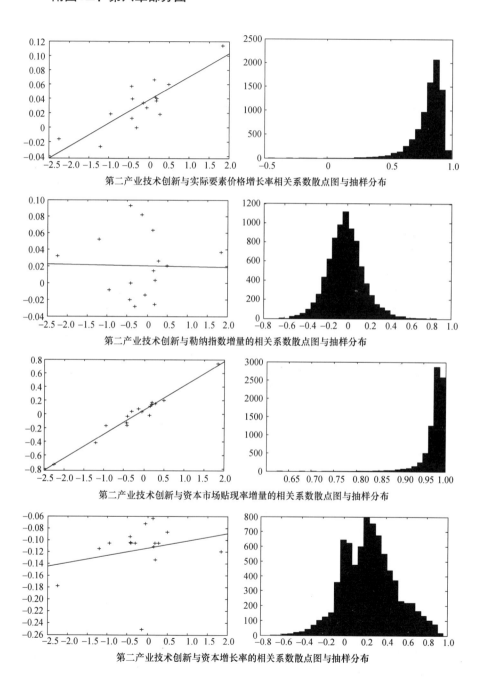

第二产业技术创新与实际要素价格增长率相关系数散点图与抽样分布

第二产业技术创新与勒纳指数增量的相关系数散点图与抽样分布

第二产业技术创新与资本市场贴现率增量的相关系数散点图与抽样分布

第二产业技术创新与资本增长率的相关系数散点图与抽样分布

附图A3：第六章部分图

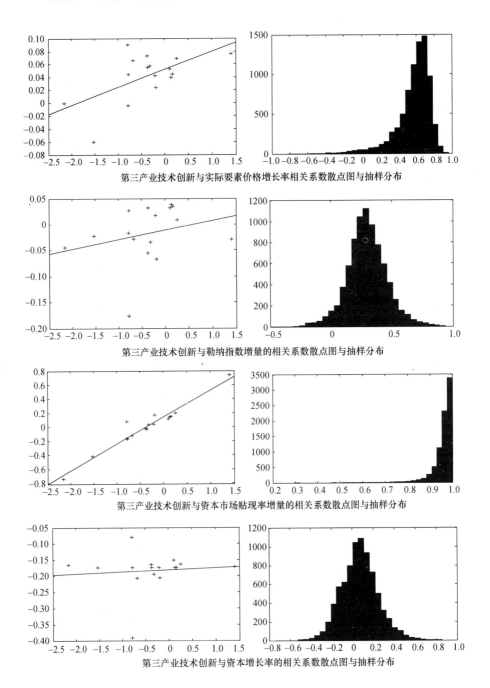

第三产业技术创新与实际要素价格增长率相关系数散点图与抽样分布

第三产业技术创新与勒纳指数增量的相关系数散点图与抽样分布

第三产业技术创新与资本市场贴现率增量的相关系数散点图与抽样分布

第三产业技术创新与资本增长率的相关系数散点图与抽样分布

参考文献

［1］蔡昉、王德文、曲玥：《中国产业升级的大国雁阵模型分析》，《经济研究》2009 年第 9 期。

［2］蔡圣华、牟敦国、方梦祥：《二氧化碳强度减排目标下我国产业结构优化的驱动力研究》，《中国管理科学》2011 年第 4 期。

［3］曹飞：《新型城镇化质量测度、仿真与提升》，《财经科学》2014 年第 12 期。

［4］曾贤刚：《环境规制、外商直接投资与污染避难所假说——基于中国 30 个省份面板数据的实证研究》，《经济理论与经济管理》2010 年第 11 期。

［5］柴志贤：《密度效应、发展水平与中国城市碳排放》，《经济问题》2013 年第 3 期。

［6］陈明：《中国城镇化发展质量研究评述》，《规划师》2012 年第 7 期。

［7］陈雯、肖斌：《基于可交易排污许可证的中小企业环境规制工具分析》，《南方经济》2011 年第 10 期。

［8］陈晓玲、李国平：《我国地区经济收敛的空间面板数据模型分析》，《经济科学》2006 年第 5 期。

［9］程大中：《中国服务业增长的特点、原因及影响——鲍莫尔—富克斯假说及其经验研究》，《中国社会科学》2004 年第 2 期。

［10］杜凯、周勤、蔡银寅：《自然资源丰裕、环境管制失效与生态"诅咒"》，《经济地理》2009 年第 2 期。

［11］段先盛：《中间生产和最终需求对产业结构变迁的影响研究——基于中国投入产出数据的实证检验》，《数量经济技术经济研究》2010 年第 11 期。

［12］樊纲、王小鲁、朱恒鹏：《中国市场化指数——各地区市场化

相对进程2011年报告》，经济科学出版社2011年版。

［13］傅京燕、李丽莎：《环境规制、要素禀赋与产业国际竞争力的实证研究——基于中国制造业的面板数据》，《管理世界》2010年第10期。

［14］傅强、周克红：《利用外资与我国产业结构调整的相关分析与实证检验》，《世界经济研究》2005年第8期。

［15］干春晖、郑若谷、余典范：《中国产业结构变迁对经济增长和波动的影响》，《经济研究》2011年第5期。

［16］干春晖、郑若谷：《改革开放以来产业结构演进与生产率增长研究——对中国1978—2007年"结构红利假说"的检验》，《中国工业经济》2009年第2期。

［17］顾庆福：《中国建筑业产业结构优化思考》，《建筑经济》2013年第2期。

［18］郭晓丹、何文韬：《战略性新兴产业政府R&D补贴信号效应的动态分析》，《经济学动态》2011年第9期。

［19］何德旭、姚战琪：《中国产业结构调整的效应、优化升级目标和政策措施》，《中国工业经济》2008年第5期。

［20］胡春力：《我国产业结构的调整与升级》，《管理世界》1999年第5期。

［21］黄茂兴、李军军：《技术选择、产业结构升级与经济增长》，《经济研究》2009年第7期。

［22］黄顺武：《环境规制对FDI影响的经验分析：基于中国的数据》，《当代财经》2007年第6期。

［23］黄志钢：《产业结构调整、经济结构优化与经济增长方式转变》，《经济界》2008年第6期。

［24］简新华、叶林：《改革开放以来中国产业结构演进和优化的实证分析》，《当代财经》2011年第1期。

［25］江小涓、李辉：《服务业与中国经济：相关性和加快增长的潜力》，《经济研究》2004年第1期。

［26］江小涓：《服务业增长：真实含义、多重影响和发展趋势》，《经济研究》2011年第4期。

［27］姜泽华、白艳：《产业结构升级的内涵与影响因素分析》，《当

代经济研究》2006 年第 10 期。

[28] 金碚：《资源环境管制与工业竞争力关系的理论研究》，《中国工业经济》2009 年第 3 期。

[29] 李宝瑜、高艳云：《产业结构变化的评价方法探析》，《统计研究》2005 年第 12 期。

[30] 李斌、彭星、陈柱华：《环境规制、FDI 与中国治污技术创新——基于省际动态面板数据的分析》，《财经研究》2011 年第 10 期。

[31] 李博、胡进：《中国产业结构优化升级的测度和比较分析》，《管理科学》2008 年第 2 期。

[32] 李超、覃成林：《要素禀赋、资源环境约束与中国现代产业空间分布》，《南开经济研究》2011 年第 4 期。

[33] 李钢、廖建辉、向奕霓：《中国产业升级的方向与路径——中国第二产业占 GDP 的比例过高了吗》，《中国工业经济》2011 年第 10 期。

[34] 李婧、谭清美、白俊红：《中国区域创新生产的空间计量分析——基于静态与动态空间面板模型的实证研究》，《管理世界》2010 年第 7 期。

[35] 李克强：《协调推进城镇化是实现现代化重大战略选择》，《行政管理改革》2012 年第 11 期。

[36] 李玲、陶锋：《中国制造业最优环境规制强度的选择——基于绿色全要素生产率的视角》，《中国工业经济》2012 年第 5 期。

[37] 李鸣、平瑛：《产业结构优化理论综述及新进展》，《黑龙江农业科学》2010 年第 3 期。

[38] 李少林、肖兴志：《城镇化与建筑业空间结构联动研究》，《建筑经济》2014 年第 1 期。

[39] 李少林：《人口密度、产业结构与城镇化质量》，《商业研究》2014 年第 12 期。

[40] 李少林：《战略性新兴产业与传统产业的协同发展——基于省际空间计量模型的经验分析》，《财经问题研究》2015 年第 2 期。

[41] 廖玉平：《建筑业产业结构调整战略研究》，《建筑经济》2005 年第 3 期。

[42] 林伯强：《电力消费与中国经济增长：基于生产函数的研究》，《管理世界》2003 年第 11 期。

［43］林春艳、李富强：《区域产业结构优化的模型构建与评价方法研究综述》，《经济学动态》2011 年第 8 期。

［44］林毅夫、蔡昉、李周：《中国的奇迹：发展战略与经济改革》（增订版），上海三联书店、上海人民出版社 1999 年版。

［45］林毅夫、姜烨：《发展战略、经济结构与银行业结构：来自中国的经验》，《管理世界》2006 年第 1 期。

［46］林毅夫、张鹏飞：《适宜技术、技术选择和发展中国家的经济增长》，《经济学》（季刊）2006 年第 4 期。

［47］林毅夫：《发展战略、自身能力和经济收敛》，《经济学》（季刊）2002 年第 2 期。

［48］林毅夫：《新结构经济学——重构发展经济学的框架》，《经济学》（季刊）2010 年第 1 期。

［49］凌文昌、邓伟根：《产业转型与中国经济增长》，《中国工业经济》2004 年第 12 期。

［50］刘丹鹤：《环境规制工具选择及政策启示》，《北京理工大学学报》（社会科学版）2010 年第 2 期。

［51］刘光忱、费腾、李子博等：《辽宁省建筑业产业结构分析与对策研究——基于产业集中度视角》，《建筑经济》2014 年第 12 期。

［52］刘修岩、殷醒民：《空间外部性与地区工资差异：基于动态面板数据的实证研究》，《经济学》（季刊）2008 年第 1 期。

［53］刘忠涛：《制度因素、要素禀赋与产业结构变化》，《中国农村经济》2010 年第 9 期。

［54］陆菁：《国际环境规制与倒逼型产业技术升级》，《国际贸易问题》2007 年第 7 期。

［55］陆立军、于斌斌：《传统产业与战略性新兴产业的融合演化及政府行为：理论与实证》，《中国软科学》2012 年第 5 期。

［56］陆铭：《中国的城市化应谨防"欧洲化"》，《东方早报·上海经济评论》，http：//comments. caijing. com. cn/2014 - 05 - 06/114155424. html。

［57］罗运阔、周亮梅、朱英美：《碳足迹解析》，《江西农业大学学报》（社会科学版）2010 年第 2 期。

［58］马士国：《基于市场的环境规制工具研究述评》，《经济社会体

制比较》2009 年第 2 期。

［59］马晓河、赵淑芳：《中国改革开放 30 年来产业结构转换、政策演进及其评价》，《改革》2008 年第 6 期。

［60］马晓河：《加快体制改革，推动我国服务业大发展》，《中国发展观察》2011 年第 6 期。

［61］孟昌、张欣：《资源环境双重约束下的产业结构升级：日本的经验与启示》，《林业经济》2012 年第 2 期。

［62］孟昌：《产业结构研究进展述评——兼论资源环境约束下的区域产业结构研究取向》，《现代财经》（天津财经大学学报）2012 年第 1 期。

［63］孟庆松、韩文秀：《复合系统协调度模型研究》，《天津大学学报》2000 年第 4 期。

［64］潘士远、金戈：《发展战略、产业政策与产业结构变迁——中国的经验》，《世界经济文汇》2008 年第 1 期。

［65］潘文卿：《一个基于可持续发展的产业结构优化模型》，《系统工程理论与实践》2002 年第 7 期。

［66］彭宜钟、吴敏：《如何促进战略性新兴产业的技术创新——基于我国三次产业数据的实证分析》，《产业组织评论》2012 年第 1 期。

［67］綦良群、孙凯：《高新技术产业与传统产业协同发展机理研究》，《科学学与科学技术管理》2007 年第 1 期。

［68］沈坤荣、耿强：《外商直接投资、技术外溢与内生经济增长——中国数据的计量检验与实证分析》，《中国社会科学》2001 年第 5 期。

［69］沈能：《环境效率、行业异质性与最优规制强度——中国工业行业面板数据的非线性检验》，《中国工业经济》2012 年第 3 期。

［70］宋冬林、王林辉、董直庆：《资本体现式技术进步及其对经济增长的贡献率（1981—2007）》，《中国社会科学》2011 年第 2 期。

［71］宋锦剑：《论产业结构优化升级的测度问题》，《当代经济科学》2000 年第 3 期。

［72］宋凌云、王贤彬、徐现祥：《地方官员引领产业结构变动》，《经济学》（季刊）2012 年第 1 期。

［73］宋英杰：《基于成本收益分析的环境规制工具选择》，《广东工业大学学报》（社会科学版）2006 年第 1 期。

［74］苏屹：《耗散结构理论视角下大中型企业技术创新研究》，《管理工程学报》2013 年第 2 期。

［75］孙辉、支大林、李宏瑾：《对中国各省资本存量的估计及典型性事实：1978—2008》，《广东金融学院学报》2010 年第 3 期。

［76］孙军：《需求因素、技术创新与产业结构演变》，《南开经济研究》2008 年第 5 期。

［77］覃成林、李超：《要素禀赋结构、技术选择与中国城市现代产业发展》，《产业经济研究》2012 年第 3 期。

［78］谭洪波、郑江淮：《中国经济高速增长与服务业滞后并存之谜——基于部门全要素生产率的研究》，《中国工业经济》2012 年第 9 期。

［79］涂正革、肖耿：《环境约束下的中国工业增长模式研究》，《世界经济》2009 年第 1 期。

［80］涂正革：《环境、资源与工业增长的协调性》，《经济研究》2008 年第 2 期。

［81］汪海波：《对新中国产业结构演进的历史考察——兼及产业结构调整的对策思考》，《中共党史研究》2010 年第 6 期。

［82］王宏起、徐玉莲：《科技创新与科技金融协同度模型及其应用研究》，《中国软科学》2012 年第 6 期。

［83］王火根、沈利生：《中国经济增长与能源消费空间面板分析》，《数量经济技术经济研究》2007 年第 12 期。

［84］王俊：《拥挤效应、经济增长与城市规模》，《湖北经济学院学报》2014 年第 12 卷第 1 期。

［85］王鹏、赵捷：《产业结构调整与区域创新互动关系研究——基于我国 2002—2008 年的省际数据》，《产业经济研究》2011 年第 4 期。

［86］王鹏辉：《关于环境规制与产业升级的文献综述》，《中国市场》2012 年第 35 期。

［87］王恕立、胡宗彪：《中国服务业分行业生产率变迁及异质性考察》，《经济研究》2012 年第 4 期。

［88］王一兵：《空气污染治理中企业不合作问题的经济学研究》，《当代财经》2006 年第 1 期。

［89］王宇、蒋彧：《中国经济增长的周期性波动研究及其产业结构特征（1992—2010 年)》，《数量经济技术经济研究》2011 年第 7 期。

［90］王宇、刘志彪：《补贴方式与均衡发展：战略性新兴产业成长与传统产业调整》，《中国工业经济》2013 年第 8 期。

［91］王岳平、葛岳静：《我国产业结构的投入产出关联特征分析》，《管理世界》2007 年第 2 期。

［92］王志刚：《面板数据模型及其在经济分析中的应用》，经济科学出版社 2008 年版。

［93］王祖山、张欢欢：《我国城镇化发展质量评价体系的构建与测度》，《统计与决策》2015 年第 12 期。

［94］魏后凯、王业强、苏红健等：《中国城镇化质量报告》，《中国经济周刊》2013 年第 3 期。

［95］温兴祥：《城镇化进程中外来居民和本地居民的收入差距问题》，《人口研究》2014 年第 38 卷第 2 期。

［96］邬义钧：《我国产业结构优化升级的目标和效益评价方法》，《中南财经政法大学学报》2006 年第 6 期。

［97］吴晓勤、高冰松、郑军：《资源环境约束对城镇人口增长预测及空间分布的影响——以安徽省为例》，《城市发展研究》2010 年第 8 期。

［98］郗希、乔元波、武康平等：《可持续发展视角下的城镇化与都市化抉择》，《中国人口·资源与环境》2015 年第 2 期。

［99］相伟：《中国城镇化的难点与对策》，《中国投资》2012 年第 3 期。

［100］肖兴志、李少林：《要素禀赋、技术采纳与产业结构变动》，第十二届中国经济学年会会议论文，2012 年 12 月。

［101］肖兴志、李少林：《中国服务业扩张模式：平推化还是立体化?》，《数量经济技术经济研究》2013 年第 11 期。

［102］肖兴志、彭宜钟、李少林：《中国最优产业结构：理论模型与定量测算》，《经济学》（季刊）2012 年第 1 期。

［103］肖兴志、彭宜钟、李少林：《最优产业结构：模型表达与中国实证》，产业组织前沿问题国际研讨会会议论文，2011 年 6 月。

［104］肖兴志、谢理：《中国战略性新兴产业创新效率的实证分析》，《经济管理》2011 年第 11 期。

［105］谢伏瞻、李培育、仝允桓：《产业结构调整的战略选择》，《管理世界》1990 年第 4 期。

［106］谢天成、施祖麟：《中国特色新型城镇化概念、目标与速度研究》，《经济问题探索》2015 年第 6 期。

［107］熊华平、张丽霞、陈凤丽：《中国房地产业发展与城市化》，《建筑经济》2013 年第 2 期。

［108］熊映梧、吴国华等：《论产业结构优化的适度经济增长》，《经济研究》1990 年第 3 期。

［109］熊勇清、李世才：《战略性新兴产业与传统产业耦合发展的过程及作用机制探讨》，《科学学与科学技术管理》2010 年第 11 期。

［110］徐高：《比较优势发展战略，最优产业结构及自生能力》，第五届中国经济学年会会议论文，2005 年 12 月。

［111］徐林、曹红华：《从测度到引导：新型城镇化的"星系"模型及其评价体系》，《公共管理学报》2014 年第 1 期。

［112］徐现祥、周吉梅、舒元：《中国省区三次产业资本存量估计》，《统计研究》2007 年第 5 期。

［113］徐秀丽：《环境规制对中国产业转型的影响——基于省际面板数据实证研究》，硕士学位论文，大连理工大学，2010 年。

［114］许小东：《技术创新内驱动力机制模式研究》，《数量经济技术经济研究》2002 年第 3 期。

［115］薛白：《基于产业结构优化的经济增长方式转变——作用机理及其测度》，《管理科学》2009 年第 5 期。

［116］杨天宇、刘瑞：《论资源环境约束下的中国产业政策转型》，《学习与探索》2009 年第 2 期。

［117］杨嬛、李启明：《中国建筑业产业集中度分析》，《重庆建筑大学学报》2008 年第 5 期。

［118］杨以文、郑江淮、黄永春：《传统产业升级与战略性新兴产业发展——基于昆山制造企业的经验数据分析》，《财经科学》2012 年第 2 期。

［119］杨勇：《中国服务业全要素生产率再测算》，《世界经济》2008 年第 10 期。

［120］姚士谋、王辰、张落成等：《我国资源环境对城镇化问题的影响因素》，《地理科学进展》2008 年第 3 期。

［121］叶振宇、叶素云：《要素价格与中国制造业技术效率》，《中国

工业经济》2010 年第 11 期。

[122] 尹文嘉：《广西公共资源分布现状、趋势及对城镇化的影响》，《传承》2014 年第 1 期。

[123] 余泳泽、刘大勇：《中国传统产业和新兴产业差异性技术进步路径选择研究》，《财贸研究》2013 年第 1 期。

[124] 原毅军、董琨：《产业结构的变动与优化：理论解释和定量分析》，大连理工大学出版社 2008 年版。

[125] 原毅军、刘浩、白楠：《中国生产性服务业全要素生产率测度——基于非参数 Malmquist 指数方法的研究》，《中国软科学》2009 年第 1 期。

[126] 苑清敏、赖瑾慕：《战略性新兴产业与传统产业动态耦合过程分析》，《科技进步与对策》2013 年第 11 期。

[127] 臧传琴：《环境规制工具的比较与选择——基于对税费规制与可交易许可证规制的分析》，《云南社会科学》2009 年第 6 期。

[128] 翟超颖、代木林：《提升中国城镇化质量的财政政策研究》，《财政研究》2014 年第 12 期。

[129] 张兵、王正、朱超：《城市碳足迹定义与计算方法研究》，《山西建筑》2011 年第 37 卷第 32 期。

[130] 张成、陆旸、郭路等：《环境规制强度和生产技术进步》，《经济研究》2011 年第 2 期。

[131] 张雷：《现代城镇化的资源环境基础》，《自然资源学报》2010年第 4 期。

[132] 张立柱、王新华、郭中华：《我国产业结构优化及定量化方法研究综述》，《山东科技大学学报》（社会科学版）2007 年第 1 期。

[133] 张涛、张静、蒋洪强等：《江苏省快速城镇化的资源环境影响及压力测算研究》，《环境监控与预警》2014 年第 1 期。

[134] 张湘赣：《产业结构调整：中国经验与国际比较——中国工业经济学会 2010 年年会学术观点综述》，《中国工业经济》2011 年第 1 期。

[135] 张艳会、姚士谋：《新型城镇化所存在的资源环境问题及对策初探》，《中国环境管理》2015 年第 3 期。

[136] 张占斌、黄锟：《叠加期城镇化速度与质量协调发展研究》，《理论研究》2013 年第 5 期。

［137］赵春雨、方觉曙、朱永恒：《地理学界产业结构研究进展》，《经济地理》2007 年第 2 期。

［138］中国经济增长与宏观稳定课题组：《资本化扩张与赶超型经济的技术进步》，《经济研究》2010 年第 5 期。

［139］周振华：《论产业结构平衡的几组关系》，《经济研究》1991 年第 5 期。

［140］朱平芳、张征宇、姜国麟：《FDI 与环境规制：基于地方分权视角的实证研究》，《经济研究》2011 年第 6 期。

［141］朱钟棣、李小平：《中国工业行业资本形成、全要素生产率变动及其趋异化：基于分行业面板数据的研究》，《世界经济》2005 年第 9 期。

［142］庄贵阳、谢海生：《破解资源环境约束的城镇化转型路径研究》，《中国地质大学学报》（社会科学版）2015 年第 2 期。

［143］Acemoglu, D. , V. Guerrieri, 2008, "Capital Deepening and Non - balanced Economic Growth". *Journal of Political Economy*, 116（3）, pp. 467 - 498.

［144］Acemoglu, D. , 2002, "Directed Technical Change". *The Review of Economic Studies*, 69（4）, pp. 781 - 809.

［145］Alok Bhargava, J. , D. Sargan, 1983, "Estimating Dynamic Random Effects Models from Panel Data Covering Short Time Periods". *Econometrica*, 51（6）, pp. 1635 - 1659.

［146］Anderson, P. , M. L. Tushman, 1990, "Technological Discontinuities and Dominant Designs: A Cyclical Model of Technological Change". *Administrative Science Quarterly*, 35（4）, pp. 604 - 633.

［147］Anselin, L. , 1998, *Spatial Econometrics: Methods and Models*. Dordrecht: Kluwer Academic Publishers, pp. 42 - 51.

［148］Arellano, M. and O. Bover, 1995, "Another Look at the Instrumental Variable Estimation of Error - components Models". *Journal of Econometrics*, 68（1）, pp. 29 - 51.

［149］Battese, G. E. , T. J. Coelli, 1995, "A Model for Technical Inefficiency Effects in a Stochastic Frontier Production Function for Panel Data". *Empirical Economics*, 20（2）, pp. 325 - 332.

［150］Bernstein, J. R. , D. E. Weinstein, 2002, "Do Endowments Predict the Location of Production: Evidence from National and International Data". *Journal of International Economics*, 56 (1), pp. 55 – 76.

[151] Biatour, B. , M. Dumont et al. , 2011, "The Determinants of Industry – Level Total Factor Productivity in Belgium". Federaal Planbureau – Bureau Fédéral du Plan, WP, pp. 7 – 11.

[152] Bing, W. , L. Jinyong et al. , 2010, "An Empirical Study on Technical Efficiency of China's Thermal Power Generation and Its Determinants under Environmental Constraint". *Economic Review*, 4, pp. 90 – 97.

[153] Blair, B. F. , D. Hite, 2005, "The Impact of Environmental Regulations on the Industry Structure of Landfills". *Growth and Change*, 36 (4), pp. 529 – 550.

[154] Blum, B. S. , 2010, "Endowments, Output, and the Bias of Directed Innovation". *The Review of Economic Studies*, 77 (2), pp. 534 – 559.

[155] Blundell, R. and S. Bond, 1998, "Initial Conditions and Moment Restrictions in Dynamic Panel Data Models". *Journal of Econometrics*, 87 (1), pp. 115 – 143.

[156] Böhringer, C. , A. Löschel et al. , 2008, "Environmental Taxation and Induced Structural Change in an Open Economy: the Role of Market Structure". *German Economic Review*, 9 (1), pp. 17 – 40.

[157] Burton, D. M. , I. A. Gomez et al. , 2011, "Environmental Regulation Cost and Industry Structure Changes". *Land Economics*, 87 (3), pp. 545 – 557.

[158] Cadot, O. , Y. Shakurova, 2010, "Endowments, Specialization, and Policy". *Review of International Economics*, 18 (5), pp. 913 – 923.

[159] Canfei, H. , Z. Shengjun, 2007, "Economic Transition and Industrial Restructuring in China: Structural Convergence or Divergence?". *Post – Communist Economies*, 19 (3), pp. 317 – 342.

[160] Cass, D. , 1965, "Optimum Growth in An Aggregative Model of Capital Accumulation". *The Review of Economic Studies*, 32 (3), pp. 233 – 240.

[161] Chaudhuri, S. , 2002, "Economic Reforms and Industrial Structure in India". *Economic and Political Weekly*, 37 (2), pp. 155 – 162.

[162] Che, N. X. , 2010, "Factor Endowment, Structural Change and Economic Growth", MPRA Paper No. 22352, http：//mpra. ub. uni – muenchen. de/22352/.

[163] Chen, E. K. Y. , 2002, "The Total Factor Productivity Debate: Determinants of Economic Growth in East Asia". *Asian – Pacific Economic Literature*, 11 (1), pp. 18 – 38.

[164] Chen, S. , G. H. Jefferson et al. , 2011, "Structural Change, Productivity Growth and Industrial Transformation in China". *China Economic Review*, 22 (1), pp. 133 – 150.

[165] Chenery, H. B. , 1960, "Patterns of Industrial Growth". *The American Economic Review*, 50 (4), pp. 624 – 654.

[166] Chikaraishi, M. , Fujiwara, A. , Kaneko, S. et al. , 2015, "The Moderating Effects of Urbanization on Carbon Dioxide Emissions: A Latent Class Modeling Approach". *Technological Forecasting & Social Change*, 90, pp. 302 – 317.

[167] Cohen, W. J. , 1995, "Empirical Studies of Innovative Activity", in Stoneman, P. (ed.), *Handbook of the Economics of Innovation and Technological Change*, Oxford: Blackwell.

[168] Conrad, K. , J. Wang, 1993, "The Effect of Emission Taxes and Abatement Subsidies on Market Structure". *International Journal of Industrial Organization*, 11 (4), pp. 499 – 518.

[169] Conrad, K. , C. J. Morrison, 1989, "The Impact of Pollution Abatement Investment on Productivity Change: An Empirical Comparison of the US, Germany, and Canada". *Southern Economic Journal*, 55 (3), pp. 684 – 698.

[170] Cristiano, A. , Q. Francesco, 2007, "Directed Technological Change and Total Factor Productivity. Effects and Determinants in a Sample of OECD Countries, 1971 – 2001", University of Turin, Working Paper No. 11.

[171] Cropper, M. L. , W. E. Oates, 1992, "Environmental Economics: A Survey". *Journal of Economic Literature*, pp. 675 – 740.

[172] Dasgupta, P. , J. Stiglitz, 1980, "Industrial Structure and the Nature of Innovative Activity". *The Economic Journal*, 90 (358), pp. 266 – 293.

［173］Dean, J. M., M. E. Lovely et al., 2009, "Are Foreign Investors Attracted to Weak Environmental Regulations? Evaluating the Evidence from China". *Journal of Development Economics*, 90 (1), pp. 1 – 13.

［174］Diaz, M. A., R. Sanchez, 2008, "Firm size and Productivity in Spain: a Stochastic Frontier Analysis". *Small Business Economics*, 30 (3), pp. 315 – 323.

［175］Dosi, G., 1982, "Technological Paradigms and Technological Trajectories: A Suggested Interpretation of the Determinants and Directions of Technical Change". *Research Policy*, 11 (3), pp. 147 – 162.

［176］Dudley, L., J. Moenius, 2007, "The Great Realignment: How Factor – Biased Innovation Reshaped Comparative Advantage in the US and Japan, 1970 – 1992". *Japan and the World Economy*, 19 (1), pp. 112 – 132.

［177］Edward N. Wolff, 2007, "Measures of Technical Chance and Structural Change in Service in the USA: Was There a Resurgence of Productivity Growth in Services?". *Metroeconomica*, 58 (3), pp. 368 – 395.

［178］Efron, B., 1982, The Jackknife, the Bootstrap and other Resampling Plans, SIAM.

［179］Eisingerich, A., O. Falck et al., 2008, Cluster Innovation Along the Industry Lifecycle, Jena Economic Research Papers.

［180］Ekholm, K., 2003, "Industrial Structure and Industry Location in An Enlarged Europe", Report No. 19, Swedish Institute for European Policy Studies.

［181］Elhadj Bah, Josef Brada, 2008, "Total Factor Productivity Growth and Structural Change in Transition Economies", The Fourteenth Dubrovnik Economic Conference.

［182］Elhadj, M. B., 2009, "A Three – Sector Model of Structural Transformation and Economic Development", DEGIT Conference Papers, DEGIT, Dynamics, Economic Growth, and International Trade.

［183］Elhorst, J. P., 2010, "Dynamic Panels with Endogenous Interaction Effects When T is Small". *Regional Science and Urban Economics*, 40 (5), pp. 272 – 282.

［184］Elhorst, J. P., 2005, "Unconditional Maximum Likelihood Estimation of Linear and Log – Linear Dynamic Models for Spatial Panels". *Geographical Analysis*, 37 (1), pp. 85 – 106.

[185] Engerman, S. L. , K. L. Sokoloff, 2002, "Factor Endowments, Inequality, and Paths of Development among New World Economies", NBER Working Paper 9259.

[186] Engle, R. F. , B. S. Yoo, 1987, "Forecasting and Testing in Co – integrated Systems". *Journal of Econometrics*, 35 (1), pp. 143 – 159.

[187] Fadejeva, L. , A. Melihovs, 2010, "Measuring Total Factor Productivity and Variable Factor Utilization". *Eastern European Economics*, 48 (5), pp. 63 – 101.

[188] Fafchamps, M. , 1994, "Industrial Structure and Microenterprises in Africa". *The Journal of Developing Areas*, 29 (1), pp. 1 – 30.

[189] Fagerberg, J. , 2000, "Technological Progress, Structural Change and Productivity Growth: A Comparative Study". *Structural Change and Economic Dynamics*, 11 (4), pp. 393 – 411.

[190] Fan, J. , 2004, "Market Integration, Regional Specialization and Industrial Agglomeration". *Chinese Social Sciences*, (6), pp. 39 – 51.

[191] Farber, S. C. , R. E. Martin, 1986, "Market Structure and Pollution Control under Imperfect Surveillance". *The Journal of Industrial Economics*, pp. 147 – 160.

[192] Färe, R. , S. Grosskopf et al. , 1994, "Productivity Growth, Technical Progress, and Efficiency Change in Industrialized Countries". *American Economic Review*, pp. 66 – 83.

[193] Feldman, M. P. , 1999, "The New Economics of Innovation, Spillovers and Agglomeration: A Review of Empirical Studies". *Economics of Innovation and New Technology*, 8 (1 – 2), pp. 5 – 25.

[194] Fowlie, M. L. , 2009, "Incomplete Environmental Regulation, Imperfect Competition, and Emissions Leakage". *American Economic Journal: Economic Policy*, 1 (2), pp. 72 – 112.

[195] Francois, J. , F. Favre et al. , 2002, "Competence and Organization: Two Drivers of Innovation". *Economics of Innovation and New Technology*, 11 (3), pp. 249 – 270.

［196］ Freeman, C., Soete, L., 1997, "The Economics of Industrial Innovation", London: Pinter.

［197］ Fuchs, V. R., J. A. Wilburn, 1967, Special Factors Affecting Productivity, Productivity Differences within the Service Sector, UMI, pp. 87 – 102.

［198］ Geroski, P. A., R. Pomroy, 1990, "Innovation and the Evolution of Market Structure". *The Journal of Industrial Economics*, pp. 299 – 314.

［199］ Geroski, P. A., R. T. Masson et al., 1987, "The Dynamics of Market Structure". *International Journal of Industrial Organization*, 5 (1), pp. 93 – 100.

［200］ Geroski, P., 1995, "Markets for Technology: Knowledge, Innovation and Appropriability", *Handbook of the Economics of Innovation and Technological Change*, pp. 90 – 131.

［201］ Giacinto, V. D., G. Nuzzo, 2006, "Explaining Labour Productivity Differentials Across Italian Regions: the Role of Socio – Economic Structure and Factor Endowments". *Papers in Regional Science*, 85 (2), pp. 299 – 320.

［202］ Gomez, I. A., H. A. Love et al., 1998, "Analysis of the Effects of Environmental Regulation on Pulp and Paper Industry Structure", American Agricultural Economics Association Annual Meeting.

［203］ Greenstone, M., 2001, "The Impact of Environmental Regulations on Industrial Activity: Evidence from the 1970 & 1977 Clean Air Act Amendments and the Census of Manufactures", NBER Working Paper 8484.

［204］ Han, X., Wu, P. L., Dong, W. L., 2012, "An Analysis on Interaction Mechanism of Urbanization and Industrial Structure Evolution In Shandong, China". *Procedia Environmental Sciences*, pp. 1291 – 1300.

［205］ Harrigan, J., 1995, "Factor Endowments and the International Location of Production: Econometric Evidence for the OECD, 1970 – 1985". *Journal of International Economics*, 39 (1), pp. 123 – 141.

［206］ Harrigan, J., 1997, "Technology, Factor Supplies, and International Specialization: Estimating the Neoclassical Model". *American Economic Review*, 87 (4), pp. 475 – 494.

［207］ Hartl, M. G. J., S. Hutchinson et al., 2001, "Organotin and

Osmoregulation：Quantifying the Effects of Environmental Concentrations of Sediment – associated TBT and TPhT on the Freshwater – adapted European Flounder, Platichthys Flesus（L.）". *Journal of Experimental Marine Biology and Ecology*, 256（2）, pp. 267 – 278.

[208] Hazilla, M., R. J. Kopp, 1990, "Social Cost of Environmental Quality Regulations：A General Equilibrium Analysis". *Journal of Political Economy*, 98（4）, pp. 853 – 873.

[209] Heller, P. S., 1976, "Factor Endowment Change and Comparative Advantage：The Case of Japan, 1956 – 1969". *The Review of Economics and Statistics*, 58（3）, pp. 283 – 292.

[210] Hepple, L. W., 1978, "The Econometric Specification and Estimation of Spatio – Temporal Models Time and Regional Dynamics", London：Edward Arnold.

[211] Iammarino, S., P. McCann, 2006, "The Structure and Evolution of Industrial Clusters：Transactions, Technology and Knowledge Spillovers". *Research Policy*, 35（7）, pp. 1018 – 1036.

[212] Ishii, S., Tabushi, S., Aramaki, T. et al., 2010, "Impact of Future Urban Form on the Potential to Reduce Greenhouse Gas Emissions from Residential, Commercial and Public Buildings in Utsunomiya, Japan". *Energy Policy*, 38（9）, pp. 4888 – 4896.

[213] Jaffe, A. B., R. G. Newell et al., 2002, "Environmental Policy and Technological Change". *Environmental and Resource Economics*, 22（1）, pp. 41 – 70.

[214] Jeppesen, T., J. A. List et al., 2002, "Environmental Regulations and New Plant Location Decisions：Evidence from a Meta – Analysis". *Journal of Regional Science*, 42（1）, pp. 19 – 49.

[215] Jerzmanowski, M., 2007, "Total Factor Productivity Differences：Appropriate Technology vs. Efficiency". *European Economic Review*, 51（8）, pp. 2080 – 2110.

[216] Jin, K., 2012, "Industrial Structure and Capital Flows". *American Economic Review*, 102（5）, pp. 2111 – 2146.

[217] Jorgenson, D. W., M. P. Timmer, 2011, "Structural Change in

Advanced Nations: A New Set of Stylised Facts". *The Scandinavian Journal of Economics*, 113 (1), pp. 1 – 29.

[218] Ju, J., J. Y. Lin et al., 2009, "Endowment Structures, Industrial Dynamics, and Economic Growth", Research Working Papers, World Bank: 1 – 45 (45).

[219] Kaplan, S., M. Tripsas, 2008, "Thinking about Technology: Applying a Cognitive lens to Technical Change". *Research Policy*, 37 (5), pp. 790 – 805.

[220] Khazabi, M., 2007, "Innovation and Market Structure in Presence of Spillover Effects", http: //mpra. ub. uni – muenchen. de/3436/, MPRA Paper No. 3436.

[221] Kong, N. Y. C., J. Tongzon, 2006, "Estimating Total Factor Productivity Growth in Singapore at Sectoral Level Using Data Envelopment Analysis". *Applied Economics*, 38 (19), pp. 2299 – 2314.

[222] Krüger, J. J., 2004, "Productivity Dynamics and Structural Change in the US Manufacturing Sector". *Industrial and Corporate Change*, 17 (4), pp. 875 – 902.

[223] Lanoie, P., M. Patry et al., 2008, "Environmental Regulation and Productivity: Testing the Porter Hypothesis". *Journal of Productivity Analysis*, 30 (2), pp. 121 – 128.

[224] Lear, K. K., J. W. Maxwell, 1998, "The Impact of Industry Structure and Penalty Policies on Incentives for Compliance and Regulatory Enforcement". *Journal of Regulatory Economics*, 14 (2), pp. 127 – 148.

[225] Lee, M., 2008, "Environmental Regulation and Production Structure for the Korean Iron and Steel Industry". *Resource and Energy Economics*, 30 (1), pp. 1 – 11.

[226] Lee, P. K., 1998, "Local Economic Protectionism in China's Economic Reform". *Development Policy Review*, 16 (3), pp. 281 – 303.

[227] Levin, D., 1985, "Taxation within Cournot Oligopoly". *Journal of Public Economics*, 27 (3), pp. 281 – 290.

[228] Levin, R. C., A. K. Klevorick et al., 1987, "Appropriating the Returns from Industrial Research and Development". Brookings Papers on Eco-

nomic Activity，（3），pp. 783 – 831.

　　［229］Levinson，A.，1996，"Environmental Regulations and Manufac-
turers' Location Choices：Evidence from the Census of Manufactures". *Jour-
nal of Public Economics*，62（1），pp. 5 – 29.

　　［230］Li，Y.，Li，Y.，Zhou，Y. et al.，2012，"Investigation of a
Coupling Model of Coordination between Urbanization and the Environment".
Journal of Environmental Management，98（6），pp. 127 – 133.

　　［231］Liang，C. Y.，2009，"Industrial Structure Changes and the Meas-
urement of Total Factor Productivity Growth：The Krugman – Kim – Lau – Young
Hypothesis Revisited". *Academia Economic Papers*，37（3），pp. 305 – 338.

　　［232］Lin，J. Y.，P. Zhang，2007，"Development Strategy，Optimal
Industrial Structure and Economic Growth in Less Developed Countries". CID
Graduate Student and Postdoctoral Fellow Working Paper 19.

　　［233］Lin，J.，H. J. Chang，2009，"Should Industrial Policy in Devel-
oping Countries Conform to Comparative Advantage or Defy it? A Debate Be-
tween Justin Lin and Ha – Joon Chang". *Development Policy Review*，27（5），
pp. 483 – 502.

　　［234］Ljungwall，C.，M. Linde – Rahr，2005，"Environmental Policy
and the Location of FDI in China"，CCER Working Paper.

　　［235］Mar et al.，2008，"The Impact of Urbanization on CO_2 Emis-
sions：Evidence from Developing Countries". *Social Science Electronic Publish-
ing*，70（7），pp. 1344 – 1353.

　　［236］Malerba，F.，L. Orsenigo，2002，"Innovation and Market Struc-
ture in the Dynamics of the Pharmaceutical Industry and Biotechnology：Towards
a History – Friendly Model". *Industrial and Corporate Change*，11（4），pp.
667 – 703.

　　［237］Malerba，F.，2006，"Innovation and the Evolution of Industries".
Journal of Evolutionary Economics，16（1），pp. 3 – 23.

　　［238］Malerba，F.，L. Orsenigo，2002，"Innovation and Market Struc-
ture in the Dynamics of the Pharmaceutical Industry and Biotechnology：To-
wards a History – Friendly Model". *Industrial and Corporate Change*，11
（4），pp. 667 – 703.

［239］ Managi, S. , J. J. Opaluch et al. , 2005, "Environmental Regulations and Technological Change in the Offshore Oil and Gas Industry". *Land Economics*, 81 (2), pp. 303 – 319.

［240］ Mansfield, E. , J. Rapoport et al. , 1977, " Social and Private Rates of Return from Industrial Innovations". *The Quarterly Journal of Economics*, 91 (2), pp. 221 – 240.

［241］ Markusen, J. R. , E. R. Morey et al. , 1995, "Competition in Regional Environmental Policies When Plant Locations are Endogenous". *Journal of Public Economics*, 56 (1), pp. 55 – 77.

［242］ Markusen, J. R. , E. R. Morey et al. , 1993, "Environmental Policy when Market Structure and Plant Locations Are Endogenous". *Journal of Environmental Economics and Management*, 24 (1), pp. 69 – 86.

［243］ Maryam Asghari, 2010, "The Stringency of Environmental Regulations and Thchnological Change: A Specific Test of the Porter Hypothesis". *Iranian Economic Review*, 5 (27), pp. 95 – 115.

［244］ McConnell, V. D. , R. M. Schwab, 1990, "The Impact of Environmental Regulation on Industry Location Decisions: The Motor Vehicle Industry". *Land Economics*, 66 (1), pp. 67 – 81.

［245］ McGahan, A. M. , N. Argyres et al. , 2004, "Context, Technology and Strategy: Forging New Perspectives on the Industry Life Cycle". *Advances in Strategic Management*, (21), pp. 1 – 21.

［246］ Millimet, D. L. , S. Roy et al. , 2009, "Environmental Regulations and Economic Activity: Influence on Market Structure". *Annual Review of Resource Economics*, 1 (1), pp. 99 – 118.

［247］ Murmann, J. P. , K. Frenken, 2006, "Toward a Systematic Framework for Research on Dominant Designs, Technological Innovations, and Industrial Change". *Research Policy*, 35 (7), pp. 925 – 952.

［248］ Murphy, J. , A. Gouldson, 2000, "Environmental Policy and Industrial Innovation: Integrating Environment and Economy through Ecological Modernisation". *Geoforum*, 31 (1), pp. 33 – 44.

［249］ Nadiri, M. I. , 1970, "Some Approaches to the Theory and Measurement of Total Factor Productivity: A Survey". *Journal of Economic Lit-*

erature, pp. 1137 – 1177.

[250] Norman, J., H. L. MacLean et al., 2006, "Comparing High and Low Residential Density: Life – cycle Analysis of Energy Use and Greenhouse Gas Emissions". *Journal of Urban Planning and Development*, 132 (1), pp. 10 – 21.

[251] Oltra, V., 2008, "Environmental Innovation and Industrial Dynamics: the Contributions of Evolutionary Economics", Paper Presented at the First DIME Scientific Conference, 7 – 9April, BETA, University Louis Pasteur, France.

[252] Oltra, V., M. S. Jean, 2005, "Environmental Innovation and Clean Technology: An Evolutionary Framework". *International Journal of Sustainable Development*, 8 (3), pp. 153 – 172.

[253] O'Mahony, M., M. P. Timmer, 2009, "Output, Input and Productivity Measures at the Industry Level: The EU KLEMS Database". *The Economic Journal*, 119 (538), pp. F374 – F403.

[254] Pashigian, B. P., 1984, "The Effect of Environmental Regulation on Optimal Plant Size and Factor Shares". *Journal of Law and Economics*, 27 (1), pp. 1 – 28.

[255] Peneder, M., 2003, "Industrial Structure and Aggregate Growth". *Structural Change and Economic Dynamics*, 14 (4), pp. 427 – 448.

[256] Petrakis, E., S. Roy, 1999, "Cost – Reducing Investment, Competition and Industry Dynamics". *International Economic Review*, 40 (2), pp. 381 – 401.

[257] Porter, M. E., C. Van der Linde, 1995, "Toward a New Conception of the Environment – Competitiveness Relationship". *The Journal of Economic Perspectives*, 9 (4), pp. 97 – 118.

[258] Porter, M., 1991, "America's Green Strategy". *Reader in Business and the Environment*, p. 33.

[259] Rauscher, M., 1995, "Environmental Regulation and the Location of Polluting Industries". *International Tax and Public Finance*, 2 (2), pp. 229 – 244.

[260] Redding, S., M. Vera – Martin, 2006, "Factor Endowments

and Production in European Regions". *Review of World Economics*, 142 (1), pp. 1 – 32.

［261］ Reeve, T. A., 2006, "Factor Endowments and Industrial Structure". *Review of International Economics*, 14 (1), pp. 30 – 53.

［262］ Rennings, K., 2000, "Redefining Innovation—Eco – Innovation Research and the Contribution from Ecological Economics". *Ecological Economics*, 32 (2), pp. 319 – 332.

［263］ Requate, T., 2005, "Dynamic Incentives by Environmental Policy Instruments—A Survey". *Ecological Economics*, 54 (2), pp. 175 – 195.

［264］ Restuccia, D., D. T. Yang et al., 2008, "Agriculture and Aggregate Productivity: A Quantitative Cross – Country Analysis". *Journal of Monetary Economics*, 55 (2), pp. 234 – 250.

［265］ Romalis, J., 2004, "Factor Proportions and the Structure of Commodity Trade". *American Economic Review*, 94 (1), pp. 67 – 97.

［266］ Ryan, S. P., 2012, "The Costs of Environmental Regulation in a Concentrated Industry". *Econometrica*, 80 (3), pp. 1019 – 1061.

［267］ Schaur, G., C. Xiang et al., 2008, "Factor Uses and the Pattern of Specialization". *Review of International Economics*, 16 (2), pp. 368 – 382.

［268］ Schmookler, J., 1966, Invention and Economic Growth, Harvard University Press Cambridge, MA.

［269］ Sengupta, A., 2009, "Environmental Regulation and Industry Dynamics". *The BE Journal of Economic Analysis & Policy*, 10 (1).

［270］ Shiyi, C., 2010, "Energy – Save and Emission – Abate Activity with Its Impact on Industrial Win – Win Development in China: 2009 – 2049". *Economic Research Journal*, (3), pp. 129 – 143.

［271］ Soo, K. T., 2008, "From Licence Raj to Market Forces: The Determinants of Industrial Structure in India after Reform". *Economica*, 75 (298), pp. 222 – 243.

［272］ Suarez, F. F., 2004, "Battles for Technological Dominance: an Integrative Framework". *Research Policy*, 33 (2), pp. 271 – 286.

［273］ Syverson, C., 2011, "What Determines Productivity?". *Journal of Economic Literature*, 49 (2), pp. 326 – 365.

［274］ Thirtle, C. G. , D. E. Schimmelpfennig et al. , 2002, "Induced Innovation in United States Agriculture, 1880 – 1990: Time Series Tests and An Error Correction Model". *American Journal of Agricultural Economics*, 84 (3), pp. 598 – 614.

［275］ Timmer, M. P. , 1999, "Indonesia's Ascent on the Technology Ladder: Capital Stock and Total Factor Productivity in Indonesian Manufacturing, 1975 – 1995". *Bulletin of Indonesian Economic Studies*, 35 (1), pp. 75 – 97.

［276］ Tingvall, P. G. , 2004, "The Dynamics of European Industrial Structure". *Review of World Economics*, 140 (4), pp. 665 – 687.

［277］ Van den Bergh, J. C. J. M. , J. M. Gowdy, 2000, "Evolutionary Theories in Environmental and Resource Economics: Approaches and Applications". *Environmental and Resource Economics*, 17 (1), pp. 37 – 57.

［278］ Vosskamp, R. , 1999, "Innovation, Market Structure and the Structure of the Economy: A Micro – to – Macro Model". *Economic Systems Research*, 11 (3), pp. 213 – 232.

［279］ Wang, S. J. , Ma, H. , Zhao, Y. B. , 2014, "Exploring the Relationship between Urbanization and the Eco – environment—A Case Study of Beijing – Tianjin – Hebei Region". *Ecological Indicators*, 45 (5), pp. 171 – 183.

［280］ Wang, X. R. , Hui, C. M. , Choguill, C. et al. , 2015, "The new Urbanization Policy in China: Which Way Forward?". *Habitat International*, 47, pp. 279 – 284.

［281］ Wolf, N. , 2004, "Endowments, Market Potential, and Industrial Location: Evidence from Interwar Poland (1918 – 1939)", Centre for Economic Performance, London School of Economics and Political Science.

［282］ Xepapadeas, A. , A. de Zeeuw, 1999, "Environmental Policy and Competitiveness: The Porter Hypothesis and the Composition of Capital". *Journal of Environmental Economics and Management*, 37 (2), pp. 165 – 182.

［283］ Xing, Y. , C. D. Kolstad, 2002, "Do Lax Environmental Regulations Attract Foreign Investment?". *Environmental and Resource Economics*, 21 (1), pp. 1 – 22.

［284］ Xu, B. , Lin, B. , 2015, "How Industrialization and Urbanization Process Impacts on CO$_2$ Emissions in China: Evidence from Nonparametric Additive Regression Models". *Energy Economics*, 2015, 48, pp. 188 – 202.

[285] Yanqing Jiang, 2011, "Structure Change and Growth in China under Economic Reform: Patterns, Causes and Implications". *Review of Urban & Regional Development Studies*, 23 (1), pp. 48 – 65.

[286] Zhou, D., Xu, J., Wang, L. et al., 2015, "Assessing Urbanization Quality Using Structure and Function Analyses: A Case Study of the Urban Agglomeration around Hangzhou Bay (UAHB), China". *Habitat International*, 49: 165 – 176.

[287] Zhou, J., Zhang, X., Shen, L., 2015, "Urbanization Bubble: Four Quadrants Measurement Model". *Cities*, 46, pp. 8 – 15.

后　记

　　本书是在笔者博士学位论文基础上，结合近期研究成果补充修改而成。同时，本书也是国家自然科学基金青年项目"城镇化进程中'碳锁定'的形成机理、风险测度与解锁策略研究"（71403041）、教育部人文社科青年项目"规制改革对碳减排的影响机理与实证：基于企业异质性投资行为的分析"（14YJC790068）的阶段性成果。同时，笔者也感谢东北财经大学产业经济学特色重点学科建设经费对本书提供的支持。

　　笔者对产业结构感兴趣始于五年前关于最优产业结构定量测算论文的写作，但当时对这一领域的认识比较模糊，跟随导师肖兴志教授进行相关课题研究过程中，笔者对该领域的认识逐步加深。求学期间，肖兴志教授对于科研论文的撰写、课题大纲的设计甚至论文中某些词汇的推敲都给予笔者诸多的悉心指导，并且不遗余力地"矫正"笔者的成长道路，使笔者在学业上避开弯路，本书的完成也离不开肖兴志教授的指导。

　　本书写作和研究过程中还得到产业组织与企业组织研究中心彭宜钟老师的十分细致的帮助。彭老师对本书主要章节内容进行了"手把手"式的帮助，在模型校对和思路上给了我很多的指点，并提出了许多宝贵意见，使得在本书写作过程中受到很多启发，在此对彭老师的细心帮助和支持表示感谢。另外，本书引用了大量国内外重要文献，对相关作者表示一并感谢！

　　东北财经大学产业组织与企业组织研究中心是国内以产业经济学为重点学科的教育部人文社会科学重点研究基地，本书的完成与中心领导的支持和帮助密不可分，感谢产业组织与企业组织研究中心领导于左研究员、吴绪亮副研究员、郭晓丹副研究员在我求学和工作中所提供的各种帮助，各位同事也给了我很多的指点，并提供了良好的科研氛围和空间，使得本书的写作得以顺利开展。笔者还要感谢《财经问题研究》杂志社杨全山编审、经济与社会发展研究院院长齐鹰飞教授、副院长靳继东副教授在论文修改和材料写作过程中的帮助，感谢科研处副处长张玉涛老师，项目科王大宇老师、丛丽丽老师在课题申报等方面提供的便利，也是本书得以尽早完成的重要驱动力！

本书部分内容已经在《经济学》（季刊）、《数量经济技术经济研究》、《经济理论与经济管理》、《财经问题研究》、《商业研究》、《建筑经济》等期刊发表。在某种程度上说，本书也是对笔者前段时间的研究成果的一个汇编。在此，感谢各个杂志社对笔者的研究成果的认同和支持，使其能够在更大的范围内得以传播。也要感谢学界诸位同人进行的前期研究，为本书的写作提供了大量的珍贵参考文献和资料，本书的出版还要感谢中国社会科学出版社提供的细致高效的支持，正是他们的不辞辛苦和夜以继日的工作，才使得本书能够尽快高质量出版并呈现在读者面前。

笔者还要感谢日夜为其操劳的父母，在笔者求学过程中，笔者朴实的父母为笔者提供了最坚强的后盾和最无私的爱，虽然笔者的家庭并不宽裕，但是笔者的父母尽最大的努力为笔者提供了最宽裕的生活环境，一如既往地支持我所作出的每一个选择。今后笔者会更加努力地奋斗和拼搏，以此报答他们的养育和培养之恩！

中国的产业结构与城镇化问题并不是一个新的选题，但是，往往会延伸出很多有趣的值得挖掘的课题，尤其是从事产业经济学研究，我们具有很好的平台和基础。未来，笔者将承载上述各项感恩之情，不断进取，争取做出更好质量的研究成果。由于笔者学术能力有限，文中的不当之处，恳请各位学者和读者批评、指正。

李少林

2015 年 8 月于东财问源阁